David Toop

RAP ATTACK
African Jive bis Global HipHop

Aus dem Englischen übersetzt
von Diedrich Diederichsen

hannibal

Titel der Originalausgabe: „Rap Attack“

Published by Serpent's Tail, London

Hannibal Verlag GmbH, Gewerbegebiet, A-6600 Höfen
www.hannibal-verlag.de

Druck: Ebner Graphische Betriebe, Ulm

ISBN 3-85445-076-1

Inhaltsverzeichnis

End-troducing

Um es nur schnell zu erklären: Dies ist die dritte Ausgabe von *Rap Attack,* einem Buch, das ich Anfang 1984 geschrieben und 1991 aktualisiert habe. Die Geschichte fängt nun mit dem ersten Abschnitt an („Millennial Tension: Die Invasion der Octopusmenschen"), bewegt sich dann zum Anfang zurück und hört, bedauerlicherweise, mit einem Foto von Vanilla Ice auf. Verwirrend? Bestimmt nicht mehr als ein wilder Mix, der in der Hitze des Moments auf sechs Plattenspielern gleichzeitig entsteht. Die historischen Fotografien in *Rap Attack 1* wurden von Patricia Bates aufgenommen. Wie immer sei ihr auch an dieser Stelle gedankt.

David Toop,
London, Juli 1999

Millennial Tension

1999: das 20. Jubiläum von HipHop. Im Jahr 1979 eroberte eine kleine Underground-Bewegung mit bescheidenen Mitteln und Ambitionen eine breitere Öffentlichkeit. Eine neue Musik, die in den Clubs der Bronx, auf Schulsportplätzen und Straßenpartys ihren Anfang genommen hatte, wurde zum ersten Mal auf Platte veröffentlicht, vornehmlich auf kleinen Labels in Harlem und New Jersey. Während die Disco-Ära auf den Tanzflächen von einer Überdosis Kokain, Sex und Nonstop-Party dahingerafft wurde, übernahm HipHop das Geschehen.
Der erste große Hit war „Rapper's Delight" von der Sugarhill Gang, veröffentlicht im Oktober 1979 auf Joe und Silvia Robinsons Label Sugarhill Records. Das nach der Auflösung ihrer bisherigen Firma All Platinum gerade erst gegründete Label wurde in der Anfangsphase noch von Morris Levy unterstützt, dem Inhaber von Roulette Records und so genannten „Godfather Of American Music". Levy war schon längere Zeit wegen seiner Verbindungen zur Mafia verdächtigt worden, bis er schließlich 1988, zwei Jahre vor seinem Tod, wegen versuchter Erpressung verurteilt wurde. Trotz solcher dunkler Connections war „Rapper's Delight" ein verheißungsvoller Anfang, für Sugarhill wie für die Zukunft von HipHop.
„Sylvia hatte mir das zum Hören gegeben", erzählte mir Joe Robinson 1992. „Ein 15-minütiger Track auf einer 12"-Platte. Niemals zuvor war eine derart lange Aufnahme im Radio gespielt worden, sodass ich mich fragte: Was soll ich damit bloß anstellen? Aber ich musste das Stück nur ein einziges Mal auf Sendung bekommen und schon schlug es ein. Radio war zuerst eine schwierige Sache, aber du brauchtest nur einen Einsatz." Frankie „Love Man" Crocker war einer der mächtigen Radio-DJs, die sich dem Stück entgegenstellten. Obwohl er selber eine Single für Sylvias und Joes Label Turbo aufgenommen hatte, entschied sich Crocker, den Track beim New-Yorker Sender WBLS, dessen Programmdirektor er war, nicht auf die Playlist zu nehmen. „Frankie ist so ein Typ", sagt Joe Robinson, „wenn er nicht sofort einen Hit heraushört, spielt er es einfach nicht, und das war's dann. Aber irgendwann musste auch er es einsehen." Robinson zufolge soll ein DJ namens Jim Gates bei WESL in St. Louis dem Stück einen seiner größten Durchbrüche verschafft haben. „Ich hatte ihm ein Dub zugeschickt", erzählt er. „Als Gates den Track spielte, waren die Telefonleitungen der Radiostation für zwölf Stunden blockiert. Das war das erste Mal, dass ich so was miterlebte. Daraufhin habe ich die Ärmel hochgekrempelt und mich richtig an die Arbeit gemacht."
Der Soforterfolg von „Rapper's Delight" war ein Katalysator für viele Entwicklungen, welche die Zukunft von HipHop nachhaltig beeinflussen sollten. Tom Silverman, Gründer von Tommy Boy Records, lieferte zu dieser Zeit sein Magazin *Disco News* auf Kommissionsbasis an New-Yorker Plattenläden aus. „Ich sah, was Sugarhill machten und die

Spielchen, die sie mit ihren Künstlern trieben", erzählt er. „Ich dachte, wenn diese Leute das tun, dann kann ich es auch. Es war nicht unbedingt so, dass sie Experten gewesen wären. Sie wussten wirklich nicht, was sie taten. Sie haben es einfach gemacht."
Dank eines Tipps, den er von einer Dance-Promotorin bekommen hatte, spürte Silverman einem merkwürdigen Phänomen nach. „Sie erzählte, es gebe da diese Abteilung bei Downstairs Records", sagt Silverman, „einem Plattenladen, der sich zu dieser Zeit in einem U-Bahn-Schacht an der 6th Avenue befand. Du musstest eine Stufe hinuntergehen, kurz bevor es zu den Gleisen geht, nahe der Kreuzung zur 42nd Street. Genau da befand sich dieser Laden, der auf Secondhandplatten spezialisiert war. Sie hatten auch Neuerscheinungen, aber es gab eben diese unglaubliche Oldies-Abteilung und sie wussten alles über Doo-Wop und so. Ich bin dort immer hingegangen, als ich noch die Highschool besuchte, also kannte ich den Laden. Aber nun erzählte sie mir, dass sie dort neuerdings, direkt nebenan, einen Anbau haben, wo man hingehen und sich diese B-Boy-Platten kaufen kann. Bis dahin, um 1979, hatte ich diesen Ausdruck noch nie gehört. Ich fragte: ‚Was soll das denn heißen?' Und sie antwortete: ‚Die geben viel Geld für Platten aus, von denen sie gerade mal zehn Sekunden brauchen. Sie mixen diese Stellen ineinander und bringen es fertig, den Beat fünf Minuten oder so weiterlaufen zu lassen.'
Also bin ich hingegangen und habe mir diesen kleinen Anbau angesehen. Er bestand aus einem Raum von 8 mal 10 Fuß, wenn überhaupt, vielleicht waren es auch nur 6 mal 8. Hinter einem dreieinhalb Fuß großen Tresen stand ein Typ mit einem Plattenspieler. An der ganzen Wand entlang hatte er Singles angebracht, manche davon Bootlegs, andere wiederum Originale, und ein paar Langspielplatten gab es auch. Ich kann mich erinnern, dort *The Long Run* von den Eagles gesehen zu haben. Der Typ hatte seine Platten mit Beschriftungen wie ‚Rare Break Beat', ‚Bob James: »Mardi Gras«' versehen, es gab ‚Son Of Scorpio' und solche Sachen, all diese merkwürdigen Platten. Manche von ihnen waren Cut-outs, die zuvor wahrscheinlich für 99 Cent den Besitzer gewechselt hatten. 1979 wurden sie hier für 19 Dollar verkauft.
Die schwarzen Kids, die dort hingingen, waren vielleicht 14 oder 15 Jahre alt. Untereinander bildeten sie Gruppen von zwei oder drei Leuten, die hier gemeinsam abhingen und auch die Platten zusammen kauften, um sie beim DJen teilen zu können. Ich hatte keine Ahnung, wer diese Kids waren, aber der Raum war stets von ihnen bevölkert und die meisten kamen aus der Bronx. Kool Herc war von dort, Grandmaster Flash war von dort und auch Africa Bambaataa. Sie holten sich ihre Beats von Rockplatten und das war der Punkt, an dem ich anfing, mich wirklich für diese Sache zu interessieren, und ins *T Connection* ging, um Africa Bambaataa DJen zu sehen."
Silverman fuhr die Bronx hoch und fand dort den Club, einen im oberen Geschoss gelegenen Raum an der White Plains Road. „Niemand trank und die Leute standen rum", erinnert er sich. „Kaum jemand tanzte. Auf der Tanzfläche waren schon Leute, aber sie bewegten sich einfach nicht besonders. Es gab eine sehr kleine Bühne, die fast nie gebraucht wurde, weil sich alles am DJ-Pult abspielte.
Bambaataa DJte, aber oft suchte er nur die Platten heraus und gab sie Jazzy Jay oder Red Alert, die zu dieser Zeit seine zwei DJs waren. Sie legten die Platten auf. Sie waren

es, die diese Platten zum Laufen brachten. Viele von ihnen hatten ausgekratzte Labels, sodass man nicht sehen konnte, was gerade zu hören war, und mir wurde klar, dass die Kids genau hier zum ersten Mal von diesen Platten hörten. Ich sah, wie Kraftwerk gespielt wurden. Die Ankündigungen lauteten: ‚James Brown Tribute', mit dem Zusatz: ‚Invited Guests Kraftwerk." Natürlich ist keiner dieser Leute jemals aufgetaucht, aber die Kids eben schon. Ich erinnere mich, wie Whiz Kid auf der Bühne den Bass spielte, während die Musik lief, und plötzlich fing jemand an zu rappen. Dies war das erste Mal, wo ich tatsächlich hörte, dass die Leute zu diesen Breakbeats rappen. Meistens war es eher so, dass der Beat lief und lief, aber es gab keinen MC.

Bambaataa mixte verschiedene Sachen. Er verwendete ‚Mary Mary' von den Monkees, ‚The Big Beat' von Billy Squier, einfach dun-daa-duh-dun-dun-dak. Jazzy Jay war mehr der Techniker, Bambaataa der Gebieter. Ihm gehörten die Platten und er konnte sie in eine Abfolge bringen. Es war unglaublich toll. Ich fühlte mich sofort wohl und ich sah sofort, wie Kulturen hier miteinander verschmolzen. Es gab keine Weißen im Publikum und das Durchschnittsalter lag bei 16, 17, so was um den Dreh. Ich selber muss ungefähr 23, 24 gewesen sein. Ich ging auf seinen Platz zu, machte mich mit ihm bekannt und sprach mit ihm hinterher über dies und jenes.

Bei diesen Clubnächten handelte es sich um relativ private Veranstaltungen, die keine der üblichen Rücksichten auf Promotor oder Plattenfirmen nehmen mussten. Nach ‚Rapper's Delight' blieb nichts mehr, wie es war. Das traf ganz besonders auf die Rapper selber zu, die das ‚Vom Bettler zum Millionär'-Klischee voll auslebten. Doug Wimbish, Bassist auf den meisten Sugarhill-Tracks, erzählte mir 1984: ‚Die Rapper, mit denen man es zu tun hatte, einer trug Pizzas aus, dem habe ich dann eine Scheibe abgekauft. Ein anderer Typ versuchte seinen Highschool-Abschluss zu machen und wiederum ein anderer schlief auf der Bank und vertickte Rosen. Eine Woche später machten sie alle auf einmal jede Menge Kohle. Als wäre ein Traum über Nacht wahr geworden. Die eine Woche fahren wir im Güterwagen. Und die nächste Woche fliegen wir im Learjet.'"

Die Fortsetzung dieser Geschichte ist immer die gleiche – nur mit dem Unterschied, dass die Gewinne mittlerweile weitaus größer geworden sind. Dementsprechend höher ist auch die Fallhöhe und Rapper wie L.L. Cool J haben sich der Beichtkultur mit Autobiografien angeschlossen, die über die Höhen und Tiefen des plötzlichen Ruhms und Wohlstands detaillierte Auskunft geben.

Gegen 1984 verfassten Experten bereits ihre Nachrufe auf HipHop: ein vergänglicher Spleen, der kaum mehr als eine Fußnote in der Musikgeschichte füllen werde. Das war das Jahr, in dem ich die erste Ausgabe dieses Buches recherchierte und schrieb. Zur gleichen Zeit verwandelte Hollywood die Geschichte des HipHop in eine Romanze voller Tanz und Gesang. Aber wie so häufig wurden die tödlichen Effekte dieser Trivialisierung durch eine explosive Entwicklung im Underground ausbalanciert. Run-D.M.C., die Beastie Boys und Def Jam Recordings waren eine Reaktion auf den damaligen Populismus im HipHop – ironischerweise sollte dieser ganz bewusst gesetzte Hardcore-Ansatz das Genre auf eine noch viel höhere Stufe der Profitabilität und öffentlichen Akzeptanz bringen. Es folgten Stadionkonzerte, Sponsorentum, MTV-Rotation und millionenschwere Plattenverträge, mit

Russel Simmons, dem Mitbegründer von Def Jam, an der Spitze, der zum ersten Großmogul der Rap-Industrie aufstieg.

1990, als ich die zweite Ausgabe dieses Buches verfasste, sah die Zukunft ziemlich düster aus. Die mit großer Dringlichkeit ineinander verzahnten, dichten Sounds und Texte von Public Enemy waren durch den in Los Angeles entstandenen Gangsta Rap abgelöst worden, einer eher konventionellen Lesart von HipHop, die sich auf eine geringfügig andere Geschichte und andere kulturelle Zusammenhänge bezog, aber eine veränderte Zeitstimmung mit einer Kraft einfing, die nicht zu stoppen war. Schon zu diesem Zeitpunkt gab es Anzeichen, dass die hartnäckigen Mythisierungen des Spielers und des Gangsters, dass eine zur Fiktion überhöhte Wirklichkeit, wie sie sich in den Rhythmen der Gangsta Rapper manifestierte, im Führungsstil der einschlägigen Plattenfirmen und den nicht mehr ganz so privaten Leben der Akteure ihre Fortführung fanden.

Als sollte diese Entwicklung verschleiert werden, hatte eine gereinigte Pop-Version von HipHop – mit den Vorreitern M.C. Hammer und Vanilla Ice – beim Kernpublikum von MTV und seinen Sponsoren ihren Durchbruch erzielt. Hammer und Ice, so schien es, würden Rap für die mittelfristige Zukunft dominieren, doch mit ihrer Laufbahn ging es genauso schnell bergab, wie sie nach oben gekommen waren. Glaubt man den Ausführungen von Ronin Ro in seinem Buch *Have Gun Will Travel: The Spectacular Rise And Violent Fall Of Death Row Records,* dann wurden die Karrierepläne von Vanilla Ice durch Marion „Suge" Knight, dem gefürchteten Besitzer der Plattenfirma Death Row Records, empfindlich durchkreuzt. Nachdem er öfter geprahlt hatte, ein Gangster zu sein, und viel Geld mit Songwriting-Credits für Kompositionen eingestrichen hatte, die in Wahrheit von seinem DJ, Chocolate, geschrieben worden waren, testete Knight seine Glaubwürdigkeit auf denkbar unangenehme Weise. Ice behauptete, Knight habe ihn aus dem 15. Stockwerk vom Balkon eines Hotelzimmers ins Freie gehalten. Gleichgültig, ob die Geschichte nun stimmt oder nicht, wurde Ice vor Gericht dazu gezwungen, seine Veröffentlichungsrechte an sieben Songs von seinem Debütalbum an Chocolate abzutreten. Von der Platte waren bis dahin immerhin 18 Millionen Exemplare verkauft worden.

In den Neunzigern, während sich die finanziellen Erlöse zu überschlagen begannen, nahm Rap allmählich die Aura des Unwirklichen an. 1998 hatte HipHop selbst Country Music den Rang des umsatzträchtigsten Musikformats abgelaufen. Nachdem nun nahezu jedes Rap-Album von dem Sticker „Parental Advisory – Explicit Content" geziert wurde, war HipHop zur schicken rebellischen Geste geworden, eine Alternative zu Alternative Rock, die mehr Attitüde, explizitere Texte, fettere Beats und Bässe zu bieten hatte.

Die Bestie soll leben

„Was ich hier sagen will, ist aber, dass HipHop damals von den Breakdancern, Graffiti-Sprayern, MCs und vor allem DJs gemeinsam hervorgebracht wurde. Aber 1995 haben viele diese vier Räder am Wagen vor lauter Gier und Selbstsucht aus dem Blick verloren. MCs, die sich so verhalten, sehen sich vielleicht als Gewinner, aber in Wahrheit tragen sie zum Tod des wahren HipHop bei."

Fünf Jahre vor dem Ende des Millenniums signalisierten diese melodramatischen Worte, die auf dem Track „Death Of Hip-Hop“ von Kool DJ E.Q. gesprochen wurden, das Entstehen einer rebellischen Clique, die von dem Niedergang der B-Boy-Kultur desillusioniert war und wild entschlossen, die Werte der Old School hochzuhalten. Während Old-School-Platten wie Relikte einer vergangenen Ära neu verpackt wurden, zogen Mitglieder der Sugarhill Gang aus der Retro-Stimmung ihren Nutzen und gingen reformiert auf Nostalgie-Tour.

Zwanzig Jahre zuvor war der Schock des Neuen aus der Bronx durch die fünf Verwaltungsbezirke von New York City gehallt, eine Schallwelle, die sich sehr bald ausbreiten, vertiefen und den Rest Amerikas erfassen sollte, bis sie schließlich selbst entlegene Winkel der Weltkugel in ihren Bann geschlagen hatte. Indem sie eine neue Sprache musikalischer Artikulation schufen, die Malerei, Tanz, Kleidung, Slang, die Kompositionsform und sogar die Weiterentwicklung des technischen Equipments umfasste, schlugen die HipHop-Pioniere eine Bresche in eine zunehmend vom globalen Kapital beherrschte Welt.

HipHop konnte nicht mehr als Lifestyle abgetan werden, als vergänglicher Spleen, der von hyperaufmerksamen Plattenfirmen, Galerien oder Filmstudios erst umworben und dann wieder fallen gelassen wird. Es ging um ein Leben (potenziell sowohl auf der Seite des Selbstausdrucks als auch auf der Seite des Profits), das man auf einmal mit ein wenig mehr Würde und Hoffnung leben konnte, die Grenzlinien der ethnischen Zugehörigkeit durchkreuzte, die Unterschiede zwischen den Genres verwischte und einer ganzen Bandbreite von ungeformten, aber umso leuchtenderen Talenten einen Ort gab. Als Musikauffassung und Produktionstechnik war HipHop eine komplett neuartige Erfindung. Selbst in den dunkelsten Träumen der Avantgarden des 20. Jahrhunderts lagen nur wenige Hinweise auf diese Innovationen verborgen, und noch die waren irreführend. Niemand konnte die Kunst des DJens vorhersehen oder prophezeien. Auf obskuren R-&-B-Platten aus den Sechzigern wie „Here Comes The Judge“ von Pigmeat Markham oder „Jack, That Cat Was Clean“ von Dr. Horse existierte Rap bereits als eine Form, in der die Kunst des HipHop-MC klar vorweggenommen wurde, seien es nun die Old-School-Partyreime von Lovebug Starsky oder Snoop Doggs bösartig gedehnter Sprechgesang. Doch der Gedanke, aus bislang unentdeckten Sounds von alten Platten eine komplett andere Musik zu schaffen und dabei nicht mehr als zwei Turntables zu verwenden, war so neu, wie es eine Kunstform in den beschleunigten Informationsströmen des technisierten 20. Jahrhunderts nur sein konnte.

HipHop hat sich nicht sofort wieder aufgebraucht, wie es seine Kritiker zwingend vorhergesagt hatten. Stattdessen ist die Musik gewachsen und hat sich in ein Konfliktfeld widerstreitender Weltanschauungen verwandelt: hier die Consciousness-Rapper und dort die Gangster – eine Entwicklung, die in tragischen True-Life-Dramen kulminieren sollte. Die morbide Faszination der Gangsta-Lyrics mündete auf einmal in Schießereien und in den Tod.

In Momenten der Waffenruhe, wenn die Pistolen für eine Weile still blieben, wurde klar, was hier auf dem Spiel stand. Diese Toten waren nicht länger einfach nur das Inventar gereimter Zeilen oder slicker Videoclips. Das Potenzial von HipHop und einige seiner talentiertesten Künstler waren von einer tödlichen Verwischung der Grenzlinien bedroht. Poetische Mythen wurden mit der zynischen Ausbeutung von Konflikten verwechselt, die in einem Menschenleben ihre Furchen ziehen – und die HipHop häufig, wenn auch nicht immer, zu dokumentieren vorgibt.

California Love

Was bedeutet „California Love"? Irgendwann, gegen Ende einer wilden Reise, die diesen gepeinigten, düsteren, labilen, schutzlosen Geist in einen gewaltsamen Tod führen sollte, richtete sich der „Eastener" – Tupac Amaru „2PAC" Shakur – in einem goldenen Hollywood-Mythos vom Gesetz der Waffe und dem Gleichklang von Sex, Sonne, Spaß und Goldrausch ein: „… wild, wild west", rappte er auf dem Track „California Love", „city of sex … money-making machine … no dancefloor ever empty …" [„… wilder, wilder Westen … Stadt des Sex … der Gelddruckmaschinen … da bleibt keine Tanzfläche leer …"]

Fiktionen, die sich auf einmal in harte Fakten verwandelten, brachten den Schrecken über Seelen und Herzen, die sich für so groß und unverletzbar hielten. Selbst der imposante Biggie Smalls, der seine Platten für Bad Boy Entertainment aufnahm und Tupacs entscheidender Widersacher in einem völlig aus dem Ruder gelaufenen Territorialgefecht zwischen Rappern von der Ostküste und der Westküste war, musste dieses Vorgefühl einer Katastrophe irgendwann zur Kenntnis nehmen. „Ich spürte die Dunkelheit, als er in dieser Nacht vorgefahren kam", erzählte Biggie, The Notorious B.I.G., dem Magazin *Vibe* nach einer Konfrontation bei der Verleihung der „Soul Train Awards", die sich zwischen der in Los Angeles beheimateten Firma Death Row Records und Bad Boy Entertainment aus New York, den beiden damals rivalisierenden HipHop-Imperien, abgespielt hatte.

Die Rapper nannten es Drama, wenn sie einen gewaltsamen Konflikt meinten, oder auch überhöhte Existenz, das Leben als Theater. Biggie glaubte mit Sicherheit daran, als er Tupac und seine düstere Aura mit der Figur des Bishop gleichsetzte, den psychopathischen Killer, den er in dem Film *Juice* verkörpert hatte. Völlig verrückt, aber diesen Wahnsinn hatte man der traurigen Alternative vorzuziehen gelernt, die immer noch Unterdrückung und Armut hieß. Dann wurde der Notorious B.I.G. niedergeschossen. Im März 1997, während er sich in Los Angeles gerade in einem Auto an der Kreuzung Fairfax und Wilshire Boulevard befand, wurde seinem Leben ein Ende gesetzt, so wie vorher dem Leben von Tupac; durch Revolverhelden, die ihre Schüsse in den stehenden Verkehr abfeuern, ganz nach amerikanischer Art.

Im letzten Video, das Tupac noch lebend zeigt, dem Clip zu „I Ain't Mad At Cha", wird das Klischee vom Leben, das nahtlos in Kunst übergeht, vehement verherrlicht. Während er gerade ein Gebäude verlassen will, Tupac wird erschossen, und als Nächstes sehen wir, wie er im Leben nach dem Tod willkommen geheißen wird, Miles Davis, Louis Armstrong und Jimi Hendrix spielen sanft in der himmlischen Hausband, viel gebändigter übrigens, als die Lebenden unter uns hoffen würden, wenn wir uns Musik aus dem Jenseits vorstellen. Das Video als solches ist zwei gefallenen Kämpfern der schwarzen revolutionären Befreiungsbewegungen gewidmet: Geronimo Pratt und Mutula Shakur. Wie Nicolas Cage in *Leaving Las Vegas* hatte Tupac Los Angeles verlassen, um in Las Vegas zu sterben; als habe er sich zu einer kathartischen Reise aus dem falschen Paradies in die Wüste aufgemacht. Am Abend seiner Ermordung hatte er einem anderen gepeinigten, düsteren, labilen, schutzlosen Geist gehuldigt. Unterwegs auf seinem eigenen Pfad zur Erlösung, der aber von genauso vielen Tretminen gesäumt war, hielt sich Mike Tyson am 7. September 1996 in Vegas auf, mit der Mission, ein Schwergewicht namens Bruce Seldon zu zerstören. Seldon wurde das willfährige Opfer einer Metzelei und untermauerte so wieder einmal Tysons Devise, extreme Gewalt sei der Weg zu allem Heil. Tyson habe sich zu schnell bewegt, zu hart geschlagen, sagte Seldon hinterher. An diesem Abend nun machte Tupac seine Aufwartung (Vegas, Schwergewichte und Stargetümmel sind ein Ritus, der wenige Anzeichen von Niedergang zeigt). Bereits zuvor, während eines Gefängnisaufenthalts, den er nach seiner Verurteilung wegen Vergewaltigung absitzen musste, hatte er beschlossen, sich mit Tyson zusammenzutun, um jungen schwarzen Männern, die andernfalls ihrem sicheren Schicksal ausgeliefert wären, irgendeine Art von Hilfe anzubieten. In Vegas befand sich Tupac in der Begleitung von Death-Row-Boss Suge Knight und ihren versammelten Gefolgsleuten, die sich im Lauf des Abends mit Teilen des Publikums bereits eine Schlägerei geliefert hatten. Nachdem Seldon vernichtet war, verließen sie die Location und machten sich mit einem Tross von zehn Autos auf ins *662,* dem Club von Suge Knight.

Ein weißer Cadillac zog mit dem BMW aus dem Korso auf gleiche Höhe; als der Verkehr zum Halten ansetzte, stiegen zwei Männer aus und feuerten auf Knight und Shakur. Knight bekam einen Streifschuss ab, weigerte sich aber, irgendeine Beschreibung der Schützen abzugeben. Tupac wurde viermal getroffen und starb nach einer Woche im University Medical Center, Las Vegas. Er wurde in Brooklyn eingeäschert, eine späte Ironie nach all den Kung-Fu-Gehässigkeiten, die er über New York abgelassen hatte; der Kreis schloss sich aber auch, weil ihn sein Leben aus der Bronx und aus Harlem über Baltimore, Marin City, Los Angeles und Atlanta zurück nach New York, seiner letzten Ruhestatt, geführt hatte.

Eine tödliche Rivalität, die in den Gangster-Lyrics mutwillig dramatisiert wurde, war zwischen Ost und West gediehen, ein Krieg der Worte, der Attitüden, der gezogenen Waffen: im Osten Bad Boy Entertainment, ihr CEO Sean „Puffy" Combs und Biggie Smalls; im Westen, aus L. A. und Vegas, Death Row Records, ihr CEO Suge Knight und, bis zum 7. September 1996 ihr wertvollster Künstler, Tupac Shakur. In der Öffentlichkeit hatten Knight und Combs die Rivalität stets heruntergespielt, auch wenn ihre Handlungen kaum auf brüderliche Liebe schließen ließen. Von manchen Rappern wurde die Fehde als legitimer geschäftlicher Konkurrenzkampf wahrgenommen, aber im Grunde war die Partie „Suge gegen Puffy" ein bitteres Spektakel auf einem selber unbedeutenden Schauplatz, denn das Handfeuerwaffengeknatter lenkte den Blick nur von den Gang Wars ab, die hinter den Kulissen tobten – oder auch von den weitaus größeren Geschäftsmöglichkeiten, die den durch das Gesetz legitimierten Zockern offen standen. Eine solche Gelegenheit wurde wenig später von Combs, einst Angestellter bei Andre Harrells Label Uptown, umgehend genutzt, als er seine geschäftlichen Verpflichtungen mit dem künstlerischen Alter Ego Puff Daddy und seiner Family verknüpfte, einer Familie, zu der Lil' Kim ebenso gehörte wie der mediokre, in glänzende Anzüge gekleidete Pop-Rapper Mase.

Biggie Smalls, The Notorious B.I.G., nannte sein 1994er-Album *Ready To Die,* möglicherweise ein Versuch, sich von der Zukunft loszukaufen, eine niederdrückende Depression zu artikulieren oder einfach die Gegenspieler zu erschrecken. Dann kam *Life After Death,* das tatsächlich nach seinem Tod erschien, gefolgt von Puff Daddys emotional oberflächlichem, aber finanziell effektivem Requiem „I'll Be Missing You", das musikalisch auf Stings „Every Breath You Take" basierte.

Revierkämpfe sind tief in die Ursprünge von HipHop eingeschrieben, wahrscheinlich die Hinterlassenschaft eines Gang-Territorialismus, der durch die Musik und die Reime kurzfristig verdrängt wurde. Lil Rodney C von den Funky Four erzählte mir 1984: „Die B-Boys standen untereinander in strikter Konkurrenz." Zwölf Jahre später sagte Tupac dem *Vibe*-Reporter Kevin Powell: „Wenn ich sterbe, werden die Leute verstehen, wovon ich die ganze Zeit gesprochen habe." Wer also war Tupac Shakur? Er war ein erfolgreicher Rapper, ein hoffnungsvoller Filmschauspieler, schwarz, herausfordernd, ein 25-jähriger Multimillionär (zumindest auf dem Papier), der aus dem Nichts gekommen war. Deshalb und weil sein dramatisches Leben auf ebenso merkwürdige wie symptomatische Weise mit diesem schicksalhaften Ende verknüpft war, trägt sein Tod ein symbolisches Gewicht, das mit anderen plötzlichen, vorzeitigen Todesfällen im Unterhaltungsgeschäft korrespondiert. Getragen von einer kathartischen Musik, rappte er über das Ausgesetztsein, über Vernachlässigung, Begräbnisse, Schießereien, Hinrichtung, letzte Worte und das Jüngste Gericht mit einer morbiden Besessenheit, die um Hilfe zu rufen schien. Der ehemalige Vizepräsident Dan Quayle fühlte sich durch die Kälte, die in seinen Augen von Tupac ausging, so sehr bedroht, dass er seine Verbannung aus der menschlichen Gemeinschaft forderte. Ohne es zu wissen, bestätigte Quayle mit diesem Urteil nur Tupacs Erfahrung, ein Leben lang zurückgewiesen worden zu sein – und schürte so seine erklärte Überzeugung, dass Gott, nicht die Gesellschaft, sein einziger Richter sei. Dabei verfehlte er in krasser Weise den Umstand, dass in einer von Gier getriebenen Leistungsgesellschaft die Banknoten den Flintenmoralismus der Politiker nur verdecken. Tupacs Anbetung von Ruhm und materiellem Erfolg, seine Politik der Markennamen, seine Geschichten, die er in den Medien erzählte, all das war erschütternd. Das Folgende berichtete er Kevin Powell von *Vibe* über die Vorgänge im November 1995, als beim Betreten der Lobby eines Aufnahmestudios in Manhattan plötzlich das Feuer auf ihn eröffnet worden war und ihm Schmuck im Wert von 40 000 Dollar vom Hals gerissen wurde. „Ich öffnete meine Hose", sagte er, „und ich konnte das Schießpulver und das Loch in meiner Karl-Kani-Unterhose sehen." Er war fünfmal getroffen worden. Ein ganz normaler bewaffneter Überfall? Tupac vermutete professionelle Täter, eine Verschwörung. Mit diesen dramatischen Vorfällen eröffnete Tupac natürlich auch sein drittes Solo-Album, *Me Against The World,* und in gewohnter Rap-Tradition wurden die autobiografischen Ereignisse mithilfe gesampelter Nachrichtenreportagen aus dem Fernsehen dokumentiert. In stilleren Momenten gab Tupac zu, dass er als Folge von posttraumatischem Stress unter Alpträumen litt. Im Zeitalter der TV-Beichten war dieses Bekenntnis allerdings genauso effektiv wie der Markenname Karl Kani.

Der Name Tupac Amaru war ihm von seiner Mutter, Afeni Shakur, gegeben worden – in einer Ära, als revolutionäre Handlungen und die Suche nach Re-Identifikation mit Zivilisationen, die älter waren als die Vereinigten Staaten, noch miteinander Hand in Hand gingen. „They shoulda killed me as a baby" [„Sie hätten mich als Baby töten sollen"], rappt Tupac auf *Me Against The World*. Desillusionierung war ein zentraler Bestandteil seines Lebens. Er wurde 1971 geboren, einen Monat nachdem seine Mutter aus dem Gefängnis entlassen worden war. Als sie 1969 wegen geplanter Bombenanschläge auf New-Yorker Polizeistationen und Supermärkte verhaftet wurde, veröffentlichte eine Gruppe von 21 Black Panthern, denen diese Straftaten gemeinsam zur Last gelegt wurden, eine Erklärung, die nach mehr Revolutionären rief, und zwar solchen, die „fest entschlossen und jederzeit bereit sind, zu TÖTEN, um das System zu verändern". Afeni Shakur hatte sich der Black Panther Party angeschlossen, weil sie den Aufbruch wollte, aber schon bald zerschlug das von J. Edgar Hoover geleitete Bundeskriminalamt die Organisation, weil man sie für eine „streng geheime, durchweg schwarze, marxistisch-leninistische, am chinesischen Kommunismus orientierte Bedrohung" hielt. So wurden Ideale zerstört und durch Armut und Drogen ersetzt, jene Art von Verzweiflung, die immer dann entsteht, wenn hoch gesteckter Optimismus unerfüllt bleibt. „Ich sah, wie die Gehirne meiner Freunde unter den Schüssen der Polizei auf dem Bürgersteig zerplatzten", sagt die Black-Panther-Anführerin Elaine Brown. „Ich habe ihre Gesichter in den Särgen gesehen. Es wurde alles so schrecklich, dass Begräbniskleidung eine Zeit lang normaler Bestandteil der Garderobe war. Ich wurde paranoid; ich lernte, über meine Schulter zu schauen, wenn ich auf die Straße ging."

Tupacs Familiengeschichte ist verwickelt, aber offenbar spielte eine Anzahl prominenter Black Panther, darunter Geronimo Pratt und Mutula Shakur, in seinen jungen Jahren durchaus eine Rolle. Insofern ist es kaum eine Überraschung, dass Tupac in zwei Hälften zerrissen zu sein schien: auf der einen Seite die Familienverbindungen und seine Sympathie für die revolutionären Aktionen der Panther; und auf der anderen Seite die Welt der materiellen Werte und ihre Vergnügungen. Man sieht, dass sich die Versuche der amerikanischen Regierung und ihrer ausführenden Organe, die von den Panthern repräsentierten Überzeugungen zu eliminieren, am Ende gegen sich selbst gerichtet haben. Es war unvermeidbar, dass die Aktivisten auch Kinder bekommen würden, und aus einem von ihnen sollte Tupac werden. „Ohne Platz in der Gesellschaft", wie bereits Danny Quayle in seiner tiefen Ignoranz gesagt hat. Wir hier oben und die da unten. Rapper werden allgemein wegen ihrer inneren Leere angegriffen, aber Tupac thematisierte auf jedem seiner Alben moralische Issues. „That's why I'll never be a father, unless you got the time it's a crime to even bother" [„Das ist der Grund, warum ich nie Vater sein werde, solange du keine Zeit hast, ist es ein Verbrechen, überhaupt darüber nachzudenken"], rappt er auf „Papa'z Song". Unterdessen zerfiel die Musik in zwei unterschiedliche Impulse. Mit lautem Gekreische bahnte sich das Album *Strictly 4 My N.I.G.G.A.Z.* ... seinen Weg durch einen übermächtigen Bomb-Squad-Einfluss, dröhnende Bässe übertönten fast die Texte, aber ohne die Panik von Public Enemy, die Dringlichkeit von N.W.A. zu vermitteln. Dann wieder schlingerte das Album in eine bekiffte, entspannt rollende Westcoast-Gangsta-Atmosphäre, ganz klar im Dre-Daz-

Snoop-Stil, allerdings weitaus persönlicher und zuweilen entwaffnend bekenntnisreich. Von seinen Problemen offenbar völlig überfordert, nahm Tupac das reumütige *Me Against The World* auf, eine Sammlung langsamer Jams mit geschmeidigen Grooves von Roger Troutman, Isaac Hayes, Joe Sample, die unter Gangstern so geschätzt werden (fast wie damals, als sich die Mafiosi für Sinatra und Dino begeistern konnten). In seinen Texten stellte er seinen Lebensstil infrage und zweifelte an seiner Standhaftigkeit, dem Gefängnis dauerhaft fernzubleiben, nicht selten nahe am Selbstmitleid und Verfolgungswahn: „Just woke up and screamed fuck the world", „I see death around the corner, any day." [„Gerade aufgewacht und geschrien, scheiß auf die Welt", „Ich sehe den Tod jeden Tag, an jeder Ecke".] Im einen Moment posierte er imagebewusst mit unauffälliger Kleidung und Brille, ganz der tiefsinnige Student, aber man musste nur aus einer anderen Perspektive an die Sache herangehen, um die Losung „Thug Life" zu erkennen, die auf dem Foto seines Hinterkopfs, ganz im Stil von Mike Tyson, zu sehen war. Auf *All Eyez On Me,* dem ersten Rap-Doppelalbum überhaupt, umgab er sich mit Dollarnoten, Zigaretten, Alkohol und verwandelte sich in eine glänzende Schlange aus Gold und Juwelen, mit ledernem Panzer und einem tätowierten Rückenschild. In der Spannung dieser beiden Gegensätze triumphiert der Ausgestoßene.

Tupacs Filmschauspielerei stiftet in diesem Zusammenhang nur noch mehr Verwirrung. Da er ein kleiner Mann mit einem schmalen, eindringlichen Gesicht war, das alle emotionalen Extremzustände auszudrücken schien, konnten Vergleiche mit James Cagney, dem Darsteller von *Public Enemy,* der Labilität und Unbeständigkeit so brillant darstellen konnte, kaum ausbleiben. In John Singletons *Poetic Justice* trugen Tupac und Janet Jackson einen Großteil der Filmhandlung und ihr emotionales Gewicht auf den Schultern. Wenn von ihm erwartet wurde, zu weinen, Reue zu zeigen, zärtlich zu sein, Schmerz auszudrücken, elterliche Liebe und Verantwortungsgefühl zu vermitteln, erfüllt Tupac diese Aufgabe problemlos, ungeachtet Singletons Regiearbeit, die tendenziell hart am Rande zu Kitsch und Süßlichkeit entlangschlittert. Wie andere Rapper, die in Filmen geschauspielert haben, sei es Ice Cube, Queen Latifah, Ice-T oder Tone Loc, wirkte er vor der Kamera entspannt, als befände er sich in einem Zustand natürlicher Ausgeglichenheit.

Im Juni 1993 interviewte ich Tupac für ein Porträt, das sich vor allem mit seiner Rolle in *Poetic Justice* beschäftigen sollte. Die Begegnung erwies sich als ziemlich unangenehm: Tupac wirkte in sich gekehrt und widerwillig, während meine Fragen mit der Angespanntheit der Situation immer schwerfälliger wurden. In der Rückschau, aus der Kenntnis von Tupacs späterem Schicksal, erscheint selbst die widerspenstigste, kürzeste Antwort auf einmal signifikant. Mehr als einmal erzählte mir Tupac, wie sehr er sein Leben als ständigen Kampf, als permanentes Ringen verstehe. Ein paar Monate zuvor hatte ich Janet Jackson interviewt, die von ihrer Arbeit im Zusammenhang mit *Poetic Justice* nur schwärmen konnte. Kannst du mir erzählen, was du über den Film denkst?, fragte ich Tupac.

„Das ist in meinem Leben genau zur richtigen Zeit passiert", antwortete er. „Ich wurde gerade 21, zum ersten Mal habe ich Janet Jackson, die Last Poets, all diese Leute getroffen und ich dachte darüber ungefähr das Gleiche wie Janet. Es war einfach überwältigend und nachdem es vorbei war, hat mich diese Erfahrung wirklich nachdenklich gemacht. Alle um mich herum waren älter oder erfahrener als ich, ein echter Kulturschock." In dem Film spielte er einen allein stehenden Vater, der nach Tupacs Worten „in einer verantwortungslosen Welt versucht, Verantwortung zu übernehmen". Es ist interessant, sagte ich, dass du einen allein erziehenden Vater spielst, denn über diesen Themenkreis hast du einige einfühlsame Raps geschrieben.

„Ja, ich bin nur von meiner Mutter großgezogen worden", antwortete er, „von daher habe ich dazu definitiv ein Verhältnis. Meine ganze Musik dreht sich darum, wie wichtig es ist, aus sich eine vollständige Person zu machen, wenn man aus einem solchen Elternhaus kommt. Mit diesem Hintergrund bist du da erst mal benachteiligt."

Ich fragte ihn, ob er mir etwas über die Aktivitäten seiner Mutter bei den Black Panthers sagen könne.

„Nein, wirklich nicht", murmelte er. „Ich meine, hier geht's um meine Familie, um meinen Stammbaum, versteht du?"

Klare Fehlanzeige. Mitteilsamer zeigte er sich, als es um seine Studienzeit an der High School of Performing Arts in Baltimore ging. „Ich dachte, dass ich in der Gesellschaft fehl am Platz bin, also wollte ich auf eine Schule gehen, wo ich vielleicht Leute treffe, die auch von sich denken, dass sie da nicht hineinpassen. Diese Zeit hat mir einen guten Sinn für Realität vermittelt, denn da trafen unterschiedliche Kulturen, unterschiedliche Menschen aufeinander. Ich sah, wie Frauen sich gegenseitig küssen, wie Männer sich untereinander küssen, sodass es für mich kein großer Deal war, als wenig später alle wegen Homosexualität durchgedreht sind. Das hatte ich schon in dieser Schule mitbekommen."

Hatte er da schon vorgehabt, beim Film zu arbeiten?, fragte ich.

„Ja", sagte er, „aber in der Schule sind sie nicht einmal auf den Gedanken gekommen, dass es ein schwarzes Kino geben könnte. Sie erzählten mir, da draußen gäbe es nicht viel Arbeit."

Ob er damit weitermachen will? „Ganz bestimmt. Sehr, sehr, sehr gern. Ich kann es gar nicht erwarten."

Ich fragte ihn, ob es ein bestimmtes Ereignis gab, das ihn dazu gebracht habe, Reime zu schreiben.

„Ja", sagte er. „Bei uns zuhause gab es kein künstliches Licht. Kein Licht, keine Elektrizität, und mein Radio lief auf Batteriebetrieb. Irgendwann hörte zum ersten Mal ‚I'm Bad' von L.L. Cool J, ich schrieb meine Reime bei Kerzenlicht und ich wusste, dass ich ein Rapper sein werde."

Du musstest also damals wirklich kämpfen?

„Ich kämpfe immer noch", murmelte er.

Unsere Unterhaltung war auch umkämpft. Ich fragte ihn nach der Sache mit Danny Quayle. Er seufzte tief. „O Mann, ich habe keine Ahnung. Mir ist es scheißegal, was Danny Quayle gesagt hat. Ich bin mir sicher, dass man es irgendwo nachlesen kann, aber mich interessiert es einen Dreck. Die Antwort habe ich auf meiner Platte gegeben, damit ich es nicht immer wieder und wieder sagen muss, versteht du?"

Was er nun mache, sei „Thug Music", sagte er, Verbrechermusik. „Musik für die Massen, die Unterprivilegierten. Revolutionäre Musik." Und ihre Wirkung? „Scheiße, ich habe keine Ahnung. Die Effekte sind für mich nicht sichtbar. Alles, was ich tun kann, ist, weiter Musik zu machen." Und was kommt als Nächstes dran? „Das Gleiche nochmal, das Gleiche nochmal, das Gleiche nochmal."

Die folgende Zeile hat Tupac für sein Album *Strictly 4 My N.I.G.G.A.Z.* ... geschrieben: „You know my momma used to tell me, ‚If you can't find something to live for, you'd best find something do die for.'" [„Wisst ihr, meine Mutter hat mir immer gesagt: ‚Wenn du nichts findest, wofür es sich zu leben lohnt, solltest du dir besser etwas suchen, wofür es sich zu sterben lohnt.'"] Es ist nicht schwer zu verstehen, wie sich dieses Ethos zu einem nihilistischen Double-Bind entwickeln kann. Für jemanden wie Tupac hat es sich tatsächlich nicht gelohnt, nach Idealen zu leben, nicht in dieser Familie, genauso wenig für sein soziales Umfeld. Aber der umgekehrte Weg – Geld, Frauen, teure Autos, Champagner, Ruhm und „California Love" – hat ihn in die gleiche Sackgasse geführt: Strafvollzugsanstalt, gewaltsamer Tod, kein Platz in unserer Gesellschaft. Etwas, wofür (und woran) man sterben kann.

Todessehnsucht

Eine Schlinge, ein Leichenwagen, ein Skelett, ein Grabstein. Ein in die amerikanische Flagge gewickelter Leichnam, nackte Füße, direkt in die Kameralinse gerichtet, eine Karte mit der Aufschrift: „UNCLE SAM", die um die großen Zehen geheftet worden ist. Rap-Plattencover in den Neunzigern.

Der Tod ist in der Bilderwelt des Gangsta Rap eine Konstante. Nicht nur die Plattenumschläge, sondern auch die Texte und Videos sind von Schusswaffen, Vergeltung, Beerdigungen beherrscht. Das eherne Gesetz des Wilden Westens, wie Hollywood es immer propagiert hat, nämlich dass sich alle Probleme mit einer Knarre lösen lassen, hat in HipHop seine Fortführung gefunden. „HipHop ist der Blues von 1993", sagte mir J-Dee von Da Lench Mob, einem Trio aus Los Angeles, im gleichen Jahr. „Dies sind alle unsere Leiden auf Vinyl gepresst. Sie drücken sich nur über einen anderen Stil aus. HipHop ist die letzte Stimme des schwarzen Menschen. Dies ist unsere Kirche, unsere Predigt an die Kinder, unser eigener kleiner Versammlungsort. Wir erziehen jeden von uns durch diese Musik. Viele Kids lassen sich nicht gern sagen, was sie tun sollen, denn sie wurden von Eltern großgezogen, die sich einen Dreck darum kümmern, was sie anstellen. Wie kann ihnen dann eine Gesellschaft, die von den anderen beherrscht wird, allen Ernstes vorschreiben, was sie zu tun haben?"

Mit einiger Berechtigung ist der fest in die Gangkultur eingebundene Gangsta Rap als gewalttätig und misogyn bezeichnet worden. Dennoch bleiben viele Platten aus dieser Zeit als faszinierende, komplexe Dokumente einer turbulenten Periode bestehen, die mit den Los-Angeles-Riots von 1992 ihren Höhepunkt erreichen sollte. So sampelte der Track „Guerillas In Tha Mist" von Da Lench Mob – unterlegt mit Loops von The Main Ingredient und George Clinton – die Worte des L.A.P.D.-Officers Larry Powell, jenem Polizisten, der Rodney King 45-mal mit dem Schlagstock geprügelt hatte. Powell erzählt darin von einem Anruf, den er vor dem mittlerweile berühmten Vorfall um einen betrunken Fahrer erhalten hatte, und beschreibt eine schwarze Familie, die in diesen Einsatz verwickelt war, als „gorillas in the mist", als „Gorillas im Nebel". Der von Ice Cube produzierte Track greift nun in überspitzter Form auf den Mythos von Tarzans Vorherrschaft im Dschungel zurück und endet mit der Verfolgung afrikanischer Berggorillas, die hier als Metapher für den „Rassenkrieg" in Amerika fungieren.

Zu dieser Zeit, als Video für HipHop immer wichtiger wurde und das schwarze Kino eine Wiederbelebung erfuhr, orientierten sich viele Rap-Tracks an filmischen Darstellungsformen. Bei Stücken wie „I Seen A Man Die“ von Scarface, die düstere, bewegende Lebensgeschichte eines jungen Mannes, der einer Kugel zum Opfer fällt, oder „Regulate“ von Warren G., die etwas leichtfüßiger vorgetragene Schilderung einer Schießerei, handelte es sich um kunstvolle Kriminalerzählungen, die in vierminütige Audiodramen destilliert worden waren. „Just chill 'til the next episode“, sagte Snoop Doggy Dogg auf dem bahnbrechenden Dr.-Dre-Track „Nuthin' But A ‚G‘ Thang“, als sei jeder Rap eine Episode innerhalb einer Fernsehserie.

Auch wenn viele Gangsta-Rapper weiterhin auf Schockeffekte setzten, schienen die Reime der seriöseren MCs an diesem Punkt tatsächlich das zu leisten, was J-Dee als „alle unsere Sorgen, auf Vinyl gepresst“ beschrieben hatte. Bereits zu Beginn der Neunziger hatte das aus DJ Muggs, B-Real, Sen Dog bestehende und in Los Angeles beheimatete Trio Cypress Hill den Track „How I Could Just Kill A Man“ veröffentlicht. Ein nagender, verschwommener Sound – nichts als knisterndes Kreischen, zerquälte Gitarrenbreaks und unbarmherzige Beats und Bässe – rollte unter den Lyrics durch, und die warfen dem Hörer ihre Kampfansage direkt vor die Füße: „Hangin' out the window with my Magnum (…) Here is something you can't understand, how I could just kill a man.“ [„Meine Hände baumeln mit der Magnum aus dem Fenster (…) Das hier werdet ihr nie verstehen, wie ich einfach einen Menschen umlegen kann.“] In die überdrehten, frettchenartigen Vocals war die ständig wiederholte Frage „What does it all mean?“ hineingeschnitten worden, ein Sample aus Double D And Steinskis „Payoff Mix“.

Trotz durchaus angemessener Fragen, die einem aus diesen bizarren dokumentarischen Szenarios entgegenschlugen, waren die führenden HipHop-Aktivisten zu unbeständig, zu sehr mit ihren Texten identifizierbar, um als gleichwertiges Gegenstück einer früheren Generation schwarzer Protestmusik akzeptiert zu werden, einer Generation, die immer noch durch Künstler wie Curtis Mayfield oder Gil Scott-Heron verkörpert wurde. Die Musikerkarriere von Da Lench Mob zum Beispiel fand ein plötzliches Ende, als gegen die Gruppenmitglieder J-Dee und T-Bone Anklage wegen Mordes und versuchten Mordes erhoben wurde. Als Reaktion auf den explosionsartigen Anstieg von Drogenmissbrauch und Black-on-black-Violence schlossen sich viele Rapmusiker der Nation Of Islam (NOI) von Louis Farrakhan an. Das Rückcover zu seiner Platte „Death Certificate“ (jenem Album, das den rekordverdächtigen Eroberungsfeldzug des Countrysängers Garth Brooks durch die US-Charts beenden sollte) zeigte Ice Cube bei der Lektüre der NOI-Zeitung *The Final Call,* flankiert von Mitgliedern der paramilitärischen Einsatztruppe Fruit Of Islam.

1991 besuchte ich Mosque Maryan, den Chicagoer Stützpunkt von Farrakhan und seiner Gemeinde, und hörte zu, wie der Rapper Prince Akeem, Minister für Jugend, einige Vorfälle kommentierte, die bei Anhängern der Nation Of Islam beträchtliche Verstörung ausgelöst hatten. Kurz nach seiner Zusammenarbeit mit Prince Akeem für dessen Album *Coming Down Like Babylon* war Flavour Flav von Public Enemy ins Gefängnis gewandert, weil er die Mutter seiner Kinder geschlagen hatte. Gegen Big Daddy Kane, ein Anhänger der Five Percenter Nation, einer Splittergruppe der NOI, wurde der eher triviale Vorwurf erhoben, nackt in *Playgirl* posiert zu haben. „So was kann nur passieren“, sagte Prince Akeem, „weil sie nicht die strengen Gesetze des Islam befolgen. Daraus kann ich meine Lehren ziehen. Flav wurde eingesperrt, weil er mit seiner Freundin gestritten hatte. Ich habe keine Freundin, also werde ich wegen so was auch nicht ins Gefängnis gehen müssen. Kane hat ein Problem, weil er sich für *Playgirl* ausgezogen hat. Schau, das hat viele Muslims beleidigt. Die Gemeinschaft der Muslims sagte: ‚Wie bitte?‘ Er antwortete: ‚Ich kenne viele Brüder, die falsche Dinge tun.‘ Nun, das ist eine schwache Rechtfertigung, denn wenn zwei Leute einen Fehler begehen, wird daraus noch lange kein Recht.“

Zwischenspiel in Watts

1992, Watts, Los Angeles. Ich sitze im Haus von Anthony Hilton, seit mehr als zwanzig Jahren Mitglied einer unbekannten, aber ziemlich legendären Gruppe rappender Dichter, die sich The Watts Prophets nennen. In der einen Ecke des Raumes befindet sich ein signiertes Foto von Nina Simone und am Kaminsims ein großer Zweig, den Anthony von Bob Marley hat. Als Marley ihn in Watts besuchte, wurde ihm geraten, sich ein paar Bodyguards zu nehmen. An ihrer Stelle nahm er diesen Zweig.
Anthony, auch bekannt als Father Amde, ist seit 1979 Priester in der Ethiopian Orthodox Christian Church; er wurde als zweiter Amerikaner überhaupt in diese Kirche aufgenommen. Während seiner Besuche beim Erzbischof in Kingston, Jamaika, traf er Bob Marley und die beiden wurden Freunde. Kurz vor seinem Tod hatte Marley noch ein Album der Watts Prophets auf seinem Tuff-Gong-Label geplant. Wie viele andere verlockende Gelegenheiten, sich aus der Obskurität zu befreien, blieb den Prophets auch diese Chance verwehrt, durch Ereignisse, die außerhalb ihrer Kontrolle lagen. Wer sich die Bilder von Marleys Beerdigung genauer ansieht, wird erkennen können, wie Anthony Hamilton inmitten der Priester steht und vor dem offenen Grab ein Gedicht liest.
1971 waren die Watts Prophets heiß. Sie waren an der Westküste heiß, als die Last Prophets in New York heiß waren. In jenem Jahr wurde ihr Album *Rappin' Black In A White World* auf ALA Records veröffentlicht. Es war stilistisch vergleichbar mit den Last Poets, Melvin Van Peebles oder Bama, The Village Poet (dessen Album *Ghettoes Of The Mind* im folgenden Jahr auf Chess erschien), und es steckte in einem Cover, auf dem Fotos von Malcolm X, ein Wahlplakat für den Black-Panther-Gründer Bobby Seale, die Watts Towers, trostlose Ghettoszenen und – prophetischerweise – ein Junge mit Armeehemd und einer Knarre in der Hand ineinander montiert waren. Doch trotz ihres Pionierstatus und obwohl sie von Rappern wie den Poor Righteous Teachers verehrt und gesampelt worden sind, ist die Geschichte der Watts Prophets nahezu vergessen.
Auf ihrem ersten und einzigen Album, entstanden in den Tagen, als man noch einen Afro trug, traten die Watts Prophets noch als Quartett in Erscheinung. Da aus dem Pianisten, Dichter und Vokalisten Dee Dee McNeil inzwischen ein etablierter Kabarettist geworden ist, besteht die Gruppe mittlerweile nur noch aus drei Poeten: Anthony Hamilton, Richard Dedeaux und Otis O'Solomon, alle Anfang 50, und die Afros sind natürlich längst gefallen. Was ist mit der Gruppe geschehen? Warum waren sie 20 Jahre lang im Smog von Los Angeles verschwunden?

Die vier Dichter trafen zum ersten Mal beim Watts Writers' Workshop aufeinander, ein Forum für Schriftsteller, das Budd Schulberg, der Autor von *On The Waterfront,* nach den Watts-Riots im Jahr 1965 als Geste der Solidarität ins Leben gerufen hatte. „Dieser Workshop war einzigartig", sagt Anthony. „Da gab es das ganze Spektrum, vom ultramilitanten Autoren bis hin zu den sanftesten und wunderbarsten Poeten der Liebe. Sogar Robert Kennedy hat uns hier unten besucht", erzählt Anthony. „Wenn du mit der Black Community politisch auf einen Punkt kommen wolltest, war das eine Pflichtstation."

Welche Wirkung hatte diese Dichtung?

„Selbst in unseren bösartigsten und wütendsten Gedichten", sagt Anthony, „haben wir immer noch eine Sprache der Liebe gesprochen. Wir nannten einfach beim Namen, was wir sahen. Uns war gar nicht mal so sehr bewusst, dass es sich hier um politische Angelegenheiten handelte. Aber die Dinge, die wir sagten, hatten in dieser Hinsicht eine immense Wirkung. So war es jedoch nicht gemeint."

„Na ja, manche Dinge waren schon so gemeint", entgegnete Richard. „Nehmen wir den Anfangstrack auf dieser Platte hier", sagte er und deutete auf ein Exemplar von *Rappin' Black In A White World,* „das ist schon eine sehr verstörende Sache. Die ersten Sätze lauten: ‚Ask not what you can do for your country, 'cause what in the fuck has it done for you?' [‚Frag nicht, was du für dein Land tun kannst, denn was, verdammt nochmal, hat es für dich getan?'] Und damals war John F. Kennedy ein Heiliger."

„Selbst Schwarze rollten mit den Augen", sagte Anthony.

„Ihr Gesichter erstarrten", lachte Otis.

In dieser repressiven Ära haben die Watts Prophets mit solchen Zeilen vermutlich viele Leute vor den Kopf gestoßen.

„Ja, so war es", bestätigte Anthony. „Am Ende hat das FBI den Workshop niederbrennen lassen." Später holte er das Magazin *Mother Jones* heraus, in dem die Geschichte von Darthard Perry abgedruckt war, einem FBI-Informanten, der zugab, er habe sich mit einem Benzinkanister ausgerüstet und sei in eine Garage eingebrochen, die der Sixties-Aktivistin Angela Davis gehörte, um in ihren Papieren nach Verbindungen zwischen Davis und dem revolutionären Untergrund zu suchen. Anschließend steckte Perry die Garage in Brand und machte in der gleichen Nacht auch den Writers' Workshop dem Erdboden gleich.

Eine Zeit lang wurden die Watts Prophets von Plattenfirmen und etablierten Stars hofiert, aber sie alle machten einen Rückzieher und verfielen nach anfänglicher Begeisterung in beharrliches Schweigen. Die A-&-R-Manager neigten ganz besonders zu diesem Syndrom. „Immer wenn wir diese Leute trafen", sagte Otis, „waren sie erst total enthusiastisch, sehr entschieden. Auf einmal kam man ins Büro und plötzlich schien es, als hätte man es mit einem Toten zu tun. Du weißt schon, ihre Farbe war völlig aus dem Gesicht verschwunden."

Quincy Jones hat eines von Otis' Gedichten für sein Album *Mellow Madness* vertont. Auch Stevie Wonder fragte bei den Watts Prophets einen Beitrag zu *Songs In The Key Of Life* an, aber am Ende wurden ihre Namen in eine lange Dankesliste auf der Rückseite des Begleitheftchens verbannt.

„Wir haben das Licht gesehen und dann ist es immer wieder ausgegangen", erzählte Anthony, der ebenso wie die anderen Watts Prophets überzeugt bleibt, dass der FBI-Einfluss die eigentliche Ursache für dieses konzertierte Kaltstellen war.

Da Taxis nach Einbruch der Dunkelheit nur ungern in diese Gegend kommen, fuhr Anthony mich zurück zum Hotel. Er zeigte mir einige der immer noch aktiven Community-Treffpunkte, deren Außenwände mit gemalten Darstellungen von Malcolm X und Martin Luther King geschmückt sind. Irgendwann rezitierte Anthony am Steuer ein Gedicht, das er als junger Mann geschrieben hatte, eine wortreiche, zornige Tirade, die diese Geschichten über die schmutzigen Tricks des FBI in einen angemessenen Kontext brachte. Verschwörungstheorien? Paranoia? Nein, in dem Gedicht ging es nicht um den Protest einer einzelnen Person. Es wirkte eher so, als würden sich diese Worte mit der nackten Wut einer unterdrückten Bevölkerungsgruppe berühren. Wer ein lockeres Mundwerk hat und als unerwünschter Prophet in den falschen Zeiten die falschen Botschaften von sich gibt, kann sehr schnell in die zweifelhafte Rolle eines Helden kommen, der für vogelfrei erklärt worden ist, ohne es zu wissen. Ein Leben in der vierten Welt und im zweiten Millenium, ein blinzelnder Blick in grell aufflackernde Trugbilder, stets begleitet von der leisen Hoffnung, in Babel gehört zu werden – ist das Wort immer noch stark genug?

Zwischen den Fronten

Wie alle voll ausdifferenzierten musikalischen Genres hatte HipHop eine Vielzahl von Hörerkreisen hervorgebracht, in der sich die stilistischen, regionalen und nationalen Unterschiede immer weiter multiplizierten. Ein vornehmlich junges, weißes Mittelklassepublikum delektierte sich an den Geschichten über Drogenhandel, Alkohol, Gangbanging, Schießereien und Bitches, die sonst, bei einer merkwürdigen Allianz aus Liberalen und Konservativen, nur Abscheu und helles Entsetzen auslösten; eine zweite Zuhörerschaft suchte in den radikalen Botschaften von Ice Cube oder Public Enemy geistige Führung; ein dritter Konsumentenkreis nahm HipHop als eine neue Mainstream-Popkultur wahr, als Trend, der sich im Durchbruch von Acts wie Naughty By Nature, Coolio, House Of Pain, Kris Kross oder Sir Mix-A-Lot oder auch in der aufwändigen Gründung der Zeitschrift *Vibe* widerspiegelte, die 1992 von Quincy Jones Entertainment und Time Publishing Ventures lanciert worden war; ein viertes Publikum interessierte sich für den bohemistischen Experimentalismus von Me Phi Me, dcBASEHEAD, Disposable Heroes Of Hiphoprisy, Digable Planets, The Pharcyde, New Kingdom, P.M. Dawn, Me'Shell NdegeOcello, Freestyle Fellowship, Justin Warfield, Gang Starr, MC Solaar, Divine Styler, die wieder mal rundum erneuerten Beastie Boys oder den handgestrickten, lebensbejahenden Afrozentrismus von Arrested Development aus Atlanta.

Bei unserem Gespräch, das 1992 in Oakland stattfand, zeigte sich Michael Franti, Rapper und Lyriker der Disposable Heroes Of Hiphoprisy, darüber enttäuscht, dass seine Gruppe von den HipHop-Magazinen und Hardcore-Rappern ignoriert wurde. „Aber was ist HipHop?“, fragte er rhetorisch, während er eine Wasserflasche gegen seine Handfläche klatschen ließ. Für Franti war HipHop ebenso sehr die Fortführung schwarzer Poesie und der Reime eines Gil Scott-Heron wie der Ausdruck aktueller, zeitgenössischer Realität. „Television, The Drug Of The Nation“, die erste Hiphoprisy-Single, war ein Remake einer früheren Version der Beatnigs. Während der Prototyp mit wütenden Predigten, Geschrei und lautem Trommeln aufgeheizt war, wurde in

der neuen Version die halluzinatorische Welt des Fernsehens auf wunderbar hämische Weise affirmiert.
In der Tat waren die Parallelen und Unterschiede zu Gil Scott-Heron überaus aufschlussreich. Frantis Vortragsweise und seine Art, komplexe Gedankenspiele um die Beats zu schlängeln, teilte offenkundige Gemeinsamkeiten mit dem Mann, der den Klassiker „The Revolution Will Not Be Televised" aufgenommen hat. Die allgemeine Wahrnehmung des Fernsehens und die Chancen auf eine revolutionäre Veränderung der Gesellschaft haben sich allerdings über die vergangenen zwei Jahrzehnte hinweg dramatisch geändert. „Wenn es eine Revolution gäbe", sagte Franti, „würde das zu allererst im Fernsehen übertragen werden und diese Sendung würde die höchsten Einschaltquoten überhaupt erzielen." Gil Scott-Heron selbst kehrte 1994, nach Jahren einer persönlichen und künstlerischen Krise, mit dem Album *Spirits* wieder erstarkt auf die Bildfläche zurück. Im Eröffnungsstück, „Message To The Messengers", nutzte er den Respekt, den er als HipHop-Organisator genießt, und wandte sich direkt an die neue Generation von Rappern, indem er die in dem Originaltrack behandelten Themen aufgriff und sie auf die Gegenwart bezog. „Four-letter words or four-syllable words won't make you a poet", schimpfte Scott-Heron, „they will only magnify how shallow you are and let everybody know it." [„Schimpfwörter oder Beleidigungen machen aus dir noch lange keinen Dichter, sie machen nur für alle sichtbar, was für ein Flachkopf du bist."]
Gegensätze, die den Hype und die Wahl des Lebensstils befördern, ganz gleichgültig, ob sie nun authentisch oder ausgedacht sind, kurbeln auch die Umsätze an. Acts wie Jeru The Damaja, Main Source, UMC's, Pete Rock & C. L. Smooth, Downtown Science und Gang Starr fielen zwischen die Maschen solcher Distinktionsnetze. Die von ihnen veranstaltete Musik war offenbar zu idiosynkratisch und in ihrer schlichten Brillanz zu unkontrovers, um repressive Maßnahmen zu provozieren oder die Hüter politischer Rechtschaffenheit in Aufruhr zu versetzen. So sahen sich diese Künstler mit dem Problem konfrontiert, inmitten einer Kampfzone zu arbeiten, in der gigantische Verkaufszahlen und überzogene Attitüden die Schlacht zugunsten genau der entgegengesetzten Ziele entscheiden konnten. Der enorme kommerzielle Erfolg, den das Debütalbum von Arrested Development erzielte, mochte eine Zeit lang zu der Hoffnung ermutigt haben, dass Gewalt, Misogynie und Materialismus an Zustimmungsfähigkeit einbüßen. Die Umsätze, die ein Rapper wie Too Short im Underground erzielte, legten allerdings ganz andere Schlussfolgerungen nahe.
Während eines Interviews mit S. H. Fernando Jr., dem Buchautor von *The New Beats,* erklärte der aus Oakland, Kalifornien, stammende Rapper, dass er traditionelle literarische Tugenden wie Beobachtung oder Vorstellungskraft in erster Linie einsetzt, um Geld zu verdienen. Doch gleichgültig, was sie an Subtilität oder positiven Botschaften vermissen ließen, waren seine Platten nicht weniger ein Fantasieprodukt als die von Arrested Development ausgesprochenen Ermahnungen an unsere Kinder, „das Fernsehen auszuschalten" und die „Hände in den Dreck zu graben".
Ein Wendepunkt kam mit dem Debütalbum von Dr. Dre für Death Row Records. Das unter chaotischen Umständen entstandene *The Chronic* betonte ohne Unterlass die Bedeutung von Marihuana für den Westcoast-Rap,

eine Verbindung, die bereits Cypress Hill mit Tracks wie „Something For The Blunted", „Light Another" und „Stoned Is The Way Of The Walk" hergestellt hatten. Auf der langen Liste der Rapper, die mit Dr. Dre an dieser Platte gearbeitet hatten, waren unter anderen That Nigga Daz, Warren G, Kurupt, Bushwick Bill, Rage, D.O.C. und nicht zuletzt Snoop Dog aufgeführt, der unter dem Namen Snoop Doggy Dogg sehr bald einer der größten, aber auch heruntergekommensten Stars im HipHop-Geschäft werden sollte. Mit seinem eiskalten, schleppend gedehnten Vortragsstil, in dem sich ein direkter Einfluss von Slick Ricks „La-Di-Da-Di" manifestierte, war Snoop der einzige zeitgenössische Rapper, der in der Lage war, seine Reime, die oft kindisch, geschmacklos, rachsüchtig oder kaum mehr als kostenlose Werbung für Death Row waren, wie Musik klingen zu lassen.

Was Dre anbelangt, so war sein Produktionsstil eine Fortführung der Techniken, die er bereits zu Zeiten von N.W.A. und J. J. Fad etabliert hatte. Mit einfachen Mitteln, nahe am Simplizismus, bemühte sich seine Musik um die Wiederbelebung von Seventies-Soul. Obwohl ihr die lyrische Dichte und Sinnlichkeit der Originale abging, von denen sie beeinflusst war, erwies sich Dres Formel als extrem effektiv. Unwiderstehliche Mid-Tempo-Samples wie Parliaments „Mothership Connection" und „P-Funk (Wants To Get Fucked Up)", Isaac Hayes' „Do Your Thing" und Donna Hathaways Soundtrack zu „Come Back Cherleston Blue" wurden mit Basslinien angefettet, für die Colin Wolfe verantwortlich zeichnete, und mit Heavy Beats, die Dre höchstpersönlich programmiert hatte.

Die Musik wirkte kraftvoll, aber inhaltlich hatte Dre offenbar nichts Substanzielleres anzubieten, als mit seinem Konsum von „Chronic" (seiner favorisierten Marihuanasorte; *Anm. des Übersetzers*) anzugeben und Gehässigkeiten an die Adresse von Eazy-E, seinen ehemaligen Kollegen bei N.W.A., zu richten. Dre forderte hohe Summen aus Tantiemenzahlungen, die ihm angeblich für seine Produktionsarbeit an Veröffentlichungen auf Eazy-Es Label Ruthless Records zustehen sollten, und setzte vor allem sein erstes Soloalbum ein, um die Stimmung gegen Eazy und seinen Manager Jerry Heller anzuheizen. Nachdem *The Chronic* zum größten Verkaufserfolg in der Geschichte der Rapmusik geworden war, antwortete Eazy mit seiner eigenen Version eines Gang-Hits gegen Dre – „It's On (Dr Dre) 187 UM Killa". Nachdem Eazy im März 1995 an einer Lungenentzündung als Folge von Aids gestorben war, brach die Fehde in sich zusammen und die Hetze wich versöhnlicheren Worten.

Nachdem er Snoop als die kommende neue Stimme der Rapmusik und als ihren potenziell größten Star lanciert hatte, widmete sich Dre sogleich der Produktion von *Doggy Style.* Obwohl er seinen gedehnten, schleppenden Sprechgesang durchaus überzeugend einsetzte, hatte Snoop kaum mehr zu sagen als sein Mentor. Hier und da fanden sich ungewöhnliche Samples wie Edwin Birdsongs „Rapper Dapper Snapper", aber insgesamt war die Musik auf die notwendigsten Grooves reduziert, die auch durch Snoops detaillierte Auskünfte über seinen Alltag, wie er Gin trinkt, seine Socken anzieht, sich Prostituierte kauft, Chronic raucht, mit Schmarotzern und Abschaum feiert, nicht gerade nennenswert belebt wurden. Wenige Wochen vor der Veröffentlichung dieser spektakulär erfolgreichen Platte wurde Snoop in eine Schießerei verwickelt, die mit dem Tod eines

Gangmitglieds namens Philip Woldemariam endete. Als eigentlich die Promotionsarbeit für das Album beginnen sollte, wurde er unter Mordanklage gestellt und gegen ihn eine Kaution von einer Millionen Dollar festgesetzt. Obwohl er 1995 schließlich freigesprochen wurde, hatten seine Karriereaussichten empfindlich gelitten. „Er war ein freier Mann", schrieb Ronin Ro in seinem Buch *Have Gun Will Travel,* „aber nun musste er sich mit einer Reputation auseinander setzen, die durch die Monate nachteiliger Medienberichterstattung beschädigt war."
„1997 wurde Suge Knight wegen Verstoßes gegen Bewährungsauflagen zu neun Jahren Haft verurteilt. Er trat seine Gefängnisstrafe in der California Men's Colony von San Luis Obispo an", schrieb Ronin Ro, „wo er durch das Gesetz jeder Möglichkeit beraubt war, seine Firma Death Row weiterzubetreiben, tatenlos mitansah, wie der Hälfte seiner Belegschaft gekündigt wurde, und hinnehmen musste, dass Kreditkartenunternehmen wie American Express ihr Geld zurückforderten. Unmittelbar nach seiner Inhaftierung begann auch die Death-Row-Familie sich aufzulösen. Hatte das Label früher eine geschlossene Front promotet, so waren die Künstler nun in alle vier Windrichtungen zerstreut."
Snoop Doggy Doggs zweites Album, *Tha Doggfather,* hatte sich extrem gut verkauft, wenn auch nicht in so gigantischem Umfang wie sein Debüt. Nach dem Zusammenbruch von Death Row Records benannte er sich in Snoop Dogg um und übertrug seine treue Gefolgschaft auf einen neuen Rap-Mogul. Als Künstler von No Limit Records, einem Label, das dem in New Orleans ansässigen und auf CDs, Straight-to-Video, Sport und Kleidung spezialisierten Entrepreneur und Rapper Percy „Master P" Miller gehört, versuchte sich Snoop an planlosen Wiederbelebungen seiner bisherigen Arbeit, darunter ein zweitrangiges Remake von „Gin And Juice". Ohne Dr. Dre hatte er keinen kreativen Biss mehr, obwohl sein erstes Album für No Limit innerhalb von nur zwei Wochen wieder mit Platin ausgezeichnet wurde. Alles, was Master P anfasste, von ausgebrannten Superstars bis hin zu kompletten Nobodies, verwandelte sich in Gold. Dieses Gespür für den Massenmarkt wurde durch seine Selbstdarstellung als „The Colonel" versinnbildlicht, der seine Soldaten – Mystikal, Mercedes, Skull Duggery, Mia X, Steady Mobb'n, Soulja Slim und andere – aus einem diamantbesetzten Panzer mit goldenem Nummernschild kommandiert und „the world's #1 independent record label" anführt. Dr. Dre, mittlerweile von seiner Haftstrafe zurückgekehrt, hatte Death Row noch vor dem großen Exodus verlassen. Müde von Gangsta Rap und beleidigt von Suge Knights verzweifeltem Vorschlag, er solle ein Album für M.C. Hammer produzieren, um dessen zerstörte Karriere wiederzubeleben, zog sich Dre zurück und schmiedete Pläne, ein eigenes Label zu gründen. Seine Aktien schossen wieder nach oben, als er den weißen Rapper Eminem produzierte, dessen Debüt *The Slim Shady* 1999 bei Aftermath erschien. Auf originelle, manchmal ziemlich kranke, auf jeden Fall aber immer irritierende Weise jongliert Eminem mit dem amoralischen, gewalttätigen Image von HipHop und den Nachwehen von Death Row und Gangsta Rap. Auf dem Track „Guilty Conscience" ist ein Duett mit einem Dr. Dre zu hören, der sich über seine Gangster-Vergangenheit lustig macht – „Aha, temper, temper, Mr. Dre, Mr. N.W.A., Mr. AK, comin' straight out of Compton you better make way" [„Aha, Gefahr, Gefahr, Mr. Dre. Mr. N.W.A., Mr. AK ist unterwegs, geradewegs aus Compton, macht besser Platz"].

Daraufhin schlägt Dre erst durchaus vernünftige Töne an – „'Cause he don't need to go the same route that I went, been there done that" [„Denn er muss nicht nochmal den gleichen Weg gehen, den ich gegangen bin, hab ich schon alles gemacht"] –, um mit einem „Ah fuck it, shoot 'em both, Brady, where's your gun at?" [„Ach, scheiß drauf, mach sie beide kalt, Brady, wo hast du deine Knarre?"] wieder das Stereotyp abzuspulen. Bumm! Klick, bumm!

Mistery Of Chessboxing

Während die Gangster von der Westküste nach wie vor über die Freeways sausten, mit Basslautsprechern, die unter Explosionsgeräuschen und dem Knattern der Gewehre erzitterten, erhob sich aus dem Osten ein neuer Sound, eine neue Vision. In Staten Island war der Wu-Tang Clan entstanden, ursprünglich ein lockeres Kollektiv von Rappern und Produzenten, die auf dem Fundament von HipHop eine gemeinsame Geschäftsplattform errichten wollten: Method Man („mad different methods"), The Genius „The GZA", Raekwon („he's the chef"), Ol' Dirty Bastard ("There ain't no father …"), Ghostface Killah („Now you see me, now you don't"), U-God („He's a psychopathic thinker"), Prince Rakeem „The RZA" („He's the sharpest motherfucker in the whole clan, he always on point, razor sharp") und Verbündeten wie Shyheim (aka „The Rugged Child") und Inspektah Deck („he'll take you to court"). Ihr erstes Album, *Enter The Wu-Tang Clan,* erschien 1993 auf BMG und kombinierte raue, laut herausgebrüllte Ensemble-Raps mit unheimlichen Samples aus Martial-Arts-Filmen der Shaw Brothers, verhallten Beats und geisterhaften Klavierphrasen. *Enter The Wu-Tan Clan,* ein schroffes, ungehobeltes und ein wenig aus dem Gleichgewicht geratenes Album, war ein weitaus merkwürdigeres Biest als die Mehrheit der Wu-Tang-Soloprojekte.

So gab es auf *Ironman,* dem Album von Ghostface Killah, einen sonderbaren Kontrast zwischen den Bläsern, den kräftigen Beats und den Sixties-Soul-Einflüssen, mit denen The RZA dieser Produktion seinen Stempel aufgedrückt hatte, und der rauen Stimme, mit der Ghostface Killah seine Stream-Of-Consciousness-Texte vortrug, eine zerklüftete Wortlandschaft von Bildern und Vorstellungen, die durch Assoziationskraft, Wohlklang sowie eine merkwürdig unorthodoxe Logik miteinander in Beziehung gesetzt und übereinander geschichtet worden waren. Mit dem düster-nostalgischen „Can It Be All So Simple", einem Track von ihrem Debütalbum, der um ein sehnsüchtiges Sample aus „The Way We Were" in der Version von Gladys Knight And The Pips gebaut war, schuf der Wu-Tang Clan hingegen die Blaupause für eine Konvergenz zwischen Hardcore-Rap und der gerade aufkommenden Retro-Future-R-&-B-Welle. Nachdem diese Stilrichtung in den Achtzigern mit dem soften Radioformat des „Quiet Storm" ihre Schärfe verloren hatte, fand R & B so zu einer Neuorientierung, indem der körnige Produktionsansatz von HipHop mit Gesangsstilen zusammengeführt wurde, die um Jahrzehnte zurückreichten, hinter Luther Vandross, Freddie Jackson und Anita Baker zu einer früheren Generation von Soulsängern. An Soloprojekten wie „I'll Be There For You/ You're All I Need To Get By" von Method Man oder „All That I Got Is You" von Ghostface Killah wirkte Mary J. Blige mit und auf „Cold World" ließ sich Genius von D'Angelo unterstützen. Auf diese Weise läuteten verschiedene Mitglieder des Wu-Tang Clan den mächtigsten kommerziellen Trend der späten Neunziger ein: R & B mit einer Hardcore-Schlagseite, so wie er in der Folge von TLC, von Lauryn Hills mehrfach mit dem Grammy ausgezeichnetem Album *The Miseducation Of* ... und den Duetten eines Busta Rhymes mit Janet Jackson, von Miss Jones mit Big Punisher, Q-Tip mit Janet Jackson, Redman mit Dru Hill, Funkmaster Flex mit Khadejia, Mary J. Blige mit Jay-Z, The Roots mit Erykah Badu und D'Angelo, Mase mit Total, MC Lyte mit Gina Thompson sowie einer Unmenge vergleichbarer Fusionen und Kollaborationen (oder Anstrengungen, so viele Plattenkäufer wie möglich zu mobilisieren) ausformuliert wurde.

In seinen besten Momenten, auf Tracks wie Ghostface Killahs „The Soul Controller" oder „Stimulation" von Method Man, ist der Wu-Tang-Style ein gezähmtes Chaos. Samples reiben sich knirschend in unterschiedlichen Tonarten aneinander, wie Rauch kreisen sie in einem Mix, der sich mit Aufgaben der Integration oder der Auflösung des Disparaten gar nicht erst aufhält, sondern Harfen, Flöten, Saxofone, Soulgesang, Streichersätze und ängstlich zitternde Kung-Fu-Soundtracks in halluzinatorischen Räumen der Verdammnis zusammenleben lässt. Diese von zergehenden Geigen, mühsam sich dahinschleppenden Beats und Orgeln aus dem Fegefeuer getragene Atmosphäre der Auflösung hat The RZA bei seiner Produktionsarbeit für die Gravediggaz – einer Horror-Rap-Kollaboration mit Poetic The Grim Reaper und den ehemaligen Stetsasonic-Mitgliedern Prince Paul und Fruitkwan – besonders effektvoll eingesetzt. „Wie bei Dr. Octagon und Funkadelic", schrieb Kodwo Eshun in seinem Buch *More Brilliant Than The Sun,* „bis hin zur Hommage ‚Mommy What's A Gravedigga', verwundet der mythologische Humor der Gravediggaz solche Geister, die stumpf gegen Empfindungen geworden sind, wird die Krankheit geschürt, damit die Sensibilität zunimmt."

Aber je mehr die Wu-Tang-Veröffentlichungen wucherten und sich ihr Reich ausdehnte, bis es auch nichtmusikalische Geschäftsbereiche wie Bekleidungsketten erschlossen hatte, verflüchtigte sich die Überraschung aus ihrer Musik. Ihr konfrontativer Rapstil war in einer Welt millionenfach verkaufter Alben mit „Parental Advisory"-Stickern längst zum Standard geworden. Der Westcoast-Gangsta-Rap mochte den Weg alles Irdischen gegangen sein – aber die entsprechenden Attitüden und die Hardcore-Sprache warrn von Rapstilen jedweder Herkunft absorbiert worden. Eigentlich brachte nur noch Will Smith, der vom Rapper zum Fernsehstar und von dort aus zu einem der erfolgreichsten jungen Filmschauspieler Hollywoods aufgestiegen war, weiterhin Platten heraus, die froh waren, froh zu sein.

Jenseits der Verkaufszahlen von Will Smith' Album *Big Willie Style,* die jede Form des Einspruchs niederwalzten, kämpften die Conscious-Rapper weiterhin um die Vorherrschaft. Von ihrem 1995 erschienenen Album *The Score* verkauften die Fugees, ein Trio aus New Jersey, weltweit 17 Millionen Exemplare und brachen damit alle Rekorde. Die drei Mitglieder – Lauryn Hill, Wyclef Jean, Pras – nutzten den Erfolg für Soloprojekte und Fremdproduktionen wie Wyclef Jeans Mitarbeit an dem Album *Can-I-Bus* von Canibus, dem enttäuschenden Debüt eines talentierten Rappers. Die dunkle Seite – Pistolen, Sex und schief gelaufene Deals – wurde von so imposanten Figuren wie Fat Joe und Big Punisher repräsentiert, die allesamt in den schweren Fußstapfen von Notorious B.I.G. folgten.

Der schnell rappende Jay-Z stand wiederum für so genannten Ghetto-Pop, sein smarter Hit „Hard Knock Life“ profitierte von den Talenten des Produzentenveteranen DJ Mark, 45 King. Oberflächlich gesehen, schien Jay-Z eine lukrative Aktualisierung dessen zu sein, was J-Dee von Da Lench Mob den „Blues von 93, all unsere Sorgen auf Vinyl gepresst“ genannt hatte, ein Erbe, das bis zu den Watts Prophets und den Last Poets zurückreichte. Was jedoch fehlte, war der inwendige Dialog zwischen Polemik, Realismus und Infragestellung des Bestehenden, der noch Tracks wie „It Was A Good Day“ von Ice Cube geprägt hatte. In den frühen Tagen von HipHop nahmen MCs, die nichts als ein paar Klamotten und verbale Fähigkeiten vorzuweisen hatten, von reinem Wunschdenken geleitete Raps darüber auf, wie es ist, einen Mercedes zu fahren und Champagner zu trinken; nun erzählten Rapper, die fünf Autos und eine Villa besaßen, harte Geschichten, wie übel einem das Leben mitspielen kann.

Für sein Album *Vol. 2 ... Hard Knock Life* wandte sich Jay-Z dem Produzenten Timbaland zu, wurde aber von der Geschwindigkeit und der Schärfe dieser Beats ziemlich in den Schatten gestellt. Nach Jahren der düsteren Rhythmen, die in verschwommene, knisternde, tief auf dem Meeresgrund verborgene Samples getaucht zu sein schienen, hatte Tim „Timbaland“ Mosley den HipHop wieder an die frische Luft geführt. Seine minimalistischen Beats, die wie elektrisch verstärkte Stoffwechselgeräusche von Insekten klangen, zwangen die Sänger zu subtilen rhythmischen und klanglichen Variationen. Auf ihrem 1997 erschienenen Album *Supa Dupa Fly* sprang die Rapperin und Sängerin Missy Elliott kopfüber in ein Kontinuum verführerischer Klicks, Schläge, leerer Liftshafts und ließ sich von Timbalands zerhackten Gitarrenfiguren, den zischenden Hi-Hats, den Gesangssamples und dem elektronischen Quietschen nach oben und nach unten treiben, „my hormones jumping like a disco“ [„meine Hormone hüpfen wie in einer Disco“].

Eine ähnlich nervös zuckende Sophistication – spielerisch, verschlagen und subversiv – war auf *Exinction Level Event* zu hören, dem zweiten Soloalbum des Rappers mit der Kiesgrubenstimme. Das Stardasein hatte die Weltsicht von Busta Rhymes offenbar nüchterner werden lassen und erweiterte die Off-the-Wall-Party-Hysterie früherer Tracks wie „Woo Hah! Got You All In Check“ um eine apokalyptische, survivalistische Dimension. Trotz der kosmischen Kostüme, der Symbole einer neuen Weltordnung und einer Bildersprache, die um Verdammnis, Düsterkeit und den nahenden Untergang der Zivilisation kreiste, brachte es *Exinction Level Event* zu einem gewissen Grad von Frivolität, die sich hauptsächlich dem einfallsreichen Gebrauch exotischer Samples wie Dick Hymans „Topless Dancers Of Corfu“, Terry Baxters „Early In the Morning“, Dr. Buzzards „Sunshower“, Manu Dibangos „New Bell“ und einem Streichorchester-Loop aus Bernard Hermans Soundtrack zu Alfred Hitchcocks *Psycho* verdankte, nicht zu vergessen den Gastauftritt des ehemaligen Black-Sabbath-Sängers Ozzy Osborne auf dem Track „This Means War“. Allerdings wurde die Brillanz der Musik von aufgeblasenen Armageddon-Szenarios und Wahnvorstellungen der eigenen Großartigkeit unterminiert. Ähnlich unangenehme Übergänge zur Selbstüberhöhung waren natürlich überall in der HipHop-Welt zu finden und wurden von Nas zu einem kontroversen

Höhepunkt geführt. Mit gerappten Slogans wie „Hate Me Now“ oder einer Selbstdarstellung als Gekreuzigter brachte er die Inflationierung einer scheinbar zur zweiten Natur gewordenen „Playa Hater“-Paranoia und das Eigenmarketing von HipHop auf ein absurdes Level.

Wesentlich befriedigender waren die Porno-Horrorvisionen eines Keith Thornton, besser bekannt unter dem Namen Kool Keith. In den Achtzigern hatte sich der Rapper aus der Bronx einen Namen als Mitglied der extrem einflussreichen und unterbewerteten Ultramagnetic MCs gemacht. Nun nahm er für jedes seiner neuen Projekte eine andere Identität an. Mal nannte er sich Erotic Man, mal Black Elvis und für seine Zusammenarbeit mit Automator, D. Nakamura, Kurt Masta Kurt und DJ Q-Bert von den Invisibl Skratch Piklz, einer Turntable-Crew aus der Bay Area, schlüpfte er 1995 in die Maske des Dr. Octagon. Aus den Echos unheimlicher Bleeps und Glockengeräusche, die unter dem Gewicht brummender Bässe stöhnten, errichtete die Musik klaustrophobische Kammern des Schreckens. Hier streifte Dr. Octagon durch die Korridore, im schwachen Schein seiner Taschenlampe waren die Umrisse eines im Dunkeln operierenden Theaters zu sehen, das von der „nurse with voodoo curse“ [„der Nonne mit dem Voodoo-Fluch“] heimgesucht wurde, gelegentlich konnte der Lichtpegel auch in Räume fallen, die von Serienkillern leer gefegt worden waren. Draußen war der Regen grün und blühten die Blumen blau. Aus einer längeren Phase der Einsamkeit kehrte Kool Keith unter dem Alias des Gift und Galle sprühenden Dr. Dooom zurück und legte 1999 mit dem Album *First Come, First Served* einen ähnlich surrealen Rundgang durch sein Fantasieleben vor. „For the love of animals I used to always cut the legs off a roach“, rappt er auf „Welfare Love“. „See if he'll stand there on a tissue and give him a piece of toast. That morning he would wake up and be gone.“ [„Aus lauter Tierliebe habe ich den Kakerlaken immer die Beine abgeschnitten. Schau mal nach, ob er noch auf dem Papiertuch steht und gib ihm ein Stück Toast. An diesem Morgen sollte er aufwachen und merken, dass er gar nicht mehr lebt.“]

Mit seiner auf die Funk-Basics reduzierten Musik war Kool Keith ein unangepasster, fernab vom Mainstream agierender Vertreter einer „Back to the Funk“-Strömung im HipHop. In Atlanta machten Outkast und Goodie Mob eine Musik voller Pathos und Tiefe, die eher in der Tradition von Southern Soul, George Clinton, Gil Scott-Heron und King Tubby stand. *Aquemi,* das dritte Outkast-Album, war eine verwirrende, erfinderisch und durchweg einnehmend gestaltete Plattform für die gegensätzlichen Persönlichkeiten der Rapper Big Boi und Dre. Tracks wie „SpottieOttieDopaliscious“, „Return Of The ‚G‘“ oder „Aquemi“ waren von Melancholie und Spiritualität geprägt und sie bestätigten wieder einmal, was für eine herausragende Bedeutung die Rapkultur innerhalb der afroamerikanischen Tradition des Storytelling einnimmt. Von einer vergleichbar melancholischen Stimmung war das Goodie-Mob-Album *Soul Food* durchdrungen. Diese Produktion, für die Organized Konfusion verantwortlich zeichneten, zeichnete sich durch kreischende Harmonikatöne aus, über allem lag ein raues, von Wah-Wah-Gitarren, Congas, elektrischem Klavier und einem geschmeidigen Bass getragenes Seventies-Funk-Feeling, zirpende Nachtinsekten inklusive, und im Verbund mit den harmonierenden und räsonierenden Stimmen entfalteten die Raps von Goodie

Mob die feierliche Intensität eines Predigers: „We ain't natural born killers, we are spiritual people, God's chosen few, think about the slave trade when they had boats with thousands of us on board and we still was praising the Lord – now you ready to die over a coat, a necklace round your throat, that's bullshit Black people you'd better realize, we losin', you better fight and die if you got to get yo' spirit and mind back and we got to do it together, Goodie Mob means: ‚The Good Die Mostly Over Bullshit.'" [„Wir sind keine geborenen Killer, wir sind spirituelle Menschen, die Auserwählten Gottes, denk an die Sklavenverschleppung, als sie tausende von uns an Bord hatten und wir immer noch den Herrn priesen – nun seid ihr bereit, wegen eines Mantels, wegen einer Halskette zu sterben, das ist Bullshit, schwarze Brüder, wann begreift ihr endlich, dass wir verlieren, ihr solltet kämpfen und sterben, um euren Geist und eure Seele wiederzuerlangen, und das müssen wir zusammen tun, Goodie Mob heißt: ‚Die Guten sterben immer an irgendeinem Bullshit.'"]

Die Invasion der Octopusmenschen

> Als Schüler von HipHop respektiert der Jongleur die Pioniere, aber er romantisiert sie nicht. Die Pioniere erfanden HipHop und während ihr Leben weiterging, hatten sie über ihn irgendwann die Kontrolle verloren. An HipHop waren informelle Werte geknüpft, aber niemand erlaubte sich den Luxus, sich einmal hinzusetzen und präzise zu benennen, worin diese Werte bestanden. Diese Lockerheit war nützlich in einer Zeit, als der Spielplatz und der Trainingsplatz die Arena für HipHop waren. Heute ist HipHop die weltweit dominierende Jugendkultur (...) Der Geist ist immer noch da. Man nannte ihn HipHop. Ich weiß nicht, was sein Name heute sein könnte, aber was auch immer das sein wird, sollte das nicht nur der Blueprint für HipHop, sondern unbedingt auch die Zukunft Amerikas, seiner Vorstädte und all dem sein, was damit zusammenhängt.

Bomb the Suburbs, William Upski Wimsatt

1999: überall Erinnerungen, Geister aus vergangenen Zeiten, aus „back in the days", der guten, alten Old School: überflüssige Coverversionen einschlägiger Klassiker; neu gemasterte, mit gelehrten Kommentaren versehene Wiederveröffentlichungen historischer HipHop-Aufnahmen, illustriert von Fotografien, die den Geist eines anderen Jahrhunderts heraufbeschwören; Karrieren, die dem Zwielicht entrissen werden, wie zum Beispiel Run D.M.C. und ihr Hit „It's Like That", der uns – von Jason Nevins im House-Style wieder belebt – daran erinnert, wie unschuldig selbst der härteste Hardcore von damals heute klingt; eine Sugarhill Gang, die auf dieser Welle mitschwimmt und die alten Tage für eine Zuhörerschaft wieder aufleben lässt, die zu jung ist, um zu wissen, ob sie Originalmitgliedern oder einer Sugarpill Gang von Doppelgängern zujubelt.
Gegen Ende 1993 erschien eine völlig schmucklose und größtenteils mit Instrumentalstücken versehene Vinyl-12"-Maxi von dem bis dahin unbekannten DJ Shadow. Der zwölf Minuten lange Track auf der A-Seite begann mit einem Fragment aus „Listen", einem Stück des Watts-Propheten Anthony Hamilton, das 1970 auf dem Poetry-Album *The Black Voices: On The Streets In Watts* erschienen war. Mit seinen unverbundenen Beats und

Gesangssamples klang DJ Shadows „Influx" wie eine Rückbesinnung auf die Live-Hip-Hop-Jams der späten Siebziger, obwohl der Downbeat und die Downtempo-Stimmung meilenweit entfernt von der Turntable-Gymnastik eines Jazzy Jay, Red Alert, Grand Wizard Theodore oder Grandmaster Flash waren. „Hindsight", der Track auf der B-Seite, bestand aus kaum mehr als Beats, Bässen und einer minimalistischen Film-noir-Atmosphäre, fast wie John Barry für die „blunted Generation", die bekiffte Generation.

Die in San Francisco entstandene Maxi klang wie die Neuerfindung von „Beat Bop", einem schleppenden, halluzinatorischen, schnappschusshaften Stück Straßensurrealismus, das Rammelzee bereits 1983 aufgenommen hatte. Vor allem der Track „Hindsight" [„Späte Einsicht"], ließ „Beat Bop" nun wie die definitive Vorwegnahme vieler TripHop-Platten klingen, seien es die dichten Psycho-Geografien von Trickys „Aftermath"; die übersättigten, kopfnickenden TripHop-Instrumentals; die „Datenströme" aus Noise, DJ-Scratching und HipHop-Beats, wie sie von den New-Yorker Illbient-Protagonisten ausgesendet wurden, allen voran DJ Spooky und DJ Olive.

Einem der Tracks auf seinem Album *Endtroducing* hat DJ Shadow den Titel „Why HipHop Sucks In '96" gegeben. Die Musik, eine melancholische Synthesizer-Klage über einem deepen Funk-Groove, korrespondierte mit Dr. Dres Produktionen für Death Row, aber anstelle eines Snoop Dogg oder Kurupt, die über „Bitches", „Gangbanging Niggas", „Killahs" und „my mind on my money, and my money on my mind" rappen, hallte nun nur noch eine Stimme nach und als Echo gab sie die offenbar letzte Antwort auf alle Fragen im HipHop: „It's the money … money … money …"

Im Musikgeschäft hat sich immer alles um Berühmtheiten gedreht. Je mehr Rap zum großen Geschäft wurde, desto unvermeidlicher konzentrierte sich der Blickwinkel auf die Vermarktung von „Personality MCs". Folgerichtig schlug sich die herausragende Bedeutung von HipHop als kreativer Macht zunehmend in anderen Genres nieder. Musikalische Bewegungen wie Drum 'n' Bass gründeten sich auf der erfinderischen Transformation von Breakbeats, jenen kurzen, aus einem oder zwei Takten bestehenden Rhythmen, die während der Siebziger in der Bronx erstmals auf Plattenspielern ineinander geschnitten und in den Achtzigern, mit dem Aufkommen digitaler Technologie, gesampelt und geloopt worden waren. Dennoch war Drum 'n' Bass von der britischen Hip-Hop-Kultur abgetrennt. Als eigenständige britische Erfindung mit vielen Subgenres schleuste Drum 'n' Bass die Breakbeats durch eine evolutionäre Zeitmaschine, um eine völlig neue Form von Musik zu schaffen – virtuos programmiert, mit rasender Gangart, einer oft dunklen und abstrakten Stimmung, die sich mehr an einer jamaikanischen Vorstellungswelt als an Americana orientierte.

Im Underground, unter denen, die ihre Hoffnungen unwiderruflich an das Schicksal von HipHop geknüpft hatten, bildeten sich Enklaven des Widerstands. Man war fest entschlossen, sich von den Gangsta-Exzessen loszusagen und seine Unabhängigkeit vom industriell kooptierten Teil des Musikgeschäfts zu behaupten. Wie das Plattencover zu *Endtroducing* zeigte (man sieht den Innenraum eines Plattengeschäfts, in dem junge Männer durch die Vinylstapel blättern, während das Booklet mit Abbildungen rarer 7"-Funk-Singles durchsetzt ist), waren Künstler wie DJ Shadow mehr an einer Ar-

chäologie der Beats und Breaks als an Fehden und Imponiergesten interessiert.
Peter Shapiro hat diese Gegenentwicklung in dem Magazin *The Wire* zusammengefasst: „Die Rückkehr des DJs aus seinem Schattendasein ist fest verzahnt mit einer Grassroots-Bewegung, die sich um eine ‚echte' HipHop-Bewegung bemüht, und zwar in direkter Opposition zu Materialismus und Gewalt, zu Werten, die Gruppen wie Company Flow verächtlich als Kennzeichen von Mainstream-‚Rap' bezeichnen. Während sich Gangster-Entrepreneure wie Suge Knight, Dr. Dre, Puff Daddy und andere in einer flatterhaften Komplizenschaft mit den etablierten Praktiken der Plattenindustrie eingerichtet haben, blicken die neuen Turntablists auf die Ursprünge von HipHop als einer Straßenkultur mit ihrer eigenen Sprache und ihren eigenen Codes zurück."
Der Kreis hatte sich geschlossen. Meister-DJs wie Flash, DJ Premier oder Grandmixer D.ST wurden wegen ihrer innovativen Skills und der Rolle verehrt, die sie für die Entwicklung von HipHop gespielt haben. Früher einmal hatten die DJs den MCs den Weg geebnet, doch Starproduzenten und Celebrity-MCs hatten mit der Zeit daraus eine Kuriosität der Musikgeschichte gemacht. 1995 baute David Paul sein in San Francisco ansässiges Magazin *Bomb HipHop* zu einer Plattenfirma aus. Seine Compilation *Return Of The D.J., Vol. I* sollte sich als Manifest erweisen, als Mobilmachung, an der sich einige der besten Turntablists beteiligten, darunter The Beat Junkies, Invisibl Skratch Piklz (Q-Bert, Disk und Shortcut), Rob Swift, Peanut Butter Wolf, Jeep Beat Collective, Cut Chemist und Mixmaster Mike. Das Album feierte den Krach, das Experiment, den Puls und die Geschwindigkeit der Gedanken, eine tiefe Kenntnis des Archivs und die entfesselte Kraft des Cuttens und Scratchens, die hier auf eine höhere Stufe der Virtuosität gehoben wurde.
1977, als David Paul die Folge *Return Of The D.J., Vol. II* veröffentlichte, aus der besonders der Track „Static's Waltz" von Kid Koala hervorstach, war der Turntablism bereits ein globales Phänomen, das durch das World Wide Web, Mix Tapes und Mixing-Battles zusammengehalten und vorangetrieben wurde. Bei den Schaukämpfen und den Kassetten handelte es sich natürlich um genau die Tools, mit denen HipHop in seiner Entstehungsphase verbreitet wurde. Die Webseiten machten auf der anderen Seite mit Nachdruck deutlich, wie weit die Musik und die Welt in der Zwischenzeit vorangeschritten waren. Die durch HipHop begründete Subversion technologischer Verwendungszusammenhänge und Demokratisierung der Ausdrucksmittel ergänzte sich mit vielen Idealen, die an das Internet geknüpft wurden. Da sich etablierte Künstler immer unzufriedener mit der Funktionsweise der Unterhaltungsindustrie zeigten, erschien es umso folgerichtiger, dass ausgerechnet Public Enemy voranpreschten und sich entschlossen, ein Album über das Internet anstatt über die konventionellen Distributionskanäle zu verbreiten. Nachdem ihm durch Def Jam untersagt worden war, einen Remix von „Bring The Noise" auf der Public-Enemy-Webseite zu veröffentlichen, unternahm Chuck D den radikalen Schritt, das Label zu verlassen und die Gruppe bei einer Internet-Plattenfirma namens Atomic Pop unterzubringen.
„Technologie und HipHop haben sich immer parallel entwickelt", sagte Chuck D dem *Guardian*-Autoren Randeep Ramesh. „Als ich sah, wie sich die Menge nur zu den Sounds eines Mikrofons und eines Platten-

spielers bewegte, war das für mich der entscheidende Auslöser, in dieses Geschäft einzusteigen. Insofern ist unsere Entscheidung für das Internet nur konsequent."

Um die neue Rolle des Turntable als Schlagzeug zu würdigen, hatte Bill Laswell für das Label Axiom die Compilation *Altered Beats* zusammengestellt, eine Sammlung von Tracks, auf der sich die Generationen kreuzten, unter anderem in Rob Swift, Prince Paul, DXT, dem erstaunlichen „Invasion Of The Octopus People" von den Invisibl Skratch Piklz (der gleiche Track war schon auf dem Album *Return Of The D.J., Vol I* vertreten) und aus Japan, in dieser Gesellschaft ein vergleichsweise ruhiger Zeitgenosse, DJ Krush. „Die geheiligten Texte werden in der Manier von Burroughs-Gysin nach dem Cut-up-Prinzip behandelt, geschnitten oder gescratcht, um Collagen aus Rhythmus, Sound, dem gesprochenen Word, Lärm – oder was immer sich in Reichweite befindet – zu schaffen", schrieb Bill Murphy in seinen Linernotes. „Diese ‚Mad Science' verfügt über die Kraft, vollkommen neue Fenster zur Welt zu öffnen, bislang unerschlossene Bezirke, in denen sich die Möglichkeiten völlig neuartiger Musikrichtungen so weit ausdehnen, wie es sich der menschliche Geist nur vorstellen kann ... und vielleicht sogar weiter. Am Ende können wir nur eines wissen, nämlich, dass die Suche beginnt, wenn die Nadel den Groove berührt; von hier aus definiert der DJ die Reise."

Im Anschluss an diese Compilations erschien eine Reihe einschlägiger Soloalben, darunter *Man Or Myth* von DJ Faust, *The Ablist* von Rob Swift, *My Vinyl Weighs A Ton* von Peanut Butter Wolf, *Heavy Beats Volume 1* von DJ Spinna, Mixmaster Mikes *Anti-Theft Device* und *Ancient Termites* von PhonosycographDISK. Rob Swift, der Frontmann der X-Men, nennt vor allem Herbie Hancocks „Rockit" – produziert von Bill Laswell und mit Grandmixer S.ST an den Decks – als den Track, der ihm einen völlig anderen Weg gezeigt habe, den Plattenspieler als Musikinstrument zu verwenden. „Ich denke, das Stück ist phett", sagt Swift auf „Two Turntables And A Keyboard", „denn zum ersten Mal wurden hier die Turntables eingesetzt, um einen Keyboarder zu begleiten." Insofern war Turntablism ein Laboratorium, in dem unbekannte chemische Substanzen gemixt wurden. Das abwechslungsreichste und durchweg kreativste dieser Alben war möglicherweise *Ancient Termites.* Sein Urheber, der sich den Namen PhonosycographDISK aufgebürdet und sich Tracktitel wie „Polar Bear Sunskreen", „Ducks Decay", „Penguin Burial" und „Thinking Room Sculpture" ausgedacht hat, war DJ Disk, ein Mitglied der Invisibl Skratch Piklz. Die Platte, 1998 auf Bomb Hip-Hop erschienen, war eine wilde Jagd durch Jazz, von Louis Armstrong bis John Coltrane, Easy Listening, Kinderzimmer-Reime, Soundeffekte, stolpernde Beats, weirde Atmosphären, kreischendes, metallisches Feedback und hell aufblitzendes Gescratche. Die Beats, die unter den Händen dieser Turntablists entstanden, waren komplex, die Stimmung schräg, die Quellen obskur, insofern forderten sie geradezu eine ähnliche Entwicklung auf dem Gebiet der MC-Skills heraus, die eigentlich genauso flüssig und agil ausfallen müssten. Bei Company Flow aus Brooklyn taumelten die Bilder gleich in Strömen aus den düsteren Soundscapes heraus – und wieder zurück. Big Jus und El-P, die beiden MCs, die mit DJ Mr. Len den Nukleus dieser Gruppe bildeten, wuchsen mit dieser Herausforderung und komponierten für das Album *Little Johnny From*

The Hospital ihre eigenen dichten, dystopischen Instrumentals. Auf der Suche nach einem Neubeginn kämpften Acts wie Jurassic 5, The Roots und Black Star mit dem Vermächtnis von HipHop, den Forderungen eines vom Kommerz bereits verdorbenen Publikums, der Notwendigkeit, nach vorn zu schauen und doch aus der Vergangenheit zu lernen. In der Zwischenzeit hatte sich HipHop in die Musik so radikal unterschiedlicher Künstler wie Tricky, Beck oder Ozomatli eingenistet. Ganz unterschiedliche Auslegungen und Verständnisse dieser Musik hatten sich in den Popkulturen von Frankreich, Brasilien, Spanien, Deutschland und Japan etabliert, eine Befreiung lokaler Sprechweisen, eine universale Stimme, in der sich die Unzufriedenheit mit der jeweiligen Politik vor Ort ausdrücken konnte. Der HipHop-Style wurde von Modedesignern geplündert und wieder in die Straßen eingespeist. Die sonderbaren Träume, die erstmals auf Schulsportplätzen, Blockpartys und in dem kleinen Anbau eines Plattenladens an der 6th Avenue ausgelebt wurden, hatten sich über die ganze Welt verbreitet.

Der Kreis ist geschlossen: Die Geschichte fängt hier an.

FF DUTY
PEDRO
COLON

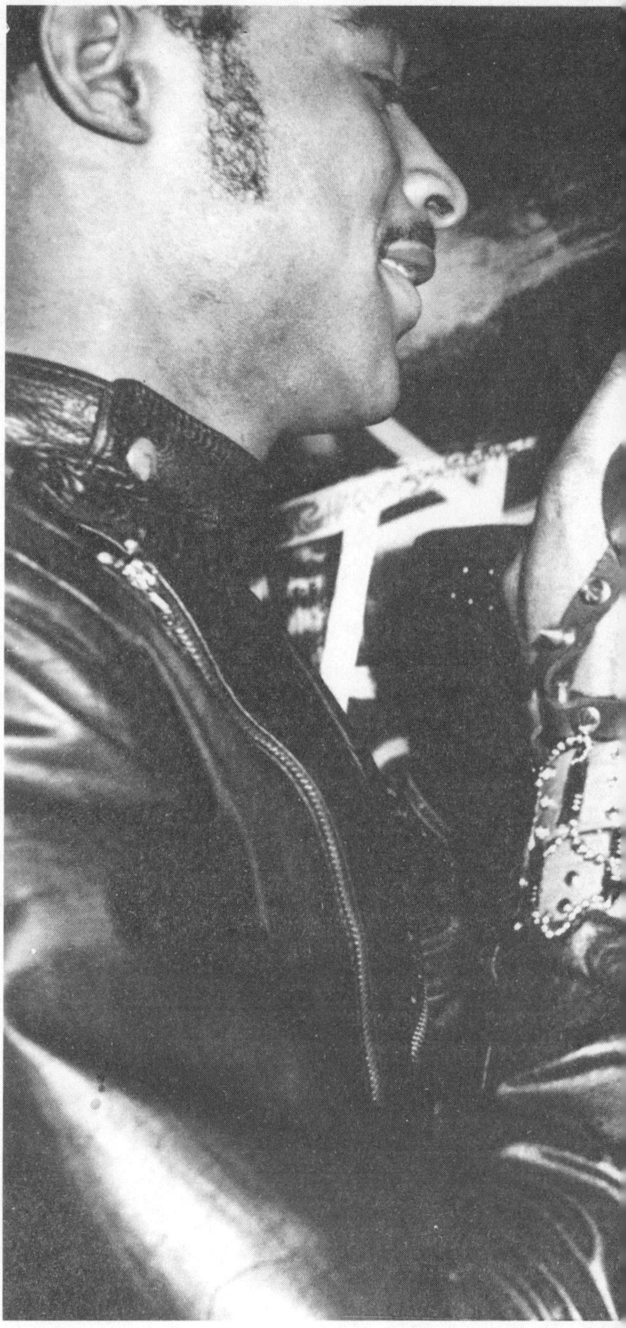

Begrüßungsritual in der Danceteria

DRUGS
LIVE

Der Vor-Rap, Part One and Two

Dieses Buch fängt im Februar 1984 an. Dann blickt es sich um, schaut auf die HipHop-Jams in den Schulen und Siedlungen der South Bronx, dann weiter zurück auf die Ursprünge des Rap, die tief in der afrikanisch-amerikanischen Kultur und den westafrikanischen Traditionen verwurzelt sind. Eigentlich habe ich dieses Buch geschrieben, weil ich von der Vielfalt dieser Wurzeln ebenso begeistert war wie von dem Desinteresse des zeitgenössischen HipHops an solchen Vorstellungen wie Wurzeln, wie überhaupt an musikalischen und sprachlichen Gesetzen. Ich wollte wissen, wie und warum all diese Gestalten, die Künstler und Macher des Rap darin verwickelt wurden. Die Musik schien zur Ruhe gekommen zu sein und Ende 83 schien es an der Zeit, das zu dokumentieren, was immer ich entdecken würde. Wie kann man sich täuschen! Ich hielt zwar HipHop für die dynamischste, dichteste, aufnahmefähigste Musik unserer Zeit, aber ich hatte keine Ahnung, daß sie noch so wachsen und florieren würde, wie das in den kommenden Jahren der Fall war.

Sieben Jahre vergingen und jedes Jahr schien Rap weiter auszuschreiten, sich höher zu entwickeln, neue Horizonte abzustecken. In mancher Hinsicht mischte sich dabei das Erbauliche mit dem Bestürzenden, zum Beispiel beim Geschäft. In regelmäßigen Abständen brach alles zusammen oder lief auf eine Sackgasse zu, aber die Rettung war stets nahe und zwar in der Form einer Maxi-Single, die die Regeln des Vormonats brach. Ein Ende dieser Entwicklung vermag ich nicht abzusehen, auch wenn schon mal ein Rock-Star oder empfindsamer Soul-Sänger bereit ist, dieses Ende bekanntzugeben. Einer der größten Unterschiede ist vielleicht der, daß ich bei der Recherche zum ersten Teil des Buches die meisten Rapper bei ihrer Mutter am Telefon erreichen konnte, während man sich heute durch eine Mauer von Managern und persönlichen Referenten hindurchkämpfen muß.

Seit das Buch zum ersten Mal, 1984 erschien, haben sich manche meiner Ideen geändert, ich habe neue Informationen erhalten und Fehler entdeckt. Ich hätte wissen sollen, daß Busybee Starski und Lovebug Starski nicht die gleiche Person sind. Auch wenn das Lovebug ziemlich egal schien, als ich ihn endlich traf, entschuldige ich mich dennoch. Keith LeBlanc, Doug Wimbish und Skip McDonald machten mir klar, daß die Dinge bei Sugarhill nicht immer so liefen wie sie zu laufen schienen. Man genieße also alles, was ich über Sylvia Robinson oder Jiggs Chase gesagt habe, mit Vorsicht. Manche Leute sind gestorben: Cowboy von der Furious Five, Pumpkin und Slim Gaillard und vielleicht noch mehr. Solche Leute schaffen musikalische Genres von Innen. Wenn sie vergessen werden oder als falsch geschriebene Fußnoten in irgendwelchen Rock-Enzyklopädien enden, sagt das eher etwas über deren Autoren aus als über ihre wahre Bedeutung als Erneuerer.

Kapitel 1 bis 11 blieben unverändert (the Original Old School Mix) und die Kapitel 12 bis 15 beschäftigen sich mit den Entwicklungen der New School, auch eine zweite Liste von 100 Maxis habe ich hinzugefügt. In der Tradition von James Brown, den Isley Brothers und *Mad Max* ist das hier also die *Rap Attack 2* (Teil 1 & 2).

David Toop, London, Mai 1991

1. An der Ecke

Es ist halb elf an diesem kalten Samstagabend im Januar, als drei B-Boys ihre Kunststücke in der Nähe vom Times Square vorführen. Die Zuschauer hatten gerade dafür gezahlt, Clint Eastwood dabei zuzuschauen, wie er ein paar schwarze Gangster und multikulturelle Vergewaltiger wegpustet. Jetzt nehmen sie sich die Zeit, sich ein wenig Uptown-Kultur reinzuziehen.

Eddie ist 10 Jahre alt. Er betreibt breakdancing und moonwalking auf den Straßen dieser Gegend seit er 6 ist, mit etwas Pappe als Tanzboden. Die beiden anderen sind 16, einer in ein Schaffell gekuschelt, der andere mit einem Strumpf über dem Kopf. Die beiden schlagen den Beat für Eddie mit den Händen und wechseln sich beim Rappen ab. Ob ich ihnen nun glaube, daß sie bei Charlie Ahearns HipHop-Film *Wild Style* mitgemacht haben oder nicht, spielt keine Rolle; das Wichtigste, das sie mir zu sagen haben, ist, daß sie jeden in dieser Gegend kennen.

An der Ecke 52ste Straße und 10te Avenue hat Daniel Ponce gerade seinen ersten Set im *Soundscape* beendet. Die herausragende Nummer ist für mich eine Version eines Beny-Moré-Bolero, mit Sensibilität und Leichtigkeit von dem Saxophonisten Paquito D'Rivera vorgetragen. Ponce ist ein Kubaner, der als wichtiger Bata- und Conga-Spieler gilt. Obwohl er bei seinen Live-Auftritten kubanische Folklore mit Jazz mischt, wird er in letzter Zeit immer bekannter dafür, das Latin Element zu Rhythmusmaschinen-Tracks von Herbie Hancock, Material oder Grandmixer D.ST beizusteuern; Aufnahmen also, die die Innovationen des Scratchen und Mixens auf Plattenspielern mit fortschrittlichsten Perkussions- und Keyboard-Technologie verbinden.

Die beiden Extreme des HipHop sind auf der einen Seite die verfeinerten kulturellen Mischformen, die die ältesten Traditionen mit der neusten Musiktechnologie zusammenbringen, und auf der anderen Seite der tägliche Überlebenskampf der Straße. Diese Extreme stehen für die scharfen Gegensätze in der Stadt, die diese Kultur hervorgebracht hat: New York. Die Heimat des HipHop ist die Bronx, eine Gegend mit einem furchterregenden Ruf, überzeichnet von Filmen wie *Bronx Warriors* oder *Fort Apache: The Bronx*. Ihr grauer sozialer Wohnungsbau und die vielen ausgebrannten Gebäude haben nichts von dem politischen und kulturellen Nachklang des benachbarten Harlem, geschweige denn vom materiellen Reichtum in Downtown Manhattan. In der Bronx, und in einem geringeren Maße auch in Harlem, entwickelten schwarze Jugendliche eine Alternative zu den Bandenkriegen, die in den späten 60ern wieder aufgeflammt waren und ganze Stadtteile nördlich des Central Parks auseinandergerissen hatten.

Ein DJ war maßgeblich an diesem Lebensstil beteiligt, der als HipHop bekannt wurde. Zu Beginn der Disco-Epoche in der ersten Hälfte der 70er ging es den normalen Plattenauflegern nur darum, Platten möglichst sanft ineinander zu mischen, so daß die Geschwindigkeiten paßten und die Stimmung sich im besten Falle veränderte, ohne daß der Fluß gestört worden wäre. Im schlimmsten Falle ergab das pro Nacht einen einzigen endlosen und unvermeidlich langweiligen Song.

In der Bronx war der wichtigste Teil eines Songs der Break: der Punkt, an dem das Schlagzeug übernimmt. Das konnte der explosive Tito-Puente-Stil an den Timbales sein, den man auf Platten der Jimmy Castor Bunch hören konnte, das lockere Funk-Schlagzeug von zahllosen 60er Soul-Scheiben von Legenden wie James Brown, Dyke and The Blazers oder sogar die eckigen 4/4 Bass-Drum/Snare-Intros, wie sie Hard-Rocker vom Schlage der Stones oder Thin Lizzy lieben. In solchen Momenten hoben die Tänzer ab und die DJs wiederholten die immer gleichen Takte, indem sie sie abwechselnd von zwei Plattenspielern kommen ließen. Bis aus dem Break langsam ein Instrumental wurde. Nur ein Exemplar von einer Schallplatte? Vergiß es!

Zu solchen Tanzereien gehörten mobile Aufleger, die ihr Equipment in die Schulen, Community-Centers, Privatparties und Parks schleppten. Bei solchen Gelegenheiten fanden sich die rivalisierenden Gangs zusammen und aus einem offenen Krieg wandelte sich die hierarchische Gang-Ordnung in vergleichsweise friedliche Gruppen, die sich Crews nannten. In einem Zeitraum von fünf Jahren entwickelten diese Crews, was wir HipHop nennen. Denn solange niemand in New York, Amerika oder dem Rest der Welt irgendwas über die sogenannten schwarzen „Ghettos“ wissen wollte – diesen unausprechlichen Orten extremer städtischer Verwahrlosung – war es dem neuen Stil gestattet, sich in Ruhe zu einer eigenständigen Straßen-Bewegung zu entwickeln, deren Existenz nur durch einen Aspekt ihrer Kultur spürbar war: Graffiti.

Da weiße New Yorker meistens die schwarzen oder Spanisch sprechenden Viertel der Stadt nie besuchen müssen, kann man sagen, daß deren Kultur sie besuchte. Ein Relikt aus dem vergangenen Zeitalter der Straßenecken-Krieger und Gangs, das sich von den gekritzelten „Tags“ (Signaturen mit Spitznamen oder Club-Namen) zu einer Kunstform entwickelt hatte, die sich mit Magic Markern und Spray-Farbe auf jeder verfügbaren Oberfläche von Häuserwänden bis U-Bahn-Zügen ausbreitete. Wenn sich die Stadt weigerte, zu den jungen Schwarzen und Puertoricanern zu kommen, dann mußten sie zu ihr kommen. Der Rest dieser Kultur war eine Privatangelegenheit, absolut underground. Die DJs taten sich mit sogenannten MCs (von: Master of Ceremony) zusammen, die eine Show darboten, mit gesprochenen Reimen, markanten Sprüchen und Kommentaren über den DJ, das Publikum und sich selbst, alles im Rhythmus der Beats:

»When I was born my momma gave birth to the baddest MC on the goddam earth«

[Indem sie mich gebar, schenkte das Leben meine Mutter dem besten MC auf Gottes Erden]

Breakdancer im „Roxy“

Sneaker-Mode, Stand 83

Eine Art, sich zu kleiden setzte sich durch und ergab ein Bild von *cool*, das sich aus Freizeit- und Sportkleidung zusammensetzte. Das Tanzen war ein erbitterter Wettbewerb. Und Wettbewerb war das Herz des HipHop, sein Prinzip. Das trug nicht nur dazu bei, die Gewalt einzuschränken noch die Flucht in so zerstörerische Drogen wie Heroin, es förderte auch die Bereitschaft, aus beschränkten Mitteln etwas herzustellen. Turnschuhe kamen groß in Mode; authentische Musik entstand am Plattenspieler, mit einem Mischpult und unbekannten (streng geheimgehaltenen) Platten. Als Entertainment wurde die Art von Straßenecken-Angeberei dargeboten, die ohnehin jeder Jugendliche drauf hatte.

1979 traf die B Boys und B-Girls, wie sie nun hießen, ein Schock. Wie aus dem Nichts schienen gleich zwei Singles aufzutauchen, die HipHop öffentlich machten. Erst brachten Fatback, eine verblassende Funk-Band aus Brooklyn, auf Spring eine Platte mit einem unbekannten DJ namens King Tim III heraus, einen Rap namens „King Tim III (Personality Jock)". Dann erschien auf Sugarhill das ebenfalls unbekannte Trio Sugarhill Gang mit ihrem „Rapper's Delight". Obwohl Fatbacks Platte ein Achtungs-Erfolg war, bezog sich ihr Stil eher auf die Art, wie Radio-DJs zwischen zwei Stükken den Äther mit gereimten Jive aufzuheizen pflegten, als auf den neuen Rap. „Rapper's Delight" orientierte sich aber nicht nur am aktuellen MC-Rap, es klaute auch dessen Idee, etwas Neues auf etwas Altem aufzubauen, indem es als Grundlage Chics „Good Times“ einsetzte. Die Reaktion der HipHop-Gemeinde lag zwischen Verachtung und dem Wunsch, bei dieser neuen Entwicklung dabei zu sein.

Während der nächsten Jahre wurde dem Wunsch, einen Plattenvertrag zu unterzeichnen, vor allem von relativ kleinen Independent-Labels aus Harlem und der Bronx erfüllt, deren Inhaber meist Namen trugen, die schon seit drei Jahrzehnten in der Welt der schwarzen Musik vertraut klangen. Im Mittelpunkt standen Enjoy und Sugarhill, dazu kam eine gewisse Anzahl kleinerer Labels, wie Winley, Sound Of New York USA oder Holiday, die mit Rap Platten versuchten, Rap als den Sound von Harlem darzustellen. Sylvia Robinson (Sugarhill), Bobby Robinson (Enjoy), Danny Robinson (Holiday) und Paul Winley (Winley) waren alle schon seit den 50ern in die New Yorker Szene verwickelt. Mit der Ausnahmen von Sylvia hatte sich aber keiner allzuweit in den zunehmend rassisch integrierten Disco-Markt vorgewagt. Während sich der Rest der Musikindustrie an Disco gesund stieß (und anschließend fast ruinierte), standen die Veteranen des R‘n‘B-Geschäfts und der Doo-Wop-Tage am Rande und sahen voller Verachtung oder Entsetzen zu, unfähig sich mit Beats-per-Minute, Studio 54 und den anderen, luxusorientierten Bestandteilen des Genres zu identifizieren. Rap erinnerte dagegen auffallend an die Epoche des Straßenecken-Harmoniesingens der Doo-Wop-Zeit. So wie die 115th Street Tin Can Band, die späteren Harptones, damals 1951 ihre Technik auf einem Sportplatz an der Wadleigh Junior High School verfeinerten, so konnte man jetzt, 25 Jahre später, durch den Maschendrahtzaun eines ähnlichen Sport-

Angriff auf die Linie 6

platz spähen, wo Schulkameraden und Nachbarskinder sich damit abmühten, Gruppen- und Solo-Passagen diverser Raps in Beziehung zu setzen, um sie auf dem nächsten Straßenfest vorzutragen.

Die Veteranen waren also in einem Alter, wo sie weit genug waren, ihren eigenen Kindern zu folgen. Im Falle Sylvia Robinsons war es teilweise die Begeisterung ihres Sohnes, die sie dazu brachte, die Sugarhill Gang unter Vertrag zu nehmen; Paul Winley hatte eine Rapfanatische Tochter, die ihn auf die Beine brachte und Bobby Robinson beobachtete seinen Neffen, Spoonie Gee, wie er in der Robinson-Wohnung Reime schrieb. Keinem dieser alten Haudegen konnte man musikalisches Genie andichten, ihre Fähigkeit bestand immer eher darin, eine bestimmte Form musikalischen Potentials zu entdecken. Was sie als Produzenten und Co-Autoren geleistet hatten, zeigt in erster Linie, daß sie es drauf hatten, ein Stück für seinen Markt richtig zu bearbeiten (wenn es dabei nicht nur um die Kohle ging). Sowohl die Labelbesitzer wie auch die Rapper waren abhängig von fähigen und vielseitigen Studiomusikern, die, wie Mickey „Guitar" Baker (ein Markenzeichen bei 50er R'n'B-Platten), ihre Fähigekiten als Jazzmusiker in den Dienst von Arrangements stellten, die so rauh wie kalkuliert direkt und elementar waren. In den frühen Tagen des Rap auf Schallplatte waren es Musiker wie Pumpkin (auf Enjoy) und Jiggs Chase (Bei Sugarhill), die diesen neuen musikalischen Stil bestimmten. Seine Kunst der verfeinerten Einfachheit entsprach einer New Yorker Tradition, die von James P.Johnsons Rent-Party-Klavier über den Jump Band Blues von Louis Jordan bis zum Disco-Band-Stil von Chic reichte.

Weil die meisten Rapper normalerweise ohne live spielende Musiker und nur mit einem DJ zusammen auftraten, der für die musikalische Begleitung sorgte, waren so viele Rap-Platen um das Akkord-Schema und die Baßlinie bekannter Songs herum aufgebaut. Am Anfang benutzte man Instrumentals – etwa von Herbie Hancock oder Bob James – oder Instrumental-Passagen. Als es jedoch üblich wurde, Maxi-Singles im 12inch-Format zu veröffentlichen, auf

Adventures on the Wheels of Steel: Grandmaster Flash im „Broadway International"

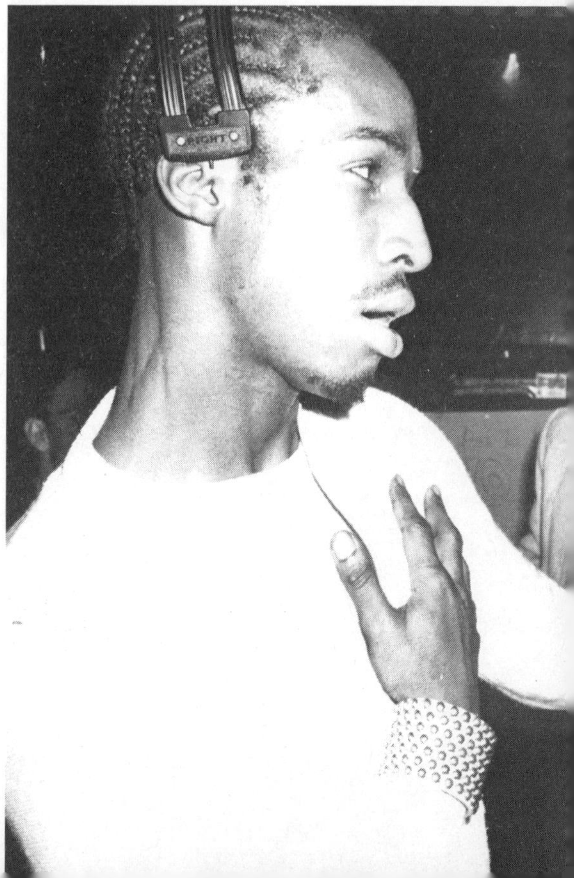

deren B-Seite die Instrumental-Version des Songs zu hören war, wurde es technisch einfacher, über bekannte Songs zu rappen. Die Veröffentlichung von Instrumental-B-Seiten war zwar nicht ganz neu – es gibt viele kleine Singles, 7-Inches, die genauso aufgebaut sind – aber die Länge der Stücke auf den Maxis, manchmal über 10 Minuten, die Weite der Rillen und natürlich die Tatsache, daß so eine 12-Inch einfach aus mehr Plastik besteht, so daß man als DJ was in der Hand hat, machte es wesentlich leichter mit 12-Inches zu scratchen oder auch zwischen zwei identischen Platten hin und her zu mixen. Nichts war so lehrreich, wie Grandmaster Flash in einem ursprünglichen Rap-Laden wie Broadway International an der 146sten Straße zuzuhören, wie er Barbara Masons Geschichte vom Leben mit einem Transvestiten, „Another Man", auflöste und wieder zusammensetzte. Wie bei Verwandlungseffekten in neuen Horrofilmen, wie Carpenters *Das Ding* oder Joe Dantes *Howling*, wird man sprachlos angesichts der Geschwindigkeit, mit der die Elemente einer Collage aneinandergesetzt werden, die einen vergeblich nach fixen musikalischen Bezugspunkten suchen läßt. Die Schönheit solcher Zergliederungen liegt darin, wie Vertrautes aus dem Zusammenhang gerissen wird. Man spürt das, was Besucher von „Minton's Playhouse" gefühlt haben müssen, als sie in den mittleren 40ern erlebten, wie Charlie Parker Standards wie „I Got Rhythm" zerschnitt. Parker schrieb selbst viele Stücke nach dieser Methode: sein Bebop Standard „Ornithology" etwa basiert auf dem Akkord-Schema von „How High The Moon". Als Babs Gonzalez dem Worte hinzufügte (so wie es Eddie Jefferson und King Pleasure mit „Parkers Mood" und vielen anderen Jazz-Kompositionen oder -Solos gemacht haben) schuf er einen der vielen Rap-Vorläufer in Harlem: Jive-Texte kombiniert mit einer den Zusammenhang auflösenden Version eines Hits des Tages.

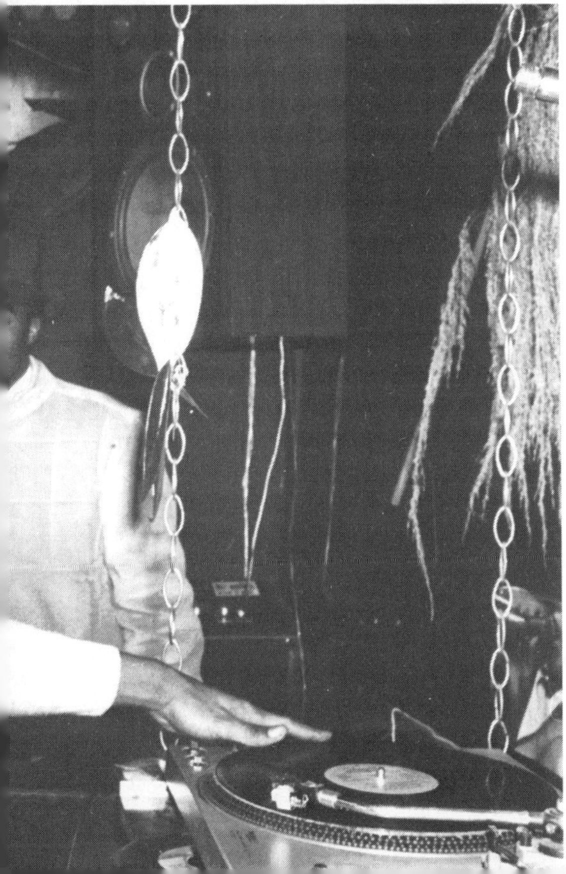

Eine andere Parallele ist das Toasting im Reggae, einer Musikform, die ihrerseits stark von amerikanischen Radio DJs beeinflußt war. Obwohl Reggae damals den meisten schwarzen Amerikanern

Das Broadway International an der 146sten Straße

ziemlich unbekannt war, gab es starke Verbindungen zwischen New York und der Karibik. In den 30er Jahren war fast ein Viertel der Einwohner Halems aus West Indien. Laut Grandmaster Flash, dessen Eltern aus Barbados stammen und dessen Vater sowohl karibische Musik als auch amerikanischen Swing sammelte, war es der „Monstersound" des Soundsystems von Kool DJ Herc, der HipHop in seinen Enstehungsjahren prägte. Herc kam aus Kingston, Jamaika 1967 nach Amerika, in einer Zeit, als das Toasting oder der sogenannte DJ Style in seinem Mutterland noch ziemlich neu waren. Gigantische Lautsprecherboxen waren in den Wettbewerben der Sound Systems in Jamaika ziemlich wichtig: sogenannte Sound System Battles waren und sind essentiell für die Reggae-Szene. Herc vernichtete seine Rivalen in der Bronx mit seiner Lautstärke und alles erschütternden Frequenzbreite. Trotz der peniblen Sorge, mit der charismatische Figuren wie Flash oder der Führer der „Zulu Nation", DJ Afrika Bambaataa, sich darum bemühen, weniger auffälligen Typen wie Herc ebenfalls ihren verdienten Anteil an Rampenlicht zukommen zu lassen, herrscht Wettbewerbsgeist unter den B Boys (interessanterweise scheint das bei den B Girls nicht ganz so zu sein). Bobby Robinson brachte das auf den Punkt: „Verdammt, jede

Afrika Bambaataa

Gruppe hält sich für Nummer eins. Gibt es keine Nummer zwei?“

Doch trotz aller Uneinigkeiten über die Rangfolge in der Ruhmeshalle des HipHop oder in seiner Genealogie, auf etwas können sich alle einigen: „Rap ist nichts Neues“, wie Paul Winley sagt. Rap läßt sich zurückverfolgen über Disco, Straßenfunk, Radio-DJs, Bo Diddley, Bebop-Sänger, Cab Calloway, Pigmeat Markham, Steptänzer und Komiker, The Last Poets, Gil Scott-Heron, Muhammad Ali, Acapella und Doo-Wop-Gruppen, Seilspring-Reime, Gefängnis- und Soldatenlieder, Toasts, Signifying, The Dozens, bis hin zu den Griots in Nigeria und Gambia. Egal, wie weit HipHop in japanische Videospiele und europäische Elektronik vordringt, seine Wurzeln sind von allen afro-amerikanischen Musikrichtungen die tiefsten.

Die Sound-Box von Jessie Loves

MICHAEL JACKSON
MICHAEL JACKSON
SHARP
MUSIC

2. Doo-Wop HipHop: New Yorks ganz besondere Geschichte, von Jimmy Castor bis zu den menschlichen Rhythmusmaschinen

Von jeher war die Kultur der Straße eine gute Verkaufsmasche, wenn es darum ging, einem Massenpublikum Aufregungen aus zweiter Hand anzudrehen. Während einer kurzen Störung des falschen Realismus von „Flash Dance“, dem aufgemotzten Tanzfilm von 1983, wird einer der Quellen von Jennifer Beals überdrehtem Tanzstil sichtbar. Als wäre es eine Reminiszenz an Bill „Bojangles“ Robinsons Tanzlektionen für Shirley Temple, hält die Heldin des Filmes einen Moment inne und sieht sich an, wie die Rock Steady Crew ihr Roboter-Programm aufführt, begleitet von einem riesigen, tragbaren Cassettenrecorder.

Die Musik ist eine HipHop-Hymne, Jimmy Castors „It's Just Begun“, eine harte Tanznummer von 1972, die ein Ein-Akkord-Riff, eine Sly-Stone-Pop-Überleitung, verzerrte Gitarren und ein Timbales-Break mit einem idealistischen Text verbindet, den man auf jede aufstrebende Bewegung anwenden kann, sei sie politisch, musikalisch oder religiös. Ein Stück, das die Breite von Castors Musik repräsentiert und für die Mischungen steht, die typisch für New York sind. Und das seit den frühen Tagen des Rock'n'Roll.

HipHop ist ein spezifisch New Yorker Phänomen in dem Sinne, in dem Castor ein typisch New Yorker Musiker ist. Castor, Jahrgang 43, half schon mit 14 bei Frankie Lymon with The Teenagers aus, um später eine ansteckende Tanzmusik zu entwickeln, die ein offenes Ohr für die Entwicklungen der Straße hatte und stets in der Lage war, andere Einflüsse zu absorbieren und umzusetzen. Frühe Titel wie „Block Party“ bildeten eine Verbindung zwischen der Atmosphäre der Rent Parties im Harlem der 20er, wo Stride-Pianisten wie Fats Waller, Willie the Lion Smith und James P. Johnson miteinander wetteiferten, und der der Parties und Treffen in öffentlichen Parks, bei denen sich die HipHop-Szene der 70er entwikkelte. Der Break in „Block Party“ ist ein völlig überraschender, achttaktiger Einschub eines Latin Rhythmus in den wilden 4/4-Takt, der während dem Rest des Stückes den Ton angibt. Ein Hinweis auf Jimmys Vergangenheit in der Latin-Soul-Bewegung der 60er. Andere Veröffentlichungen dieser Epoche bewegen sich zwischen Doo-Wop und Pop, über Motown-Einflüsse bis zu Saxophon/Gitarren-Instrumental-Nummern mit einem ausgesprochen „weißen“ Anstrich.

Mit Songs wie „Hey Leroy, Your Mama's Callin'“ und danach „Say Leroy (The Creature From The Black Lagoon Is Your Father)“ führte Castor die afroamerikanischen Beleidigungs- und Schlagfertigkeitswettbewerbe, die man als „The Dozens“ kennt, als Gimmick in die Tanzmusik ein und schuf so eine weitere Verbindung, zurück zu den Anfängen der afroamerikanischen Sprachkultur und vorwärts zu den Anfängen der im Entstehen befindlichen Rap-Szene.

Es ist schwer vorzustellen, daß das Musik-Business der 50er, dem besonders viele junge Künstler zum Opfer fielen, dem jungen Jimmy keinen Schaden zugefügt hat. Aber er erklärt, wie eine bodenständige Mutter und sein eigener Sinn für die Realität des Geschäfts ihm geholfen haben, von der Straßenecken-Musik der 50er kommend zu einem der Helden der Straßenecken-Musik der 70er und 80er zu werden:

»Frankie Lymons, Leslie Uggams und ich sind zusammen in die gleiche Grundschule gegangen, die Public School Nummer 169 in Manhattan. Das war Upper-Manhattan, man nannte die Gegend Sugar Hill, eigentlich heißt sie Washington Heights. Es war eine vorwiegend weiße Schule. Damals wohnten vor allem Polen und Iren in der Gegend, heute ist sie spanisch und schwarz. Immer, wenn es eine Versammlung oder Show gab, holte man uns. Ich war der Schüchternste. Leslie konnte immer singen. Ich hab nie verstanden, was sie sang, weil sie nämlich richtige Lieder sang, während wir eher auf Doo-Wop standen. Frankie war ein geborener Entertainer, während ich erst lernen mußte. Ich eignete mir etwas davon an, aber als ich diese Schule verließ, war ich mehr ein Musiker, denn ich wurde ausgewählt, am Musikunterricht in der Junior High School teilzunehmen. Frankie ging in dieselbe Schule und Mitch Miller entdeckte Leslie.

Frankie hatte eine Platte aufgenommen, als er 13 war. Ich traf ihn im Laden an der Ecke: „Du hast eine *Platte* gemacht?“ – das war eine große Sache. Er hatte gerade „Why Do Fools Fall In Love?“ eingespielt. Wir verbrachten viel Zeit zusammen, aber Frankie war viel erwachsener als ich. Er hatte Frauen, die schon 25 oder 26 waren, und er war 13. Meine Mutter war sehr streng. Um acht mußte ich zuhause sein, abends konnte ich nicht dabei sein. Ich hatte eine Band namens Jimmy Castor and the Juniors. Ich schrieb ein paar Songs und einer war „I Promise To Remember“, den Frank hörte, mochte und George Goldner anbot. Der Rest ist Geschichte.«

Mit Platten wie „I Promise To Remember“ und „Why Do Fools Fall in Love“ auf Goldners Gee-Label wurden Frankie

The Everything Man: Jimmy Castor

Lymon and the Teenagers zu einem bestimmenden Einfluß auf New Yorks aufstrebende Sänger-Jugend. Aber während das Geld ihres Erfolges Frankie zu einem Lebensstil ermutigte, der zu seinem frühen Tod beitrug, setzte Jimmy Castor seine Komponisten-Tantiemen von „I Promise To Remember“ für seine Zukunft ein:

»Das brachte mich raus aus dem Ghetto. Ich sagte: „Mama, wir ziehen um.“ Mein erster Scheck war beeindrukkend, es war eine goldene Schallplatte. Ich wurde schließlich Frankies Ersatzmann. Frankie blühte zu einem Star auf. Die Teenagers waren die erste Supergruppe. Herman (Santiago) und Jimmy (Merchant) haben die Band noch heute. Sherman (Garnes) ist gestorben. Wir mußten ihn in seinem Krankenbett aufrichten, er war bereits sehr krank, um die Fotos zu machen. Joe Negroni starb an Gehirnblutungen. Und Frankie starb, natürlich. Ich war mit allen eng befreundet, weil wir oft zusammen auf Tour waren. Ich konnte allerdings immer nur am Wochenende, meine Mutter zwang mich, weiter zur Schule zu gehen.

Ich bin die Musik- und Kunst-High-School gegangen, da habe ich das Arrangieren gelernt, aber das war auch alles. Ich war ein Ersatzmann. Ich war nicht auf der gleichen Ebene, denn er hatte ein Ego, er war ein schwieriger Mensch. Wenn er nicht auftauchte, übernahm ich. Er hatte eine bessere Stimme: seine Tonlage schaffte ich nur im Falsett. Er war ein guter Step-Tänzer, und ich nahm Tanz-Stunden bei Cholly Atkins. Frankie nahm aber so reichlich Drogen, daß wir ihn sogar öfters einsperren mußten, um ihn davon abzuhalten. Wenn er rauskam, verfiel er zusehends.

Während dieser ganzen Epoche war es Richard Barrett, der alles in die Gänge gebracht hatte. Und wenn du heute Bobby Robinson, Paul Winley und Richard Barrett nimmst, dann hast du die drei Eckpfeiler dessen, was heute vor sich geht.«

Jimmy sang auch mit Lewis Lymon and the Teenchords, einer Gruppe, die Frankies Bruder zusammengestellt hatte und die für Bobby Robinson Platten aufnahm. Und er spielte Saxophon für Dave „Baby“ Cortez (berühmt durch „Rinky

The Force MDs, v.l.n.r.: Trisco, Mercury, TCD und Jessie

Dink"). Mit seiner eigenen Band hatte er ein Engagement in Paul Winleys Jazzland Ballroom auf der 125sten Straße, spielte „Tequila" und solche Sachen für Vereinsfeste und war später auch an den 99-Cents-Tanzveranstaltungen beteiligt, die Winley und der Disc Jockey Jocko Henderson in dem Audubon Ballroom veranstalteten. Er hörte sich Leute wie Tito Puente, Chano Pozo und Cal Tjader an und lernte von ihnen authentische afrokubanische Rhythmen, das Percussion-Spiel, seinen Gesang mit Timbales zu begleiten und andere instrumentale Fähigkeiten.

Seine Musik fasziniert zum einen als Mini-Geschichte der New Yorker Musik und zum anderen wegen seiner Neigung, von Zeit zu Zeit sein altes Material zu recyclen und zu erneuern. Sein kluger Einsatz von Jive in Stücken wie „Dracula" auf dem 76er Album „E Man Groovin" macht ihn zu einem Teil des Erbes, das Rap aufgriff, und 1983 nahm er seinen eigenen moralistischen Rap auf, „(Tellin On) The Devil", zusammen mit einer neuen Fassung von „It's Just Begun", um dessen Bedeutung für die HipHop-Szene zu unterstreichen.

„It's Just Begun" wird gelegentlich

von der Staten-Island-Band Force MDs als Eröffnungsmusik für ihre Show eingesetzt. Was immer aus dieser Band werden wird – Ruhm, Vergessenheit oder irgendeine andere der begrenzten Möglichkeiten dazwischen – ihre Karriere bis zu ihrer ersten Schallplatte gleicht der von Jimy Castor auf fast schon unheimliche Art. Bei einem Durchschnittsalter von Mitte 20 können sie nicht nur rappen, sind Breakdancer, die ihren Tanz mit Formationsschritten anreichern und ihre Raps mit Harmonie-Gesang, Doo-Wop, Acapella, 60er-Jahre-Motown-Stil, den Jackson Five und den Persuasions kombinieren. Dazu kommen die Erkennungsnummern von Fernsehserien und Musik aus Werbefilmen. Sie können mit ihrer Vokalartistik Schlagzeugcomputer imitieren, aber auch Elvis Presley, Michael Jackson oder den Baß von Mr.T ... Wie Jimmy Castors Musik enthält auch ihre mehr als 30 Jahre afroamerikanische Musikgeschichte, in einem Stil, der unbewußt noch viel weiter zurückgeht. TCD, einer der Sprecher der Gruppe, über ihre Anfänge:

»Wir fingen in Staten Island an. Wir nannten uns zunächst die LDs. Das war so um '72, kleine Kinder, die singen. Wir imitierten die Jackson Five, wie auch diverse andere Gruppen, aber wir klangen exakt wie sie. Wir sangen einfach auf der Straße. Lieder, um die Leute aus dem Viertel aufzuheitern. Wenn sie glücklich sein wollten, kamen sie zu uns, klopften an und wir sangen. Wir machten unsere eigene Sache. Einer unserer Brüder wurde ein Moslem. Noch einer zog weg. Also blieben wir drei. Wir feilten an den Harmonien, allles sollte stimmen, dann versuchten wir es am Broadway, Ecke 42ste Straße. Da trafen wir Trisco und Mercury. Mercury paßte sofort zu meinem Bruder Stevie D, sie begannen zusammen mit Rap.«

Stevie D und Mercurys kräftige Raps, die zwischen den beiden hin und her schwingen, enden dann plötzlich in Überraschungen wie einem inspirierten Klau der Melodie von „Santa Claus Is Coming To Town". TCD erzählt weiter:

»Wir haben die Leute auf der Staten-Island-Fähre unterhalten, aber bekannt wurden wir erst durch unsere Raps. Wir haben in den verschiedensten Teilen New Yorks gerappt, auch in Jersey und Connecticut. Als Leute in Connecticut diese Rapper hörten, machten sie sich Tapes. Und diese Bänder kamen ganz schön herum, bis in den Süden nach Florida oder Kalifornien. Überallhin, wo der Besitzer hinkam. Zum Beispiel in die Armee. Die ganzen Typen, die sich das angehört haben und dann in die Armee eingetreten sind, haben ihre Bänder mitgenommen.«

Die Force MDs erweiterten ihr klassisches Acapella-Straßenecken-Repertoire, indem sie mit einem DJ aus der Bronx zusammenarbeiteten, Dr. Rock, der sich mit all den Mix- und Scratch-Techniken auskannte, die dort entwickelt worden waren.

Scratching entstand aus der jedem DJ vertrauten Prozedur, eine Schallplatte in die Anfangsposition zu bringen: man bewegt die Platte, während man über Kopfhörer mithört, mit der Hand zu dem Punkt, von wo an man sie spielen möchte.

Dies geschieht auf dem einen Plattenspieler, während der andere noch den Song laut fürs Publikum spielt, den man zuvor gestartet hat. DJs wie Grandmaster Flash begannen, das Hin und Herdrehen der jeweils nächsten Platte kurz in das gerade laufende Stück laut und hörbar einzublenden, indem er von Kopfhörer auf Lautsprecher umstellte, etwa indem er den Cross-Fader, mit dem man zwischen den beiden Plattenspielern hin und herschaltet, in die Mitte stellte. Er machte das hauptsächlich, um isolierte Bläsersätze oder Schlagzeugteile in das andere laut gespielte Stück zu integrieren und lernte so, daß diese Bewegung des Einstellens, das Geräusch, das eine Platte macht, wenn man sie mit der Hand hin und herbewegt, einen perkussiven Effekt für sich ergibt, indem man die Platte auf der Basis eines Akkords oder Beats schnell hin und herscratcht.

Sowohl die Showeffekte wie der lustige Klang des neuen Tricks haben den vorher in sich geschlossenen Stil der Force MDs erweitert. Scratching kommt als schlauer Sound Effect etwa in ihren Bearbeitungen von Erkennungsmelodien von Fernsehserien wie „The Brady Bunch", „The Addams Family" oder „F Troop" vor, bewegt sich aber manchmal auch in Richtung Akrobatik und Zauberkunstück. Mercury erklärt:

»Er kann mit seinen Ellbogen mixen, mit seinem Kinn, seinen Füssen, mit Handschellen, mit verbundenen Augen, mit nur einem Plattenspieler. Er ist ein absoluter Meister der Plattenspieler. Er kann die Plattenspieler auf den Boden stellen und mit seinen Füssen scratchen. Wir haben einen zweiten DJ im Hintergrund. Er heißt Dr.Shock. Wenn es ums Scratchen geht, wird er zum Verrückten. Er kann eine Platte nehmen und auf ein Mittelstück für Singles setzen und dann die Platte von unten spielen, mit einer umgedrehten Nadel. Und dann noch scratchen. Er scratcht, bis die Platte ein Loch hat.«

Sehr zum Vergnügen der anderen Bandmitglieder kann Mercury die meisten Sounds, die die DJs Rock und Shock hervorbringen, mit seinem Mund imitieren. Sollte der Strom ausgehen, kann diese Gruppe, wie viele andere übrigens auch, weitermachen und ihr Publikum wird nicht weggehen.

1947, als der amerikanische Folk-Forscher und Sammler von Aufnahmen aller Art Alan Lomax das erste tragbare Tonbandgerät in das Mississippi Staatsgefängnis mitnahm, wo denkbar grauenhafte Zustände herrschten, nahm er schwarzen Acapella-Gesang auf, der seiner Meinung nach bewies, daß „wahre afrikanische Polyphonie und Polyrhythmik auf irgendeine Weise bis heute im Süden der USA überlebt haben" (wie er auf dem Cover der LP „Negro Prison Songs" schreibt). Auch die Stadt kann ein Gefägnis sein und in mancher Hinsicht ist das für die Force MDs so prägende öffentliche Singen für die Nachbarschaft Teil eines Kontinuums, das nicht nur zurückreicht bis zu den Tagen, als der 13jährige Jimmy Castor in der Schule sang (und hoffte genug Geld zu machen, um das Ghetto verlassen zu können), sondern viel weiter bis zu der Zeit, als Gruppengesang Zwangsarbeit erträglicher zu machen half, sei es auf der Plantage oder im Zuchthaus.

The Force MDs: TCD und Stevie D

Wenn diese Verbindung weit her geholt wirkt, dann nicht zuletzt, weil sich die Bilder so wenig gleichen: die sagenhaften Trickster und mythologischen Helden wurden durch die Superhelden des elektronischen Zeitalters ersetzt, entnommen aus den Welten des Kung Fu, des Karate, der Science-Fiction- und Blaxploitation-Filme, aus Fernsehwiederholungen, Videospielen, Comics und Werbung. Die zentralen Helden allerdings sind die Rapper selbst, die sich aggressiv Respekt ausbitten (als ein Mittel zur Selbstachtung), mit der gleichen Fähigkeit in verbaler Improvisation, über die all die Straßenecken-Redner, Komiker, bekennenden Prediger und Dichter schwarzer Mundart seit Generationen verfügen.

3. Afrikanischer Jive: Griots, Minstrels und „The Dozens“

I float like a butterfly, sting like a bee,
There ain't no motherfucker that can rap like me
Ich schwebe wie ein Schmetterling, stech' wie eine Biene / Kein Motherfucker kann so gut rappen wie ich)

„CC Crew Rap“, CC Crew
(Golden Flamingo Records)

Die weiße Welt hatte Schwierigkeiten, 1964 einen jungen schwarzen Boxer namens Cassius Clay zu verstehen. Bill McDonald, der Promoter seines ersten Angriffs auf Sonny Listons Schwergewichts-Weltmeisterschaft und sein Trainer Angelo Dundee konnten nichts mit seiner Verbindung zu Elijah Muhammad und Malcolm X anfangen. Die Nation Of Islam wollte man nicht in diesem von Weißen kontrollierten Sport dabeihaben. Diejenigen, die etwas weiter von Clays Kreis entfernt waren, schienen verwirrt von seinem scheinbar hysterischen Benehmen und seiner Rap-Dichtung, diesen wütenden Reimen, die den Sturz seines Gegners voraussagten: „Sonny Liston is great / But he'll fall in eight“ (Sonny Liston ist groß, aber in der achten Runde geht er k.o.).

Der unglückliche Liston aber wußte genau, was los war. Als ehemaliger Gangster war er sich im Klaren darüber, daß Clay (der damals insgeheim Cassius X hieß, aber später in der ganzen Welt als Muhammad Ali bekannt wurde) gemeinsam mit seinem Haus-Schamanen Drew Bundini Fastblack Brown daran arbeitete, ihn schon vor dem Gong der ersten Runde vernichtender Lächerlichkeit preiszugeben. Ali war bereit, mit seiner Kampagne bis vor Listons Haustür zu ziehen, um dessen gutbetuchte, weiße Nachbarn über Listons Vergangenheit im schwarzen Ghetto zu informieren. Wir wissen heute, daß Liston zweifach von Ali gedemütigt wurde. Box-Fans mit einer helleren Hautfarbe wären weniger vewundert gewesen, daß der junge Aufschneider das furchteinflößende Monster fertig machen konnte, wenn sie mehr über schwarze Straßenkultur gewußt hätten.

Das Clay-gegen-Liston-Szenario erinnert in mancher Hinsicht an die Fabel, die dem berühmten schwarzen Erzählgedicht „The Signifying Monkey“ zugrundeliegt. Der Affe (Monkey) ist ein Schalk (Trickster), der den Löwen, obwohl viel kleiner und schwächer als dieser, verhöhnt und überlistet, dank seiner sprachlichen Schlagfertigkeit.

»There hadn't been no shift for quite a bit
so the Monkey thought he'd start some of his signifying shit
It was one bright summer day
the Monkey told the Lion, „There's a big bad burly motherfucker livin' down your way.“
He said, „You know your mother that you love so dear?
Said anybody can have her for a ten-cent glass a beer“.«

[Schon ne ganze Weile gab es keine Abwechslung / Also, dachte der Affe, er fange eine kleine Wortklauberei an / Es war ein schöner Sommertag, als der Affe zu dem Löwe sagte / Da gibt's einen verdammt schlimmen Motherfucker in deinem Revier / Der sagt, daß jeder deine Mutter, die Du so sehr liebst / Haben kann für ein Zehn-Cent-Bier.]

Man nennt diese Erzählgedichte auch Toasts. Gereimte Geschichten, oft sehr lang, die sich in der Regel Männer erzählen, voller Gewalt, Fäkalhumor, Obszönität und Misogynie, die seit Jahrzehnten geholfen haben, bei erzwungener Langeweile Zeit totzuschlagen, sei es im Gefängnis, beim Militärdienst oder an der Straßenecke. Bruce Jackson, der sich ausgiebig mit Toasts und Gefängnis-Liedern beschäftigt hat, schreibt:

»Man muß eine Menge Zeit totschlagen in Bezirksgefängnissen. Und ein großer Anteil der Gefangenen in solchen Gefängnissen sind Unterschichts-Schwarze, die zu arm sind, eine Kaution zu stellen oder Strafen absitzen, die sie nicht bezahlen können ...«

Toasts sind wie die meisten mündlichen Folklore-Traditionen vom kommerziellen Unterhaltungsgewerbe aufgegriffen worden, wenn auch in einer zensierten Form. „Stackolee", ein Bösewicht, den man von diversen Bluessongs und Balladen sowohl weißer wie schwarzer Musiker kennt, wurde von Lloyd Price 1958 ausgegraben und unter dem Namen „Stagger Lee" für einen Nummer-1-Hit genutzt. 5 Jahre später wurde er für eine weitere Schießerei von den Isley Brothers wiederbelebt. 1964 brachte der bemerkenswerte Rufus Thomas, ein Mann dessen Karriere bis in die Zeit der Medicine Shows zurückreicht, einen Song namens „Jump Back" auf Stax heraus. Obwohl musikalisch typisch für seine Epoche – ein bluesiges Soul-Stück mit schneidenden Saxophonen und Gitarren-Breaks – stammt der Text mindestens aus der Minstrel-Show-Zeit des neunzehnten Jahrhunderts. Harold Courlander zitiert in seinem Buch *Negro Folk Music* den Kinderreim „Mary Mack" mit einem fast identischen Text:

Ging zum Fluß, Fluß, Fluß: Rufus Thomas

»I went to the river, river, river
And I could'nt get across, across, across
And I paid five dollars, dollars, dollars
For the old grey horse, horse, horse.«
[Ich ging zum Fluß, Fluß, Fluß / Und kam nicht rüber, rüber, rüber / Und bezahlte fünf Dollars, Dollars, Dollars / Für das alte graue Pferd, Pferd, Pferd.]

Für seinen Hit „Walking The Dog" benutzte Thomas eine andere Strophe aus „Mary Mack". Auch musikalisch war er ein Revival, diesmal eines Tanzes von Anfang 1900. Obwohl bestimmte Teile aus „Jump Back" auch schon in einem Worksong vorkamen, wurden sie erst richtig berühmt durch Thomas Rice, ein weißer Tänzer, der mit einem schwarzen Gesicht auftrat und dessen Künstlername Daddy Jim Crow Rice war. Die Legende erzählt,daß Rice einen schwarzen Sklaven getroffen hatte, der nach seinem Eigentümer Jim Crow hieß. Dieser Jim Crow konnte einen Song mit Tanz, der Rice besonders geeignet für ein größeres Publikum schien. Rice klaute diesen Song, fügte noch ein paar Textzeilen hinzu und gegen Ende der 20er Jahre des vorigen Jahrhunderts hatte er eine Begeisterung ausgelöst, die sich nicht auf Amerika beschränkte,sondern auch auf England und Irland ausdehnte.

Rufus Thomas' Wiederaneignung von „Jump Jim Crow" war ein klassischer Fall von höherer Gerechtigkeit. Als Steptänzer, Scat-Sänger und Allround-Entertainer bei den Rabbit Fool Minstrels in den Dreißigern kannte er alle Spielarten von Rassismus, auf und hinter der Bühne.

Für „Jody's Got Your Girl and Gone" flößte Johnny Taylor (der wie Rufus Thomas für Stax aufnahm) Jody neues Leben ein, einem Charakter, der in Toasts manchmal auch Joe the Grinder (Joe, der Schleifer) heißt. Jody's Taten standen in den Gefängnissen oder in der Armee, in Songs oder Toasts für die Angst, daß während deiner erzwungenen Abwesenheit jemand sich dein Mädchen schnappt. Obwohl der Toast nach und nach verschwand, wurde die Songversion der Geschichte, meistens mit G.I.Joe, der aus dem Krieg kommt und seine Frau mit Jody im Bett vorfindet, noch in den 70ern in der Armee gesungen. Und Johnny Taylors Bearbeitung ist nur ein weiteres Zeugnis für die Langlebigkeit der Story.

Der Austausch zwischen Massenkultur, die zu Folklore wird und uralten Traditionen die für die Gegenwart geglättet werden, macht es unmöglich, Ursprünge auszumachen. Ein Toast, den Bruce Jackson auf der „Wynne Prison Farm" in Texas im Jahre 66 fand („Ups On The Farm") und von dem er meint, es sei der einzige ihm bekannte Toast, „der ausdrücklich von Problemen zwischen Schwarzen und Weißen handelt", ist in Wirklichkeit ein Stück aus dem Repertoire von Butterbean and Susie. Butterbean and Susie waren ein singendes und tanzendes Ehepaar, das zwischen 1922 und 1962 auch Platten aufnahm und Teil einer Komiker-Tradition war, für deren Popularität die TOBA (Theater Owner's Booking Association) mitverantwortlich war. Ein anderes, späteres Team, Moke and Poke, werden von Marshall und Jean Sterns in deren Buch *Jazz Dance* zitiert, sie hätten ihre Dialoge in der Form von hippen Reimen vorgetragen: „We're Moke and Poke, it ain't no joke, that's all she wrote, the pencil broke".

In *Jazz Dance* wird auch beschrieben, wie sich in dieser Komiker/Tänzer-Tradition ein scharfer, satirischer Humor entwickelte, der sich an ein schwarzes Publikum richtet:

»Eine seiner Quellen könnte das westafrikanische „Lied der Andeutungen" gewesen sein, dessen Subjekt den Sänger bezahlt, es nicht in seinem Gesang zu erwähnen. Wiederzufinden in der Karibik als politischer Calypso, in New Orleans als Signifying Song und generell im Süden als The Dozens.«

Obwohl man einiges Material auch auf die Bibel oder britische Folklore zurückführen könnte, sind die westafrikanischen Wurzeln ganz deutlich. Ruth Finnegan schreibt in ihrem Buch *Oral Literature in Africa*, wie Musik und Dichtung als Waffen in sozialen Situationen funktionierten:

»Spottgedichte wurden nicht nur zwischen einzelnen Gruppen benutzt, sondern wurden auch als Verständigungsmittel zwischen einzelnen feindlichen Individuen eingesetzt. Wir kennen Schmähgedichte der Galla, während bei den Yoruba streitende Frauen sich gegenseitig ansingen, besonders in Situationen, wo andere Frauen mithören, also am Waschplatz zum Beispiel. Beleidigende Lieder gegen Einzelne bringen auch oft die öffentliche Meinung zum Ausdruck und dienen als soziales Druckmittel.«

Im Savannengürtel Westafrikas wird diese soziale Funktion von einer Musikerkaste wahrgenommen, die man Griots nennt. Der Griot ist ein professioneller Sänger, in der Vergangenheit meist mit einem Dorf verbunden, aber heute zunehmend ungebunden, der die Funktion eines lebenden Geschichtsbuches und der Zeitung mit seiner individuellen Virtuosität als Sänger und Instrumentalist verbindet. Laut Paul Oliver und seinem Buch *Savannah Syncopators*

»muß er nicht nur viele traditionelle Songs fehlerfrei beherrschen, sondern auch jederzeit über aktuelle Ereignisse

Griots aus der Wüste in Sokoto, Nord-Nigeria

„Disco Fever" (Bronx)

extemporieren, Zufälligkeiten und unmittelbare Gegenwart einflechten können. Sein Spott kann vernichtend sein und seine Kenntnis der lokalen Geschichte überwältigend.«

Obwohl sie allgemein als Sänger von Lobpreisungen bekannt sind, können Griots etwa die Bewunderung für einen reichen Unternehmer mit Klatsch und Satire verknüpfen oder ihre Stimmgewalt für einen Angriff auf die politisch Mächtigen nutzen.

Aber wenn die HipHop-Botschafter und die Protest-Rapper Griots der Savanne zu ihren Ahnen haben, dann sind die Angeber und Großtuer aus der Bronx Kinder der schwarzen amerikanischen Wortspiele, die man The Dozens oder Signifying nennt. In den späten 50ern und frühen 60ern sammelte ein Volkskunde-Student namens Roger D. Abrahams Aufnahmen von Toasts, Witzen und Sprach-Wettkämpfen in einer hauptsächlich schwarzen Gegend von Philadelphia, Cammingerly, wo er auch wohnte. In seinem Buch *Deep Down In The Jungle* erklärt er die Wichtigkeit, gut reden zu können in der afro-amerikanischen Gesellschaft, vor allem die Bedeutung von Sprachtechnik in der Männerwelt:

»Sprachkämpfe machen einen großen Teil der Gespräche in dieser Gruppe aus. Sprichwörter, Verdrehungen, Witze, fast alle Arten von Diskurs werden benutzt, aber nicht im Sinne einer diskursiven Kommunikation, sondern als Waffen in Sprachkämpfen. Jede Versammlung von Männern entwickelt sich so zum „Sounding", einem gegenseitigen Necken und Angeben.«

Abrahams fand bei Kindern eine Art des Neckens, bei dem sprachliche Fallen zum Einsatz kamen, um sein Gegenüber lächerlich zu machen:

»Say „Washing Machine"
„Washing Machine"
I'll bet you five dollars your drawers ain't clean«
[Sag „Waschmaschine" / „Waschmaschine" / Ich wette fünf Dollar, daß deine Unterhosen stinken]

Videospieler am Times Square

Je älter die Teilnehmer, desto ernsthafter die Auseinandersetzung – „Sounding" oder „The Dozens" kann zu richtigen Wettkämpfen unter Erwachsenen führen. Die Dozens werden in der Regel zwischen Jungs und Männern von 16 bis 26 ausgetragen – ein halbritualisierter Kampf der Worte, bei dem Beleidigungen ausgetauscht werden, bis es einem der Spieler zu heftig wird. Die Beleidigungen können persönliche Angriffe auf den Gegner sein, werden aber häufiger gegen seine Familie, speziell seine Mutter gerichtet. Laut William Labov, einem Linguisten, der diese verbalen Duelle in den 60ern in Harlem verfolgt hat, sind die Dozens in New York noch spezialisierter und formalisierter und werden in gereimten Couplets abgehalten, etwa so:

»I don't play the dozens, the dozens ain't my game
But the way I fucked your mama is a god damn shame.«
[Ich spiele nicht die Dozens, die Dozens sind nicht mein Spiel / Aber wie ich deine Mutter gefickt habe, das war echt zuviel]

Bei der Arbeit mit Teenager-Clubs wie den Jets oder den Cobras stieß Labov auf kunstvolle Beleidigungen wie „Your mother play dice with the midnight mice" [deine Mutter würfelt mit den Mitternachtsmäusen] und noch entwickeltere Dialoge, die wie richtige Kabarett-Programme wirken:

»Boot: Hey! I went up Money house and I walked in Money house, I say, I wanted to sit down, and then, you know a roach jumped up and said: „Sorry this seat is taken".
Roger: I went in David house, I saw the roaches walking round in combat boots.«
[Boot: He, Ich bin rauf zu Moneys Wohnung und ich bin rein in Moneys Wohnung und will mich hinsetzen, da springt eine Kakerlake auf und meint: Tut mir leid, der Platz ist besetzt.
Roger: Ich bin in Davids Wohnung. Da laufen die Kakerlaken mit Kampfstiefeln 'rum.]

Der Abstand zwischen den rauhen Unterhaltungen im Dozens-Spiel auf der Straße und in einem unverfälschten Club wie „Disco Fever", wo dann noch ein paar Rhythmen zum Tanzen dazukommen, ist gering. Das führt zu Widersprüchen, etwa wenn Melle Mel, Texter der Furious Five, auf der Bühne steht, in seinem Ultra-Macho-Metal-Krieger-Aufzug und überzeugend für ein Ende des Machismo und ein friedliches Zusammenleben spricht.

Bei den Erwachsenen überlappen sich die Dozens mit dem „Dirty Party"-Genre und seinen nicht sehr bekannten Kabarettisten und Kommödianten. Man kann auch Johnny Otis with Snatch and the Poontangs dazurechnen, den sehr komischen Redd Foxx, den ausgesprochen unkomischen Rudy Ray Moore, dessen Plattenhüllen als Pornokitsch unschlagbar sind. Und natürlich den einschlägigen Blowfly. Blowfly, die andere Seite der Rap-Medaille, ist das Pseudonym des Sängers und Produzenten Clarence Reid aus Miami (der u.a. „Clean Up Woman" gemeinsam mit Little Beaver für Betty Wright schrieb und auf dem Alston-Label herausbrachte).

Urgroßeltern des Rap:
Bo Diddley, The Duchess und Jerome

Eines der wichtigsten Verbindungstücke zwischen den Rappern der Gegenwart und der reichen Vergangenheit der Erzählgedichte, Trickster, Angeber und Beleidiger ist Bo Diddley. Mr Biggs von der Soul Sonic Force erinnert sich, daß, als er anfing zu rappen, „wir es das Bo-Diddley-Syndrom nannten, wenn wir anfingen aufzuschneiden und uns hochzunehmen." Bo ist der Angeber par excellence – seine Aufschneidereien ließ er ursprünglich von einem ziemlich einzigartigen afro-latin Schlagzeug, das aus Marracas und einer Boden-TomTom bestand, gespielt von Frank Kirkland, und seiner spezialangefertigten Gitarre begleiten. Seine erste Single nahm er 1955 für Chess in Chicago auf: ein doppelter Schlag ins Gesicht der Bescheidenheit. Auf der A-Seite die ultimative Macho-Hymne „I'm A Man" und auf der B-Seite ein Beifall für den Künstler selbst, mit dem treffenden Titel „Bo Diddley".

Viele seiner Songs beruhten auf Toasts und den Dozens. „Who Do You Love", die Geschichte eines teuflischen Übeltäters, der eine Cobra als Halskette trägt, ist selbst wie ein Toast und enthält Zeilen, die fast identisch sind mit Stackolees „I'm a bad motherfucker, that's why I don't mind dying." In anderen Liedern geht es um ähnliche Themen: „The Story Of Bo Diddley", bei dem ein ausgewachsenes Baby eine goldene Gitarre spielt, „Run Diddley Daddy" mit seiner Dschungel-Prahlerei und „Say Man", das entstand, als Marracas-Mann Jerome und Bo im Studio die Dozens spielten. Mit einigen vernünftigen Schnitten auf Band festgehalten, wurde es zu einem von Bos größten Hits, einmal mehr die alte Plattenfirmen-Behauptung widerlegend, daß zuviel schwarzer Inhalt eine Platte daran hindert, in die Charts zu kommen.

„Say Man" ist der Urgroßvater der Rap-Attacke. Der unbekannte Ronnie Gee kündigt sein „Raptivity", eine Angebergeschichte über Mikrophonschlachten, die bis tief in die Nacht dauern und Herzschläge verursachen, mit den Worten an: „Warning – the surgeon general of Chilltown New York has determined that the sounds you are about to hear can be devastating to your ear-ear-ear-ear-ear" [Warnung: Der Gesundheitsminister von Chilltown, New York erklärt: gleich kommen ein paar Klänger vor, die könnten für immer schädigen dein Ohr-Ohr-Ohr-Ohr-Ohr].

4. Beat Bop: Jive, Scat und Radio-DJs

An einem Sommernachmittag im Jahre 79 spielen an der Columbia Universität, mitten in Harlem, der Schlagzeuger Milford Graves, sein langjähriger Partner am Saxophon Hugh Glover und der japanische Trompeter Toshinori Kondo im Rahmen des Third Annual Children of the Sun-Konzerts, mit Baba Chief Bey, dem Afrikan Poetry Theatre Ensemble und anderen Gästen. Milford ist gerade nicht auf der Bühne. Eine Weile lang bewegt er sich im Publikum, mit zwei langen Stangen und brabbelt in seltsamer Sprache, bevor er zurück auf die Bühne kommt und sich mit Glover einen neuen Wirbelwind von einem Schlagzeug-Saxophon-Dialog liefert. Seine Stimmkunst, eine beeindruckender Fluß von perkussiven Silben, kann man als die am weitesten vorangetriebene Form des traditionellen Scat-Gesangs beschreiben, dessen klassische Vertreter große Jazz-Sänger wie Louis Armstrong, Ella Fitzgerald und Betty Carter sind und waren.

Für solche Sänger, einschließlich Milford Graves, ist Scat eine Methode, die Stimme als reines Instrument einzusetzen. Aber es gibt noch ein anderes Verständnis von Scat, bei dem, wie beim Rap, Straßenslang aufgegriffen und in eine musikalische Form verwandelt wird. Cabell „Cab“ Calloway ist ein Eckpfeiler dieses Jive-Scat. Er ist der Autor diverser Bücher, darunter *The New Cab Calloway's Hepster's Dictionary* und hatte eine Band in New York zwischen 1930 und 1948. Cab spielt in *Stormy Weather* (der 1943er Entsprechung zu Filmen wie *Wild Style* oder *Beat Street*) mit, einem Film, der sich vage an der Lebensgeschichte des großen Steptänzers Bill „Bojangles“ Robinson orientiert. Neben Robinson spielte eine rein schwarze Besetzung: Lena Horne, Fats Waller – eigentlich auch ein New Yorker Rapper, mit seinen brüllend lustigen Jive-Unterbrechungen von Songs – und ein Haufen exzentrischer Tänzer aller Art. Im Zentrum dieses Feuerwerks von schwarzen Talent der 40er ist Cab Calloway immer noch etwas Besonderes, wenn er in seinem weiten Zoot Suit, mit Ketten und langen, pomadisierten Haar strahlend über die Bühne gleitet. Moonwalking, 40 Jahre vor seiner Erfindung.

Cab war einer der exponierteren Bandleader, weil er gleichzeitig dirigierte und sang, tanzte und im Mittelpunkt des Ensembles stand. Im berühmten „Cotton Club“ engagiert, Ecke 142ste Straße und Lennox Avenue, dem Ort, wo reiche Weiße hinkamen, um ihren Phantasien über edle Wilde nachzugehen, vermischte Calloway Frage-und-Antwort-Scat (in „Zah Zuh Zah“ singt er Varianten der Titelsilben und Publikum und Orchester wiederholen, was immer er sich ausdenkt), Jive-Texte mit Drogen-Bezugen für die Engeweihten („Kicking the Gong Around“ oder „Viper's Drag“) oder Plauder- und Scat-Nummern wie das „Harlem Camp Meeting“ mit den unsterblichen Zeilen: „That's it, son, your credit for this sermon I'm gonna give you here. Look out now – skipndigipipndibobopakoodoot", während der Klarinettist sein Solo zuende bringt [das war's, Junge, ich sag'dir, was dein Beitrag wert war: Skipndigipipndibobopakoodoot].

Diese Kommentare konnten aber auch in die andere Richtung abgefeuert werden. Es gab eine gewisse Tradition, daß die Instrumentalisten ihrerseits den Sänger hochnahmen, mit sarkastischen Sprüchen, gerade laut genug, um über die Bühne hinaus hörbar zu sein. Ein Bandleader wie Cab Calloway nahm eine Position irgendwo zwischen den klavierspielenden Leadern wie Duke Ellington oder Count Basie und den Zeremonienmeistern und Conferenciers ein, die mit Jive und gereimten Strophen Künstler ankündigten: eine weitere Verbindung zu HipHop, der schließlich damit anfing, daß Rapper über Mikrophon die Fähigkeiten des DJs anpriesen. MCs (Master Of Ceremony) entwickelten ihren eigenen Jargon, um eine Show in die Gänge zu bringen. Ernie „Bubbles" Whitman, auch bekannt als der „Magen, der wie ein Mensch gehen konnte", arbeitete als MC für Billy Eckstine. Er überließ sich Phantasieschüben wie diesem:

»Yessirree, send me the ballad from Dallas. I'm floating on a swoonbeam. And now to keep the downbeat bouncing right along, here's a zootful snootful called „Mr. Chips", as it is fleeced and released by Billy Eckstine and his trilly tune-tossers. Toss it Billy, toss it!«

[Jawollmeinherr! Gebt mir die Ballade aus Dallas. Ich schwebe auf einem Ohnmachtsstrahl. Und um den Downbeat-Schwung hier am Kochen zu halten, kommt hier eine Überdosis Zoot, namens „Mr.Chips", geschoren und zurechtgestutzt von Mr. Billy Eckstine und seinen trällernden Melodie-Schüttlern. Schüttel es, Billy, schüttel!]

Auch Slim Gaillard war immer für scharfe Ansagen und Vorstellungen gut, und das seit den 30er Jahren bis in die 80er. Er kündigte Songs etwa in diesem Stil an: „Wir wollen jetzt zusammenkommen und ein kleines, aber feines Arrangement unseres neuen Opus spielen, das da heißt „Minuet oh vouty laho reetie o dingo reenie mo in oh vouty sow routie mo oh scoodly reenie mo"". Slim hatte als steptanzender Gitarrist angefangen, um von dieser Beinahe-Unmöglichkeit dazu überzugehen, Klavier mit dem Handrücken zu spielen und Standards nach seiner ganz eigenen Logik und in seiner ganz eigenen Sprache zu interpretieren. Dieses Sprache hieß „Vout" und machte Gaillard zu einer der Schlüsselfiguren des 40er Jive-Hipstertum. Sein musikalischer Stil hätte Afrika Bambaataa aufhorchen lassen: der leichte Bebop mit seinen eckigen Vout-Texten konnte sich blitzschnell in ein paar Takte Latin mit spanischsprachiger Radiowerbung verwandeln oder zu einer plötzlichen Temporücknahme führen, angereichert mit einem Schuß Billy Eckstine. Diesen Hohepriester des Vout kann man in dem 1942 gedrehten Film *Hellzapoppin* bewundern, wo er das wildeste Breakdancing begleitet, das je im Kino zu sehen gewesen war. Slim stellte am Rand des Bebop, gemeinsam mit anderen Hepcats wie Harry „The Hipster" Gibson und Leo Watson, die Sprache auf den Kopf und kehrt ihr Innerstes nach außen.

Eddie Jefferson war vermutlich der

erste Jazz-Sänger der Bebop-Zeit, der berühmte Jazz-Soli oder ganze Kompositionen wie Coleman Hawkins „Body And Soul“ aufgriff und in Gesangsimprovisationen verwandelte. Jefferson konnte sich auf den anscheinend nie versiegenden Quell von Anregungen im Jazztanz beziehen und entwickelte seinen Stil, indem er schon in den späten 30ern zu Schallplatten sang. Seine Fassungen von Charlie-Parker-Stücken wie „Parkers Mood“ waren schleppend-lässige Ausflüge in die Welt der Hip-Phrasierungen und Phraseologien, wo Zeilen, in den es mehr Pausen als Worte gab, abgelöst wurden von Zungebrechern im dreifachen Tempo. Jeffersons Initiative wurde aufgegriffen von Clarence Beeks, besser bekannt als King Pleasure. Pleasures Versionen von Lester Youngs „Jumping With Symphony Sid“ oder Charlie Parkers „Parker's Mood“ enthielten all die Schlieren, Verschleifungen und Verwischungen des großen Saxophonisten als Stimmeffekte.

Auf einer anderen Parker-Nummer, „Ornithology“, die ihrerseits auf den Akkorden von „How High The Moon“ basierte, beruhten die beiden hipsten der Hepster-Hymnen: Babs Gonzalez' „Ornithology“ und „Sugar Ray“ (ein Lied über den berühmtesten schwarzen Boxer aller Zeiten, Sugar Ray Robinson). Babs konnte am besten Wortketten um Parkers verwickelte Melodien knüpfen und dabei immer noch cool klingen.

In seiner Autiobiographie *To Be Or Not To Bop* schreibt Dizzy Gillespie:

»Wir haben die englische Sprache um eine paar farbige und schöpferische Begriffe erweitert, aber mir fällt kein Wort außer „Bebop“ ein, das ich regelrecht erfunden hätte. Daddy-O Daylie, ein Disc-Jockey aus Chicago hat sehr viel mehr Hip-Sprache in die Welt gesetzt als ich.«

Daddy-O Daylie war einer von vielen schwarzen Radio-DJs, die von den 40ern bis in die 60er den amerikanischen Äther mit Hepcat-Jive gefüllt haben. Sie brachten eine Live-Atmosphäre in die Welt der Musik-Konserven. Einer der ersten von ihnen, Dr. Hep Cat, rüttelte die Hörer von KVET in Austin, Texas mit seinen wilden Reimen wach: »If you want to hip to the tip and bop to the top you get some mad threads that just won't stop.«

Dr Hep Cat hieß eigentlich Lavada Durst, er war auch ein Pianist und sang, zu hören auf Songs wie „Hepcat's Boogie“. 1953 veröffentlichte er sein Hepcat-Wörterbuch „The Jive Of Dr Hep Cat“. Der erste schwarze Discjockey in New Orleans hieß Vernon Winslow und nannte sich Dr Daddy-O. Er fing 1949 bei WWEZ mit seiner Show „Jivin with Jax“ an. Die Geschichte von Dr Daddy-O ist ein Musterbeispiel von Rassismus. Wegen seiner Hautfarbe verweigerte man ihm einen Disc-Jockey-Job und bot ihm stattdessen an, einem weißen DJ beizubringen, wie man wie ein Schwarzer redet. Winslow organisierte eine ganze Show für WJMR, verfaßte das Script, wählte die Platten aus, brachte dem DJ das Reden bei und suchte soagr einen Namen für ihn aus: Poppa Stoppa. In einem Interview mit der Zeitschrift „Wavelength“ spricht er über dessen Ursprung:

»Poppa Stoppa kam von einem gereimten Rap, den man viel auf der Straße hörte, ein typisches Ghetto-Produkt: man versuchte Außenseiter zu mystifizieren. So entstand eine einzigartige Identität, auf die die Leute stolz waren. Also schrieb ich die Scripts in dieser Sprache: „Look at your gold tooth in a telephone booth, Ruth – wham, bam, thank you man". Ich liebte Alliterationen.«

Als schließlich die „Jam, Jive and Gumbo"-Show die populärste Sendung auf WJMR wurde, ergriff er die Gelegenheit und sprach selbst in seiner Show: er wurde sofort entlassen. Sechs Monate später bot ihm die Jackson Brewing Company einen Job als DiscJockey und Werbeberater für „Jax" Bier an. Er nahm die Show in Cosimo Matassas Studio auf, um zu vermeiden, im New Orleans Hotel (wo die Sendungen ausgestrahlt wurden) mit dem Lastenaufzug zu fahren (eine weitere rassistische Demütigung, die typisch war für jene Zeit). Seine Sendung verursachte einen Aufruhr in der Radiowelt. Plötzlich wollte und hatte jeder seinen Jive-Jock und alle hatten Namen wie Jack the Cat, Okey Dokey, Momma Stoppa und Ernie the Whip.

Dr Daddy-O fing mit Jazz an, spielte aber bald den neuen R&B-Sound von Leuten wie Professor Longhair und Roy Brown. Durch den nun aufkommenden harten Rhythm'n'Blues und Rock'n'Roll fanden die Jive redenden Disc Jockeys zu neuer Kraft: Die Maschinenpistolen-Poeten wie Georgie Woods, „the guy with the goods", Maurice „Hotrod" Hulbert aus Baltimore, Sonny Hopson auf WDAS, Clarence Heyman, der den Namen Poppa Stoppa in New Orleans übernahm, Dr Jive (Tommy Smalls) traten auf den Plan. Einer ihrer bekanntesten war Douglas „Jocko" Henderson, das „Ace from space" mit seiner „1280 Rocket"-Sendung. Roger Abrahams zitiert einen seiner Raps in *Deep Down In The Jungle:*

»Be, bebop
This is your Jock
Back on the scene
With a record machine
Saying „Hoo-popsie-doo,
How do you do?"
When you up, you up,
And when you down, you down
And when you mess with Jock
you upside down.«

[Be, bebop / Hier ist euer Jock / wieder in seiner Kabine / mit einer Plattenmaschine / ich sage: „Hoo-popsie-doo, How do you do?" / Wenn du oben, bist du oben / wenn unten, bist du unten / und wenn du dich mit Jock einläßt / bleibt von dir nur ein kleiner Rest]

Einer von Jockos Lieblingsausdrücken war „Great gugga mugga shooga booga", eine auffällige Formulierung, die Sammlern jamaikanischer Ska-Platten bekannt vorkommen wird. „The Great Wuga Wuga" von Sir Lord Comic ist ein wunderbares Beispiel dafür, wie Radio-Jive von der jamaikanischen Sound-System-Musik aufgegriffen wurde. Auf seinen Einkaufstrips in die Staaten, bei denen er sich R&B-Platten für sein Sound-System in Jamaika zu kaufen pflegte, war der jamaikanische Produzent Coxsone Dodd so beeindruckt worden von Radio-DJs wie Jocko, daß er seinen eigenen Spitzen-

Das berühmte „Apollo" in der 125sten Straße

DJ Count Machouki ermunterte, diese Techniken selber auszuprobieren. Bei der heißen Konkurrenz unter den Sound-Systems hatten bald auch die Rivalen diese Idee aufgegriffen, bis man schließlich sogar auf Platten die jamaikanische Version des Toasting hören konnte, 1965 kam Sir Lord Comic's „Ska-ing West" heraus: „Come on you cats, get hep, we're going west". Machouki und Sir Lord Comic, dann U Roy, der die DJ-Platte „Your Ace From Space" aufnahm, King Stitt und ein paar weniger bekannte DJs initiierten die sehr erfolgreiche Karriere des jamaikanischen Toastens, das sich nur eine kurze Zeit an den amerikanischen Vorbildern orientierte, um dann die Form anzunehmen, die man von Toastern wie Big Youth und Dennis Alcapone über Eek-A-Mouse und Yellowman bis zum Raggamuffin unserer Tage verfolgen kann. Mit seiner MC-Crew The Herculoids brachte der gebürtige Jamaikaner Kool DJ Herc die kreativen Errungenschaften schwarzer amerikanischer Jive Jocks zurück in die USA. Ein Kreis, der sich schließt, wenn z.B. Afrika Bambaataa und Yellowman zusammen ins Studio gehen oder KRS-One mit Shabba Ranks zusammen aufnimmt und auftritt.

Obwohl DJs wie Jocko und Dr Jive viele weiße Zuhörer und Nachahmer hatten (schließlich waren weiße Jocks wie Alan Freed diejenigen, die schwarzen R&B und Doo-Wop einem weißen Publikum zuerst nahebrachten und ein geständiger Imitator des schwarzen DJ Stils, Wolfman Jack, hat noch heute Erfolg mit seinen Shows), war ihre Position am stärksten in der schwarzen Community. Jocko, Dr Jive und Rocky G waren plötzlich Headliner bei den R&B-Shows im"Apollo" (Jocko wurde dem „Apollo"-Besitzer Bobby Schiffmann von Bobby Robinson vorgestellt), gemeinsam mit anderen DJs wie Frankie Crocker und Eddie O'Jay, der Mann, von dem die O'Jays ihren Namen haben. Manchmal waren es aber auch Kabarettisten und Spaßmacher, die die Shows ankündigten.

„Der erste, den ich je rappen gehört habe, war Pigmeat Markham. Das war die erste Rap-Platte, die ich je gehört habe – mein Vater hatte sie." Eine überraschende Aussage für jemanden, der so jung ist wie Mike C von der Fearless Four, wenn man bedenkt, daß Pigmeat die Nummer, von der Mike erzählt, „Heah Come De Judge", im Alhambra-Theater in New York um 1929 vorgestellt hat. An dieser

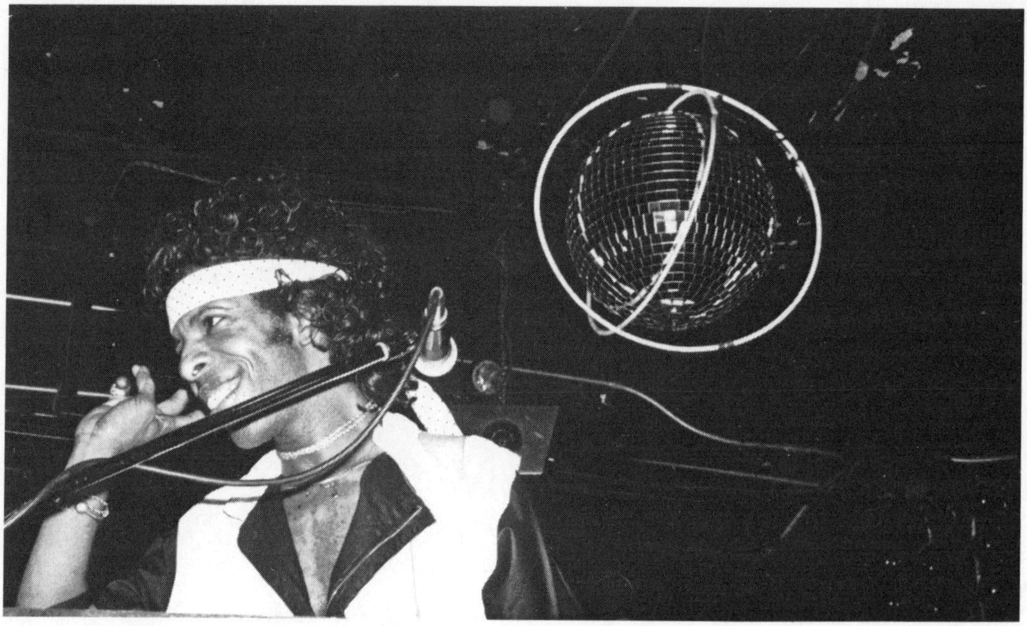

Auch er begann als DJ: Sly Stone

Nummer feilte er allerdings noch in den 60ern, als er Hip-Soul-Fassungen von Titeln wie „Sock It To Em Judge", inzwischen selbst in seinen Sechzigern, für das Chess-Label aufnahm. Und wie der mächtige Mike C.sagt: das sind Rap-Platten, die erschienen sind, bevor es Rap gab.

Nur eine kleine Auswahl der schwarzen Komiker, deren Stil und Techniken einen Hintergrund für Rap definieren: Jackie „Moms" Mabley, mit ihren folkartigen Monologen; Timmie „Clark Dark" Rogers (der sich gegen schwarze Schminke für schwarze Kommödianten wehrte); Scoey Mitchell; Flip Wilson; Nipsey Russell; der ausgesprochen hippe Redd Foxx; Richard Pryor und zuletzt auch Eddie Murphy. Quasi als Vorläufer der Message-Raps der 80er Jahre hat Ray Scott eine Spott- und Schmährede auf der Grundlage einer Redd-Foxx-Nummer aufgenommen, die vermutlich die giftigsten Verfluchungen enthält, die je den Weg auf eine Schallplatte gefunden haben: „The Prayer" war eine wütende und liebevoll detaillierte Wunschliste all der möglichst gauenhaften Tode, die der rassistische Gouverneur George Wallace sterben möge. Nach seinem Tode, so hofft Scott, mögen 14 tollwütige Oppossums in seinen Sarg eindringen, die ihn soweit verschlingen, daß er wie ein Gorilla aussehe, der scharfen chinesischen Senf gegessen hat. Und wenn das nicht reicht, dann soll er eben als Schwarzer wiederauferstehen, das müßte das Schlimmste für ihn sein.

Fast war das wie eine politische Variante des reich detaillierten Voodoo-

Wahnsinn von Screamin Jay Hawkins, auch ein Künstler, der auf dem schmalen Grat zwischen Komik und todernsten R&B wandelte. Von so einem irren Monolog wie „Alligator Wine“ kann sich noch mancher HipHopper eine Scheibe abschneiden.

Screamin Jay Hawkins stellte das Extrem einer Sorte Musik dar, die weiße amerikanische Eltern in den 50er Jahren in Angst und Schrecken versetzte. Die Vorstellung, daß ihre Kinder mit roten Ohren vor Lautsprechern sitzen, aus denen ein derart sexualisiertes, dämonisches Delirium dringt, war einfach zuviel. Die von Bundesbehörden betriebene Payola-Untersuchungen gegen DJs, die sich von Plattenfirmen haben bestechen lassen, machte mit all dem Schluß. In den 60ern waren Tanzkurs-Platten eine Arbeitsmöglichkeit für arbeitslose Radio-DJs – übrigens auch ein Ursprung des „Throw Your Hands In The Air“ auf HipHop-Platten. Radio-DJs waren ja nun einmal Fachleute darin, Anweisungen zu geben, da lag es nahe, daß sie sich des neuen Tanzlehr-Genres annahmen. Rodney Jones machte „R&B Time“ („Hit it to the left, back to the right“); Rufus Thomas, der als DJ bei WDIA in Memphis gearbeitet hatte, war legendär als Erfinder von kurzlebigen Tanzmoden, die er „Dog“, „Penguin“, „Robot“ oder „Chicken“ nannte; Sly Stone arbeitete als Radio-DJ in San Francisco und schrieb und produzierte Tanzplatten für Bobby Freeman („C'mon And Swim“), und Frankie Crocker, dessen wechselhafte Karriere ihn u.a. als Loveman, Black Satin und Hollywood firmieren ließ, war an Turbo Records' Tanzplatte „Ton Of Dynamite“ beteiligt, eine Bearbeitung von „Funky 8 Corners“ von Willie and the Mighty Magnificents (im Original auf All Platinum). Nachdem er 1976 ebenfalls wegen Payola angezeigt wurde, verlagerte er seine Aktivitäten vom New Yorker Radio zur Produktion von Platten wie „Love In C Minor“ (für Casablanca Records). Eigentlich waren das schon keine Tanzkurs-Platten im strengen Sinne mehr, eher Barry-White-Grunzer, aber es waren Hardcore-Disco-Platten (und sind heute absolut unhörbar).

Auch viele bessere Funk- und Disco-Platten hielten die Tradition aufrecht, Straßenslang, Radio-Jive, Tanzanweisungen und kommentierende Rede mit Musik zu verbinden: „Black Water Gold (Pearl)“ von Afrikan Music Machine, „Jungle Fever“ von Chakachas, „Get On Down“ von East Harlem Bus Stop, „Fruitman“ und „Spirit Of The Boogie“ von Kool And The Gang, „Mango Meat“ und „Ali Bom-Ba-Ye“ von Mandrill, „Do It 'Til You're Satisfied“ von B.T.Express, „O-Wa“ von Babatunde Olatunji, „Rap On Mr. DJ“ von Hamilton Bohannon, „Ali Shuffle“ von Alvin Cash und buchstäblich Hunderte mehr. Von den JBs, Meters, Ohio Players, War, Fatback, George Clintons Funk Imperium und der daraus hervorgegangenen Bootsy's Rubber Band bis in die 80er und bis hin zu den Go-Go-Gruppen aus Washington wie Chuck Brown and the Soul Searchers und Trouble Funk oder der New Yorker Hip Hop/Afro-Funk-Band Shango.

Speziell George Clinton bezieht sich eng auf Radio-DJs. Nummern wie „Chocolate City“, „P-Funk (Wants to get funked up)“, „You Shouldn't-Nuf Bit Fish“, „Atomic Dog“, „Loopzilla“ und

„Mr.Wiggles" sind alle direkt von Radio-DJs beeinflußt. Auf „Mr.Wiggles" von der LP *Motor Booty Affair* stellt Clinton einen rappenden Unterwasser-DJ namens Mr. Wiggle the Worm dar, der deutlich Jocko Henderson zitiert. Es lag für George auf der Hand, seine eigenen HipHop- und Rap-Platten aufzunehmen. Sowohl „Dog Talk" von K-9 Corps (dem „Atomic Dog" zugrunde lag) als auch „Nubian Nut" waren witzig und funky: Sie deckten dreieinhalb Jahrzehnte afroamerikanische Kreativität ab, enthielten die Essenz des R&B-Radios, der 80er-Jahre-Elektronik und eine Neuauflage des kosmischen Orchester-Prinzips von Sun Ra. Der afro-saturnische Swing von Ra und seinem Arkestra mit Gesängen, wo das Publikum aufgefordert wird, Aktien von Outer Spaceways Incorporated zu zeichnen, ist nicht so weit entfernt von Clintons P-Funk-Hymne „One Nation Under A Groove". Die Jonzun Crew sah jedenfalls die Verbindung, als sie ein Stück „Space Is The Place" nannten (wie das 73er Album von Sun Ra auf Blue Thumb) und Herrn Ra auf dem Cover ihrer LP *Lost In Space* dankten.

Auch Captain Sky reiste durch den Äther, ein ehemaliger Radio-DJ aus Chicago, den ebenfalls Clintons P.Funk Nation schwer beeindruckt hatte. Der Captain unterstrich die Rap-Radio-Verbindung mit seinem „Don't Touch That Dial" (ein Satz, der auf tausend und einem Clinton-Song vorkommt) und mit „Station Brake", das eine Rap-Übertragung direkt von der Station WSKY ir-

Das ist Clintons wilde, verwegene Jagd: P-Funk, live im „Ritz"

gendwo im Weltall an einem ganz gewöhnlichen Tag simulierte. Captain Sky war einer der Kommandanten des „Mothership" (im Clintonschen Sinne), dem Mutterschiff der Funk-Astronauten, dessen Berufung darin lag, *Raumschiff Enterprise* auf die Bühne zu bringen. Nach New York hatte sich Captain Rock gebeamt, Hauptfigur eines Rap-Projekts, das die Fantastic Aleems (die 77 als Prana People für Prelude selbst ein mystisches Disco-Album aufgenommen haben) und Dr.Jeckyll and Mr. Hyde zusammengestellt haben. Captain Rock hatte offensichtlich da draußen im All eine Möglichkeit, Clinton-Platten zu kaufen, denn „Cosmic Glide" auf Nia Records hat ganz offensichtlich eine Verbindung zum Mutterschiff.

Rap aus dem Weltall: Captain Sky

Bei der Station WSKY mochte nicht viel los sein, auf Gary Byrds Show auf WLIB, mit Hörerbeteiligung via Telephon, passiert immer eine Menge. Um all das, was an schwarzer Kultur und Politik unter den Teppich gekehrt worden ist, zu diskutieren, wäre auch eine 24-stündige Plaudershow nur eine oberflächliche Angelegenheit. Gary hat mit 17 angefangen, in der Mitte der 60er bei WUFO in seiner Heimatstadt Buffalo. Angeregt von den Raps von Jocko „Hotrod" Hulbert versuchte er es selbst, um sofort zu erfahren, daß er gehen könne, wenn er so etwas nochmal wagen würde. Rap war ein schmutziges Wort zu jener Zeit. Nachdem er nach New York gezogen war, wurde er dort der jüngste DJ und in den frühen 70ern schuf er Protest-Mixes aus Platten von War und den Temptations, kombiniert mit Sound-Effekten. Er machte auch Musik mit seiner Band The Gary Byrd Experience (nach der Jimi

Telephonanrufe von der Erde: Gary Byrd bei WLIB

Hendrix Experience benannt), deren Platten der omnipräsente Jimmy Castor produzierte. Seine Radio-Rap-Erfahrung war sehr nützlich, als er anfing, in Schulen von New York und New Jersey die Belesenheit und allgemeine Bildung im Rahmen eines Sozialprogramms zu recherchieren.

»Wir fanden heraus, daß diese Kinder Informationen viel schneller verarbeiteten, als das Schulsystem sich vorstellen konnte. Das Problem war, daß die Kinder sich langweilten. Sie waren so sehr von den elektronischen Medien geprägt und die Lehrer sich nicht im klaren, daß das, was sie zeigten für sie eine Darbietung im Sinne des Fernsehens oder des Radios war. Nach zehn Minuten sank ihre Aufmerksamkeit und der Lehrer wußte nicht, was los ist. Diese Zehn-Minuten-Spanne kam vom Fernsehen und den Unterbrechungen durch die Werbung.

Es war mitten während der großen Disco-Welle und ich versuchte, mir etwas zu überlegen, wie man das Leseniveau verbessern könnte. Da ich ja weniger ein Erzieher bin, sondern eher ein Motivator, dachte ich, es wär schon eine Menge, wenn man die Kinder wenigstens dazu kriegt, daß sie sich für's Lesen interessieren.

Wir stellten ein Programm zusammen, das ich als Rap vortrug – so mache ich das immer – und wir stellten Musiker in den Mittelpunkt, denn die bewundern sie am meisten. Wenn sie die Jacksons oder Muhammad Ali sehen, sind das meistens ausgesprochen verbale Situationen, aber eben improvisiert oder auswendig gelernt, so daß die Kids keinen Grund wahrnehmen, warum man lesen sollte.

Wir hatten Fotos von all den Künstlern und ich rapte und erzählte ihnen innerhalb der Raps, was es jeweils mit der Person auf sich hatte, die sie gerade sahen. Mit anderen Worten: man konnte lernen, daß Michael Jackson nicht einfach so ins Studio marschiert ist und drauflosgesungen hat. „Also schreiben die die Songs vorher auf?“ Solche Reaktionen bekommt man. „Ach so, Michael liest es erst, dann lernt er es. Ach so.“ Da gab's eine Menge Überraschungen.«

Bei seiner Arbeit in Schulen fand Gary auch heraus, daß viele amerikanische Schwarze nicht wußten, daß die Nil-Zivilisation zur schwarzen Geschichte gehört. Seine Raps hatte man auch schon auf Platte hören können, etwa auf „Black Man“ von Stevie Wonders *Songs In The Key Of Life*-Album. Der letzte Teil dieses Stücks ist eine Frage-und-Antwort-Session mit dem Al Fann Theatrical Ensemble in Harlem, wobei Gary Byrd einen der Lehrer darstellt. 1979 begann er mit einem Rap namens „The Crown“ über schwarze Geschichte, von Ägypten über West-Afrika, Malcolm X und Langston Hughes bis zu Ali, Ella und Joe Louis. Nicht nur durch die Musik von Stevie Wonder wurde das ein sehr wirkungsvoller Rap, der die Wurzeln des Genres ebenso freilegte, wie er sein Potential ahnen ließ.

Rap im HipHop-Stil kam durch Mr. Magic ins Radio, dessen erste Show, „Mr. Magic's Rap Attack“, 1979 von WHBI, einer kleinen Station in New Jersey ausgestrahlt wurde, bei der man sich Sendezeit kaufen kann und dann selbst über Werbeeinschaltungen verfügt. Das war derselbe Sender, auf dem The World Famous Supreme Team, das man auf Malcolm McLarens „Duck Rock“ (Raps mit Hörerbeteiligung zu T-Ski-Valleys „Catch The Beat“) hören kann, seine eigene Show hatte. Mit seiner Single „Hey DJ“ reihte sich das Supreme Team in die lange Reihe ehemaliger Radioleute ein, die eigene Schallplatten machten. Genauso gibt es eine Tradition von Verbeugungen vor Radio DJs auf Schallplatten. In dem Geist von Bobby Days „Rockin Robin“ (ein Tribut an einen DJ aus dem Jahre 1958) veröffentlichte die Gruppe Whodini aus Brooklyn „Magic's Wand“, als Gruß an Mr.Magic, den DJ aus ihrem Teil New Yorks, dessen „Rap Attack“ inzwischen von WHBI zu WLBS gewandert ist, jenem Sender, dessen Intendant Frankie Crocker ist, und zur meistgehörten HipHop-Sendung Amerikas geworden ist.

5. Sister Brother Rapp: Priester, Paare und Paten

Der Reverend J.D. Montgomery beginnt seine Predigt in der Mt. Carmel Baptist Church an der East Side von Detroit. Ihr Thema ist heute „Gottes Tageszeitung“, und während das Tempo langsam zunimmt, malt er seine Ideen in kräftigen Farben aus. Seine Gemeinde, die er „Gottes Zeitungsjungen“ nennt, antworten auf jeden Satz mit einem Chor von Yeahs, während der Pastor zum Gegenangriff auf junge Schwarze ansetzt, die die Bibel als weißes Buch ablehnen. Schwer vorstellbar, daß eine Zeitung, die der Heilige Geist herausgibt und die Sportseiten mit dem Ringkampf zwischen Jakob und dem Engel aufmacht, Helden wie Sugar Ray Leonard ersetzen kann, dennoch: die Kraft solcher Predigten wie „Gottes Tageszeitung“ ist nicht zu leugnen. Als schließlich Orgel und Schlagzeug einsetzen, brüllt der Reverend und gestikuliert und die Gemeinde tobt.

Bei einer anderen, auf Schallplatte aufgenommenen Predigt tastet sich Reverend Willie T. Sneed erst zögernd an die Metapher der Sackgasse heran und die Gemeinde murmelt ihre Antworten. Als dann ein Song Formen annimmt, wird Willie zum heiseren Hirten und die Gemeinde, seine Herde, kreischt. John Storm Robert schreibt in seinem Buch *Black Music Of Two Worlds:* „Die Predigt beginnt normalerweise in einem Konversations-Ton, von einer weißen Predigt nur durch die Antworten des Publikums zu unterscheiden, die an den alten afrikanischen Glauben erinnern, daß es unhöflich ist, schweigend zuzuhören, oder an die Ausrufe, wenn die Griots ihre Volkslegenden erzählen.“

Die Kraft der Rede in der afro-amerikanischen Religion liegt dem Soul-Rap zugrunde, einem Genre gesprochener Songs, die auch zu den Vorläufern des HipHop-Rap gehören. Prediger wie Aretha Franklins Vater, der Reverend C.L.Franklin, Gospel-Geschichtenerzähler wie Dorothy Norwood mit ihren gesprochenen Erzählungen, wie etwa „The Denied Mother“ (von Tony Heilbut in seinem *The Gospel Sound* als typisch für ein bestimmtes Genre von Gospel-Platten über undankbare Kinder und sitzengelassene Mütter klassifiziert), die Lieder von Edna Gallman Cooke mit ihren Kurzpredigten, „Somebody Touched Me“ oder „Walk Through The Valley“ – sie alle sind Glieder einer Kette, die Marion Williams' „The Moan That Keeps Homes Together“ mit Millie Jackson, Isaac Hayes, James Brown und Melle Mels religiösem Rap in „You Are“ von den Furious Five verbindet.

Soul Raping wurde in den frühen 70ern so modern, daß ein Prediger, Richard „Mr. Clean“ White, ein ehemaliger Angehöriger von Straßengangs in New Orleans, sich genötigt sah, verlorenes Territorium zu beanspruchen, wenn auch zehn Jahre zu spät. In seiner Predigt „You Got To Believe“ (auf Savoy) führt er Isaac Hayes, Barry White, James Brown und Lou Rawls an, um schließlich zu verlangen, „somebody ought to rap about Jesus".

Soul-Raps gab es, da viele Soul-Sänger von der Kirche kamen, schon lange, bevor sie Geld einbrachten. Johnny Taylor zum Beispiel, der oft mit einem halbgerappten, Prediger-artigen Ton sang, ersetzte einst Sam Cooke in der angesehenen Gospel-Gruppe The Soul Stirrers. Songs wie „It's Cheaper To Keep Her" und „I'd Rather Drink Muddy Water" benutzen einen konventionellen Rap, um den Song anzukündigen. Und bei seiner besten Aufnahme, „I've Been Born Again", wird die Idee zu einem Straßenrap mit Verkehrsgeräuschen erweitert, in dem Johnnie erklärt, warum er heute abend lieber bei seiner neuen Freundin ist, als schon wieder mit den Jungs auszugehen.

Die Wirkung von Soul Raps basiert auf der Illusion einer direkten, persönlichen Ansprache, die der Sänger dem individuellen Zuhörer zu widmen scheint. Die verschiedenen Sänger nutzen die Beichtsituation auf unterschiedliche Weise. Laura Lee zum Beispiel, eine der Pioniere des Soul-Raps, setzte gesprochene Stellen ein, um die Spannung zu steigern, in „Guess Who I Saw Today" (von ihrem zweiten Album für Hot Wax, *Two Sides of Laura Lee*) z.B. steigern die Sprechstellen die Emotionalität. Oder sie bringen ihre (andere) Seite eines Gesprächs zum Ausdruck. Laura Lee trug auch dazu bei, daß diese Rapszu einer Ausdrucksform einer neuen Unabhängigkeit von Frauen wurden (oder zumindest des Kampfes auf dem Weg dahin). „Dirty Man" oder „Uptight Good Man" machten klar, daß die mächtigen Frauenstimmen der schwarzen Musik ernstgenommen werden wollen, als Stimmen von Menschen mit komplexen Bedürfnissen und Eigenschaften, und nicht nur als Harmonie-Gesang, Lustobjekte und/ oder Muttterersatz.

Laura Lees Beispiel folgten viele andere Frauen. Irma Thomas aus Louisiana

Lieber bei der Freundin als in der Kneipe: Johnnie Taylor

Die Liebesrechte der Frau, verteidigt von Laura Lee

nahm einen brillanten Rap namens „Coming From Behind (Monologue)“ für das Fungus Label auf, produziert von Jerry „Swamp Dogg“ Williams, in dem sie der Welt und der Männer müde ist. Das 1973 aufgenommene Stück ist eines der deutlichsten Beispiele dafür, wie die Predigt-Form von der Soul-Musik aufgesogen wurde. Es beginnt mit einem ausgedehnten Rap über Männer und ihre Unfähigkeit zu lieben, ihre sexuelle Unterlegenheit, wird dann zum Song und endet mit Irmas Schreien zu einer hypnotischen Begleitung.

Joe Tex bewegte sich auf vergleichbarem Gebiet, wenn auch mit mehr Distanz und Zynismus, als er seine erweiterte Rap-Version von Burt Bacharach und Hal David's „I'll Never Fall In Love Again“ aufnahm, das sich auf seinem 72er Album *From The Roots Came The Rapper* findet. Der 1982 verstorbene Tex war einer der Philosophen des Rap. In seinem „I Had A Good Home, Part Two“, das zwischen Rapping und Gesang wechselt, lehrt er uns, an dem festzuhalten, was wir haben und aus Fehlern zu lernen. Cliff White beschrieb ihn sehr treffend in seinem Nachruf im *New Musical Express*: „Joes seltsame Mischung aus einem gutmütigen Prediger und einem etwas schrägen Onkel gab seinem Auftreten eine gewisse Zweideutigkeit.“ Daß seine Karriere mit einem Sieg bei einem Komiker-Wettbewerb begonnen hatte, merkte man auch seinen Raps noch an, die immer an der Grenze zum Kabarett waren. Dieselbe Zweideutigkeit findet man auch in anderen Soul Raps, in dem meisten Fällen bewegen sie sich zwischen Predigt, Kabarett und Seifenoper.

Lou Rawls „Dead End Street“ wäre ein solcher Fall. Lou nimmt sich der Moral einer ernsten Geschichte an, in die er kleine Witzchen über Chicagos scharfen, kalten Wind, den „Hawk“ enstreut. Auch Rawls kam vom Gospel, war bei den Pilgrim Travellers und hatte als einer

Mischung aus Prediger und Onkel: Joe Tex

Fängt sich eine Sünde ein: Solomon Burke

der ersten den Monolog popularisiert, als er seine LP *Live* Mitte der 60er Jahre herausbrachte. Die Raps waren auch Kennzeichen dafür, daß der Soul als neue Musik ein Standbein im Prediger-Himmel hatte und ein zweites auf dem materiellen (und sexuellen) Boden der Tatsachen.

Ein Zeitgenosse von Rawls und Tex, der den uralten Kampf zwischen Teufel und Christus verkörperte, war Solomon Burke. Einer seiner Songs hieß sogar „I Feel A Sin Coming On“, als wäre Sex eine Art von Grippe. Solomons kräftige, rauchige Kunst sollte man an einem Song wie „The Price“ kennenlernen, in dessen gerapptem Intro er sich zunächst auf seine früheren Platten bezieht. Eine derart verzweifelte Geschichte wie „The Price“ ist natürlich nahe an der bloßen Masche und Soul-Raps sind gegen Lächerlichkeiten nicht gefeit. Am gefährlichsten, aber auch am bewegendsten und ergreifendsten sind Dialog-Raps. Der implizite Voyeurismus der Vorstellung, anderer Leute Privatgespräche zuzuhören, reicht schon für ein nervöses, peinlich-berührtes Lachen, von der Theatralik der ganzen Form einmal abgesehen. Doch ein langer Rap, von Herz zu Herz, wie Harold Melvin & The Blue Notes' „Be For Real“, wischt natürlich allein durch die Intentsität von Teddy Pendergrass' Auftreten als Lead-Sänger alle Zweifel weg. Dasselbe gilt für „What's Happening Baby“ von den Soul Children: John Blackfoot Colberts Stimme ist so voller Schmerz und Verwirrung, daß es fast wehtut, ihm zuzuhören. Wenn er dann singt, ist es wie eine Erlösung, seine Sprechstimme geht zu tief unter die Haut.

Die halbreligiöse Botschaft „Be For Real“, denk an deine Wurzeln!, bleibe bescheiden!, ist auch typisch für viele der faszinierenden Aufnahmen von Booby Womack. Bobby fing als Gospelsänger mit seinen Brüdern an, die als The Valentinos auch weltliches Material aufnahmen, um schließlich auf eine Solo-Karriere zu setzen. Als ein Sänger, der sich vom Sprechgesang zum heiseren Schrei innerhalb eines einzigen Wortes steigern konnte, hatte Womack auch einen ganz eigenen Monolog-Stil geschaffen. Man kann die Weisheiten in „Monologue/They Long To Be Close To You“ von seinem *Communications*-Album hausgemacht oder gar spießig finden, aber sie sind sicher nicht süßlich und überzeugen durch die bloße Kraft der Persönlichkeit in seiner Stimme. In dem langen Rap-Medley „Facts Of Life/He'll Be There When The Sun Goes Down“, dem Titelstück seines 73er Albums, stellt er sogar die Frage, warum er spricht, bevor er singt. Die Frage wird zwar nicht beantwortet, aber die Konklusion, daß es inmitten des ganzen Unterhaltungsbetriebes immer auch um Gefühle gehe, ist wie ein Resüme seiner ganzen Musik.

Obwohl Bobby Womack, Irma Thomas und Lou Rawls das Wort „Monologue“ benutzen, um ihre Raps zu beschreiben, ähneln sie doch eher einem Gesprächsstil. Es gibt aber auch echte Monologe in der schwarzen Musik, auch wenn sie im Country & Western weit mehr verbreitet sind, bei Erzählern wie Tex Ritter und Red Sovine zum Beispiel. Zwei Monologe der schwarzen Musik, die sich abheben, sind „Jack, That Cat Was Clean“ von dem geheimnisvollen Dr. Horse, die Geschichte des scharf gekleideten Bobo, die sich stark auf die

Erzählgedicht-Tradition der Toasts bezieht, und „King Heroin“, ein schneidender, unheimlicher Anti-Drogen-Rap von James Brown.

Das waren allerdings Ausnahmen und in der Regel waren Raps und Monologe ein zwar wesentlicher, aber Neben-Aspekt des Deep Soul-Genre. Unter den vielen Beispielen, wie Raps in diese Form von Soul passen, seien Jimmy Lewis' „Stop Half Loving These Women“, Mattie Moultries „The Saddest Story Ever Told“, „Give It Up“ von den Sons Of Truth, „Starting All Over Again“ von Gwen McCrae, George Kerrs „Hey George (the masquerade is over)“, Little Johnny Taylors „All I Want Is You“ und Tami Lynns „Wings Upon Your Horn“ genannt.

Drei Künstler griffen in den 70ern das Rapping des Deep Soul auf, machten es einem internationalen Publikum bekannt und sich selbst zu Stars. Barry White, Isaac Hayes und Millie Jackson waren alle schon relativ etabliert, als sie sich den Raps zuwandten, für die sie berühmt werden sollten. Für Barry White, einem Arrangeur und Produzenten von der Westküste, der eine Solo-Kariere suchte, ging es darum, das Beste aus einer recht beschränkten Stimmlage zu machen. White grunzte und stöhnte sich durch romantische Epen wie „Love Serenade“, als wär er in einem Nebel aus Satin-Laken verloren. Seine Leidenschaft, die seinen massigen Körper zu zerreißen schien, schuf eine grenzenlose Projektionsfläche für unausgesprochene sexuelle Phantasien.

White war offensichtlich von Isaac Hayes beeinflußt, einem meisterhaften Songschreiber und Studiomusiker, der von seinem plötzlichen Erfolg mit *Hot Buttered Soul*, einer LP, die er 1969 für Stax aufnahm, überrascht wurde. Es war ein wahrer Aufbruch für die Soul-Musik, wie er zu jenem Zeitpunkt nur von einem Künstler in die Wege geleitet werden konnte, der mit der Studiotechnik umgehen konnte. Der lange Rap in seiner 18-Minuten-Version von „By The Time I Get To Phoenix“ hat hypnotische Qualitäten im Rahmen einer Story, die so breitwandig und üppig aufgebaut ist, wie man es sonst nur von weißen Produzenten wie Phil Spector oder Brian Wilson kennt. Auch später, mit Raps wie „Monologue: Ike's Rap 1" von dem Album *To Be Continued*, drang Ike Hayes immer tiefer in das Gebiet der bittersüßen, romantischen Tragödie ein und schuf sich ein ganz

Rap Royal:
Isaac Hayes und Millie Jackson

neues Publikum von weichherzigen Fans einer sinfonischen Soul-Musik.

Am längsten und dauerhaftesten hat Millie Jackson an der Gattung des Soul-Monologs gearbeitet. Bei ihr, die ebenfalls von der Kirche geprägt und mit einer kräftigen, ausdruckstarken Stimme gesegnet war, sah alles danach aus, als ob sie in die Fußstapfen von Carla Thomas und Aretha Franklin treten würde. Doch bei ihrer vierten Platte *Caught Up* versuchte sie es mit einer Schallplatten-Seifenoper, die so populär wurde, daß sie seitdem von der Mechanik dieser Gattung ihre Ideen bezieht. Der entscheidende Song auf *Caught Up* war ein langer Rap, der von der klassischen Soul-Ballade „(If Loving You Is Wrong) I Don't Want To Be Right" eingerahmt wurde, die vorher Luther Ingram aufgenommen hatte. Der Rap war eine Tour de Force, in der alle Für und Wider einer Affäre mit einem verheirateten Mann diskutiert wurden und auf der nächsten Nummer, „All I Want Is A Fighting Chance" stellt Millie die Ehefrau in dem kleinen Theaterstück, das noch bis auf die nächste Platte andauern sollte. Auf *Still Caught Up* kommt dann in fast jedem Track ein Rap vor und die Mini-Dramen gehen weiter: diesmal wird die ganze Dreiecksbeziehung ausgetragen, bis Millie schreiend in einer Zwangsjacke weggetragen werden muß.

Ein deutliches Zeichen in mehr als einem Sinn: denn obwohl sie zwischenzeitlich wieder konventionelleres (allerdings auch kraftloseres) Material aufnahm, blieben die Raps im Mittelpunkt ihrer Bühnenshow. Als sie nach und nach mehr Tabu-Themen aufgriff und darin die Führung von Laura Lees „Women's Love Rights" übernahm, wurden diese oft

formelhaft bis hin zur Selbstparodie. Wie Millie selbst sagt: die Raps wurden zu einer Falle, die das Gesangspotential ihrer Stimme verkümmern ließen.

Shirley Brown zog bei Dreiecksbeziehungen auch die Konfrontationstaktik vor: In „Woman to Woman" nimmt sie sich Barbara, die Freundin ihres Alten vor. Der äußerst gelungene „Telephone-Rap", einer der besten des Genres, wirft in einer großartigen Vorstellung die Frage auf, wer in einer Ehe wem gehört, der auch Richard „Dimples" Fields und Betty Wright in ihrem Streit „She's Got Papers On Me" und Barbara Mason in ihrem Antwort-Song „She's Got The Papers, But I've Got The Man" nachgehen. Betty Wrights Ausbruch in „She's Got Papers On Me", „Use my life up, use my body up" beweist, daß es Bereiche

Soul Brother Number One: James Brown and The Famous Flames

gibt, wo das gesprochene Wort etwas ausdrückt, das der Gesang nicht vermag.

Da der Soul-Rap aus den Gospel-getränkten Melodramen des Deep Soul herausgewachsen war, konnte die Disco-Musik ihm keinen geeigneten Nährboden bieten: zu schnelle Tempi und eine zu optimistische Atmosphäre. Lolleata Holloway ließ sich davon nicht beirren. Ihre Stimme war stark genug für schnelle Raps, etwa auf „All About The Paper" und bei ekstatischen Schrei-Nummern wie „Catch Me On The Rebound".

1983/84, als man sich wieder für traditionellen Soul zu interessieren begann, kamen auch die Raps wieder: bei Barbara Masons „Another Man" und der Antwort „Another Man Is Twice As Nice" von Tout Sweet, Fatbacks „Is This The Future", Cameos „She's Strange", Rich Casons „Street Symphony" und diversen anderen.

Die älteren Monologe waren von ihrer rhythmischen Seite her nicht immer im Einklang mit der darunterliegenden Musik, obwohl ihre Sprache viel rhythmisierter war als weiße Sprache. Die neueren Soul-Raps waren insofern HipHop-beeinflußt, weil sie sich immer auf den Beat der Drums bezogen. Einige der älteren Rapper zeigten, daß sie HipHop wahrgenommen haben und brachten einzelne Singles heraus, die sich wie Vorahnungen dessen, was noch kommen sollte, ausnahmen. Millie Jackson brachte eine peinliche Attacke gegen Rap, Wohlfahrtsschnorrer und weiße Frauen, die mit schwarzen Männern gehen, auf den Markt – man hätte sie besser im Archiv liegengelassen.

James Brown dagegen war mit einem großartigen Rap zur Stelle: „Rapp Payback (Where Iz Moses)" war ein willkommener Rückgriff auf Platten wie „Brother Rapp" und „I Don't Want Nobody To Give Me Nothing" und eine nachdrückliche Gedächtnishilfe. Obwohl er normale Sänger an die Wand singen konnte (wie er gelegentlich bewies, wenn er sich eines Songs wie „If I Ruled The World" annahm), spielten die meisten seiner Gesangsleistungen in einer einzigartigen Zone zwischen Sprache und Schrei. Seine Stellung als Sprecher eines schwarzen Bewußtseins und Minister des super-schweren Funk mag er in den 70ern teilweise eingebüßt haben, aber für die B-Boys war er noch immer Soul Brother Number One.

Vor dem „Roxy"

ROXY

6. Uptown Throwdown: der klassische Bronx-HipHop mit Herc, Bambaataa und Flash

Samstag nacht im Roxy, an der 18ten Straße West, fast am Hudson River. Trouble Funk, die schwerste der Heavy Funk'n'Rap-Bands aus der Washingtoner Go-Go-Szene, haben gerade einen Monster-Set abgeschlossen, der die ganze Skala moderner schwarzer Musik abdeckte. Jedes Stück war um die 30 Minuten lang und enthielt kaum merkliche Überleitungen von ihren eigenen Nummern „Pump Me Up", „Drop The Bomb" und „Trouble Funk Express" zu Zitaten aus „Alexanders Ragtime Band", „Atomic Dog", „Work That Sucker To Death", der Erkennungsmelodie der *Munsters*-Serie, Taana Gardners „Heartbeat" und Kraftwerks „Trans Europe Express", durchgehend unterlegt von dem steinharten Schlagzeugspiel von Mack Carey. Die Tanzenden werden richtig wild, als die Gruppe „Drop the bomb on the white boy too" singt, man bildet kleine Kreise und fordert sich gegenseitig mit neuen, eigenen Tanzkreationen heraus. Der letzte Ton verklingt und die Musiker marschieren von der Bühne. Afrika Bambaataa, die imponierende Erscheinung auf der DJ-Bühne, legt die Nadel ausgerechnet auf den Anfang von Michael Jacksons „P.Y.T.", dem süßesten und sanftesten Track von „Thriller".

Man kann Bambaataas Mimik für bösartig halten, wenn er sich an den Plattenspielern zu schaffen macht, aber eigentlich sieht er doch eher gemütlich aus. Ein voluminöser Mann, lässig in Sweatshirts und Trainingshose gekleidet, den man als häuslich beschreiben könnte, jedenfalls anders, als der Weltraum-Krieger, als den ihn seine Pressefotos verkaufen. Er ist bekannt für seine überraschenden Plattenzusammenstellungen und „P.Y.T." ist auf jeden Fall ein kleiner Schock für den Körper nach einem 90minütigen Trouble-Funk-Bombardement mit Comic-Strip- und elektronischen Bildern. Die Atmosphäre klärt sich auf und Bam teilt sich die Arbeit mit Soul Sonics Scratch-DJ, Jazzy Jay.

Zwei Tage später in Arthur Bakers neuem Studio, Shakedown Sound, erlebt

Trouble Funk, live im „Roxy"

Schocks und Überraschungen: DJs Jazzy Jay und Afrika Bambaataa

man ihn dann wieder ungewohnt vehement, weil sich Tom Silverman, der Chef von Tommy Boy Records weigert, Soul Sonic Force und Shango in dem Film *Beat Street*, der gerade in der Mache ist, auf der gleichen Bühne auftreten zu lassen. Seine eigentlich eher sanfte Art zu sprechen und die leichte Tolpatschigkeit täuschen über die Bedeutung hinweg, die er als Leitfigur für viele schwarze Jugendliche in der Bronx, als Pionier sowohl bei der Enstehung der Wurzeln wie beim späteren internationalen Erfolg von HipHop gehabt hat und hat. Seinen Namen hat er von einem Zulu-Häuptling des 19. Jahrhunderts und er bedeutet Häuptling Zuneigung. Es war ironischerweise ausgerechnet der britische Film *Zulu*, durch den er Anfang der 60er die Idee bekam, die Zulu Nation zu gründen, eine lose Vereinigung, die sich für Frieden und Überleben in der Bronx einsetzt und sich inzwischen auch auf andere Teile Amerikas ausgedehnt hat. Bambaataa erklärt die Grundzüge der Entwicklung:

»Ich bekam die Idee der Zulu Nation, als ich den Film *Zulu* mit Michael Caine sah. Er zeigte, wie die Zulus ihr Land verteidigten, als die Briten kamen, um es ihnen zu nehmen. Sie waren stolze Kämpfer, die sich sehr gut gegen Kugeln, Kanonen und das Zeugs zu behaupten wußten. Sie kämpften als Krieger für ein Land, das ihnen gehörte. Als die Briten glauben, sie hätten gewonnen, siehst du als nächstes einen Berg mit Tausenden von Zulus und da mußten die Briten denken, daß sie sterben werden. Aber die Zulus sangen, priesen sie als Krieger und ließen sie leben. Da dachte ich mir, ich wünschte, ich hätte auch eines Tages eine Zulu-Nation.

Die Jahre vergingen und während der ganzen Zeit, Bürgerechtsbewegung, Menschenrechtsbewegung, Vietnam-Krieg, die ganzen Veränderungen der 60er, die die ganze Welt ergriffen und der ganze Folk und Rock, vergaß ich nie diese Idee, daß ich gerne eine solche Gruppe hätte.«

Bambaataa war Mitglied der Black Spades gewesen, der größten schwarzen Gang in New York. Obwohl er einräumt, daß die Gang-Ära hart war, blickt er sehr bestimmt auf die positiven Seiten zurück:

»Für mich hatten die Gangs etwas Erzieherisches. Ich lernte etwas über die

Straße. Die Black Spades hatten eine Einigkeit, die ich nirgendwo anders finden konnte. Ich war in vielen Gangs, aber nur die Black Spades hatten diese Einigkeit untereinander. Die Gang war wie eine Familie. Du lernst, wie du dich in den Straßen von New York zu bewegen hast. Wenn es keine Jobs für Jugendliche gab, nichts lief in den Community Centres, unternahmen die Gangs etwas. Wenn die Gangs, entschuldige den Ausdruck, die Kacke zum Dampfen brachten, kam die Regierung erst auf die Idee, einen vorbeizuschicken, der mit dir redet, oder Geld auszugeben, um die Gangs zu beruhigen. Amerika ist auf Gewalt aufgebaut und Amerika hört nur hin, wenn jemand mit Gewalt antwortet.«

Wenn er die Gang-Kriege herunterspielt, ist das für Bambaataa auch eine Antwort auf die von ihm wahrgenommene Lust der Medien auf Negatives und Sensationsjournalismus. Doch abgesehen davon haben die Gangs ihre Rivalitäten zwischen 68 und 73 tatsächlich auf ein bedrohliches Niveau hochgeschaukelt. Und nur wegen der gegen sie selbst gerichteten Destruktivität konnte es dazu kommen, daß sie seit 74 an Bedeutung verloren haben. Bambaataa erklärt das mit dem Druck von der Stadt, Drogen und der Reaktion der Frauen auf die Kämpfe der Männer.

In seiner klassischen Untersuchung einer schwarzen Gang aus Chicago während der 60er, der Vice Lord Nation, dokumentiert R.Lincoln Keiser den sozialen Wandel, der aus einer sozialen Gruppe eine Gang und später, unter dem Einfluß des schwarzen Nationalismus, eine Community-Gruppe machte.

»Die Gruppe war nun legal konstituiert und hatte beträchtliche Gelder aus Regierungsquellen erhalten, um Selbsthilfe-Projekte in die Wege zu leiten. Die Gruppe hatte ein Restaurant eingerichtet, das sich Teen Town nannte, einen Arbeitsvermittlungsdienst organisiert und ein Erholungszentrum namens House Of Lords eröffnet. Sie hatten Abkommen sowohl mit den Cobras wie mit den Roman Saints abgeschlossen und alle drei Clubs hatten an Community-Hilfsprojekten mitgearbeitet. The Vice Lords waren besonders stark an Black Pride und Black Consciousness Programmen interessiert. Ein Stab von Weißen und Schwarzen arbeitete im Vice Lord Büro, um bei juristischen Problemen zu helfen, die die Mitglieder der Lawndale Community betrafen.«

Für Außenstehende mögen die Gangs wie ein einziger chaotischer Haufen gewirkt haben, aber jede Gang hatte ihre eigenen Struktur, Arbeitsmethoden und anerkannte Führer. Bambaataa schloß sich einer Untergruppe der Black Spades an, die in der Siedlung am Bronx River Project 1969 gegründet worden war. Wegen des Einflusses seiner Mutter war Musik sein zentrales Interesse, aber er kümmert sich auch um die Politik in der Black Community:

»In den 60ern, während meiner Jugend, nahm ich eine Menge Dinge wahr, die in der ganzen Welt geschahen. Was mich zunächst begeisterte war James Brown, als er mit dem Satz auftrat „Say It Loud, I'm Black and I'm Proud". Da haben wir den Schritt vom Neger zum Schwarzen gemacht. Neger waren für uns

Leute, die erst zu einem Bewußtsein von sich selbst heranwachsen mußten. Es gab schließlich kein Land, das Negerland heißt. In Amerika weiß jeder, der hierher kommt, woher er kommt. Wenn man Italiener war, nannte man sich Italian American, aber die Schwarzen wußten nicht, welchen Weg sie gehen. Schwarz hieß böse, halt die andere Backe hin, glaube alles, was die Bibel sagt. Die Bibel widerspricht sich selbst. Martin Luther King war angesagt, weil er für die Bürgerrechte kämpfte, aber Malcolm X war ein bißchen aggressiver. Ich war mehr auf der Linie von Malcolm X. Ich respektiere Martin Luther King für das, was er tat. Die 60er waren eine wunderschöne Zeit, denn man konnte Veränderungen erleben – nicht nur in Amerika, sondern in der ganzen Welt. Ich hab das alles betrachtet und dann später, als die Gangs verschwanden, beschloß ich mich der Nation Of Islam anzuschließen. Das hat mich sehr verändert. Es brachte mich dazu, die Leute zu respektieren, selbst wenn sie uns nicht mochten, weil wie Moslems sind. Die Nation Of Islam tut Dinge, die Amerika schon seit einer ganzen Weile versucht: Leute von der Straße holen, Junkies und Prostituierte von der Straße holen und ihnen helfen, clean zu werden, sie zu rehabilitieren, also genau das, was das Gefängnissystem nicht kann.«

Bambaataas Traum von einer eigenen Zulu-Nation mußte warten, bis die Gang-Szene abgedankt hatte. Noch in der High School gründete er eine Gruppe, die sich The Organisation nannte und zwei Jahre bestand. Als sich die Enstehung von HipHop abzeichnete, änderte er den Namen in Zulu-Nation:

»Es gab fünf Mitglieder und wir nannte sie die Zulu-Könige. Das waren Break-

Mr.Biggs, Rapper in der Soul Sonic Force

dancer. Sie brachten das Talent aus High Schools und Clubs in die Öffentlichkeit, gewannen Pokale, so daß mehr Leute mitmachen wollten. Als wir immer öfter an anderen Orten auftraten, wollten sich uns immer mehr Leute anschließen, so wurde es immer größer. Schließlich erstreckte sich die Organisation von der Bronx über Manhattan, Yonkers, Upstate New York bis nach Connecticut. Wenn jemand in einen anderen Staat zog, gründete er dort eine neue Zulu-Nation, nach ihren eigenen Prinzipien.«

Mr. Biggs, einer der Rapper der Soul Sonic Force – die Gruppe, die gemeinsam mit Bambaataa den großen Hit „Planet Rock“ hatte – über seine Anfänge im HipHop:

»Ich habe schon gerappt, bevor es die Zulu-Nation gab, ungefähr 74 habe ich angefangen – mit Bambaataa und einem Typ namens Cowboy (nicht der, der bei Grandmaster Flash dabei ist) und einem Mädchen namens Queen Kenya. Bam hatte zum High School Abschluß ein DJ Set geschenkt bekommen und fing an, Platten aufzulegen. Irgendwann hab ich mir das Mikro gegriffen und nur zum Spaß gerapt. Ich habe seitdem immer weiter gerapt.«

In diesen frühen Tagen war jeder DJ zunächst nur lokal bekannt und wurde von Fans aus seiner Gegend unterstützt. Nur wenige konnten in den großen Clubs arbeiten, also trat man bei Block-Parties und in Schulen auf, oder im Sommer im Park. Bei einer Party im Park mußte man entweder versuchen, sein Soundsystem an einer Straßenlaterne anzuschließen oder man ging zum nächstgelegenen Haus, schloß es da an und bezahlte den Bewohner. Dann konnte die Party losgehen, bis die Polizei sie auflöste. DJs wie Kool Dee, Flowers, Pete DJ Jones, Maboya und Smokey waren damals zwar alle populär, aber für viele Partybesucher stand ein Jamaikaner namens Kool DJ Herc im Mittelpunkt des Interesses.

Ursprünglich versuchte es Herc mit seinen Reggae-Platten, aber als die das Eis nicht brachen, wechselte er zu Funk mit einem Latin-Anstrich, und zwar, indem er immer nur die Bruchstücke spielte die populär waren und den Rest wegließ. Am populärsten war in der Regel der Percussion-Break. Mit Bambaataas Worten: „Sagen wir, er nahm die Musik von Mandrill, ihr 'Fencewalk', gewisse Disco-Platten, die einen Percussionbreak hatten wie The Incredible Bongo Band, als sie einen Hit mit 'Apache' hatten. Und er ließ diesen Beat weiterlaufen. Das war der Teil des Songs, auf den jeder wartete und sie ließen sich vor Freude gehen und wurden wild. Und dann kam plötzlich doch der Sänger und du wurdest völlig wahnsinnig.“

Ein Conga- oder Bongo-Solo, ein Timbales-Break oder einfach nur ein Schlagzeuger, der den Beat durchtrommelt – so etwas konnte man isolieren, wenn man zwei Exemplare einer Platte auf zwei Plattenspielern verwendete und die betreffende Stelle auf dem einen spielt, während man auf dem anderen die Platte zurückdreht, so daß man da weitermachen kann, wenn der Break auf der ersten vorbei ist. Die Musik, die so entstand nannte man Beats oder Breakbeats.

Break-Beat-Musik und die HipHop-Kultur enstanden zum selben Zeitpunkt, als es auch mit Disco losging (1974 noch als „Party Music"). Auch Disco war eine Erfindung von DJs, wenn auch eher von Club-DJs als von mobilen Party-Auflegern. Platten von Barry White, Eddie Kendricks und anderen wurden Tanz-Hits in New Yorker Clubs wie „Tamberlane" und „Sanctuary" und dann von Frankie Crocker auf WBLS ins Radio gebracht. Es gab einige Parallelen zwischen der Technik von Kool DJ Herc und einem Disco-DJ der ersten Stunde wie Francis Grasso. Beide mischten ähnliche Ingredienzien und schätzten Überlagerungen von Schlagzeugbeats, von Rock, Funk und afrikanischen Platten. Für den weniger kreativen Disco-DJ war es dagegen das Ideal, langsam und sanft von einem Stück ins nächste zu überblenden. Sie schufen lieber einen Kontext für die Breaks, als sie in den Vordergrund zu stellen. Die Disco-Platten, die aus diesem Einfluß enstanden, hatten in der Regel lange Intros, hymnenhafte Refrains und lange Daddel-Passagen, die langsam eine Spannung aufbauten, die dann der Break befreite. Der Breakbeat nahm einfach nur die Kirsche von der Torte, aß sie und schmiß den Rest weg. Grandmaster Flash:

»Disco war brandneu damals und ein paar der DJs hatten riesenhafte Soundsystems, aber sie hätten nie diese Musik gespielt, bei der höchstens zwei Minuten von einem Song von Bedeutung sind. Solche Platten hätten sie sich gar nicht erst gekauft. Ihre Art zu Mixen war ein langsames Überblenden von der einen Platte zur nächsten. Oder sie warteten einfach, bis die Platte zuende war, um dann die Nadel auf eine andere Platte zu legen.«

Flash wurde weltberühmt durch Sugarhill-Produkte wie „The Message", aber Herc verschwand von der Bildfläche trotz seiner Erfindungen im Mischen und in Rappen. Ein Grund soll eine Auseinandersetzung im Executive Playhouse gewesen sein, in die er sich eingemischt hatte und niedergestochen wurde, aber Flash sagt auch, Herc habe als Mixer seine Grenzen gehabt.

»Herc machte Fehler. Bei all der gewaltigen Power, die er hatte, war er nicht gerade der großartigste Mixer. Er spielte kleine Breaks, aber es klang ziemlich schludrig. Ich stellte einmal fest, daß er mit einem GLI 3800 arbeitete. Das war damals ein ziemlich verbreitetes Mischpult, heute eine Seltenheit. Aber das war eines der besten Geräte, die GLI je gebaut hat. Er hat bloß nie die Vorhör-Möglichkeit genutzt. Da war das Loch für den Kopfhörer, aber so weit ich mich erinnere, hat er nie einen Kopfhörer aufgehabt. Dann plötzlich hatte er doch welche, aber ich glaube, er hatte sich so daran gewöhnt, die richtige Stelle mit den Augen zu finden, daß er mit der Vorhör-Technik nie so recht klar kam (obwohl sie natürlich viel saubere Resultate ermöglicht).«

Hercs Soundsystem war so mächtig, daß niemand sich mit ihm messen wollte, wenn er eine Block-Party veranstaltete. Er hat sogar gelegentlich Flash öffentlich bloßgestellt und die Überlegenheit seiner Anlage gegenüber Flashs selbstgebastel-

Flash to the Beat: Grandmaster Flash legt in der Danceteria auf, daneben Kevin

ten Gerätschaften ausgespielt. Grandmaster Flashs Eintritt in die Welt des Mixens wurde zum einen von seinem Interesse für die Plattensammlung seines Vaters, zum anderen durch den Wunsch seiner Mutter, er möge Elektrotechnik lernen, begünstigt:

»Mein Vater war ein Plattensammler. Ich glaube, was mich dazu gebracht hat, etwas mit Platten zu tun haben zu wollen, war, daß ich immer ausgeschimpft wurde, wenn ich seine Platten angefaßt habe. Als wir in dieser Stadt, nördlich von der Bronx, namens Throgs Neck, wohnten, hatte er ein kleines Kämmerchen. Und in diesem Kämmerchen hatte er die Klassiker, also Benny Goodman, Artie Shaw und alles, was zu der Zeit populär war. Er machte zwar immer die Tür zu, aber manchmal vergaß er, abzuschließen. Zu meiner Mutter sagte er immer: „Laß Joseph bloß nicht da rein und die Platten anfassen!“ Aber immer, wenn meine Mutter mir ihren Rücken zukehrte oder in der Küche beschäftigt war, schlich ich mich auf Zehenspitzen in das Kämmerchen und schloß die Tür hinter mir. Dann machte ich die Anlage an. Die Anlage hatte ein kleines rotes Lämpchen, wenn sie angeschaltet war. Das kleine rote Lämpchen hatte es mir angetan. Jedesmal, wenn sie mich erwischten, wurde ich ausgeschimpft oder geschlagen. Aber glaubst du, mir wäre das eine Lehre gewesen? Keineswegs!

Ich war dann in der Grier School, Hope Farm, im Norden von New York. Meine Mutter war krank und währenddessen mußte ich da wohnen. Die Schule fragte die Eltern, was ihr Kind werden sollte und meine Mutter suchte für mich Elektrotechnik aus, weil ich immer an den Sachen rumfummelte oder sie auseinandernahm und wiederzusammensetzte.

Nach der Grier School schickte mich meine Mutter in die Samuel Gompers Berufsschule in der Bronx, Ecke 147ste und Southern Boulevard. Daher hatte ich die Tricks, wie man mit HiFi-Geräten, Fernsehern und so weiter umgeht und da entwickelte ich auch meine Vorliebe für *Sound*. Wir wuchsen in unterprivilegierten Verhältnissen heran, also hatten wir auch kein Geld für ein vernünftiges Sound System für mich und mein Zimmer. Ich hatte kaputte oder halbkaputte Sachen, die ich reparierte, so gut ich konnte.«

Flash war einer der ersten, der auf Hercs Breakbeat-Musik reagierte, die in weniger als einem Jahr zur dominierenden Musik in der Bronx geworden war. Am Anfang legte er Platten auf kleinen Parties auf. In der Fox Street, der Hoe Avenue und der Faile Street waren ein paar leerstehende Wohnungen. Die Musik kam von Jimmy Castor, Barry White, James Brown, Sly & The Family Stone und der Jackson Five. Während seine Popularität zunahm, wurden ihm die Schwierigkeiten bewußt, die er beim Synchronisieren der Beats von zwei Plattenspielern hatte:

»Ich war noch in der Experimentierphase, ich wollte herausfinden, wie man die Beats zusammenschließt. Ich mußte den anderen Plattenspieler vorhören, bevor ich ihn laut rübermischte. Da traf ich Pete DJ Jones. Ein großer Kerl, sechs Fuß und ein paar Zerquetschte. Er legte zwar im Sitzen auf, aber seine Knie waren riesig. Ich dachte mir, wie schafft er das, so exakt die Platten ineianderzublenden, ohne auch nur einen Beat zu verfehlen? Schließlich nahm ich mir ein Herz und fragte ihn, ob ich mal auf seinem Soundsystem spielen dürfte. Er sagte gleich zweimal Nein. Später hörte er von mir und daß ich für die Kids Platten auflege und er erlaubte mir, sein System zu benutzen. Er erklärte mir das Gerät und zu meiner Überraschung, hey!, konnte man den anderen Plattenspieler vorhören, bevor man ihn laut spielte.

Mir war sofort klar, wie das ging, denn ich hatte ja die Elektrofachschule besucht. Innerhalb der Einheit mußte es einen Pol geben, mit einem Schalter, der drei Stellungen haben konnte. War er in der Mitte war es aus, war er links hörte man den linken Plattenspieler, war er rechts, hörte man den rechten. Ich brauchte nur zum Einzelteile-Händler zu gehen, um einen solchen Schalter zu finden, dann brauchte ich noch etwas Kleber, um das Ganze an meinem Mischpult zu befestigen, einen zusätzlichen Verstärker und Kopfhörer. Ich machte einen Freudensprung, ich wußte: ich hab's, ich hab's, ich hab's!

Jetzt konnte ich überblenden. Ich konnte es, sobald ich Pete's Gerät benutzen durfte. Es ergab sich wie von selbst. Ich wollte kurze Passagen von Schallplatten nehmen und sie erstmal nur in der selben Geschwindigkeit laufen lassen, keine Tricks, nur den beat halten. Sehr kurze Stücke, vielleicht 40 Sekunden, und dann einen Beat vielleicht 5 Minuten halten, je nachdem wie populär die jeweilige Platte war.

Danach brachte ich mir das *punch phasing* bei: Man nehme einen Teil einer Platte, etwa eine Gesangs-, Bläser- oder Schlagzeugstelle, blende die kurz ein und nehme sie wieder weg. Wenn eine Platte eine Bläserstelle direkt vorm Break hat, nahm ich sie – BAM, BAM, BAM-BAM – und versuchte das vor dem Publikum.

Zuerst verstanden sie das zwar nicht, aber dann wurde es was. Nachdem ich Erfolg damit hatte,wollte ich mehr Erfolg und an vielen Orten, wo sie schon von mir gehört hatten, fragte ich, ob ich auflegen könnte. Einige Clubs, in die ich ging, sogar „Disco Fever" meinten:"Du nicht, ich habe gehört, du zerkratzt anderer Leute Platten. Außerdem sollst du ein ziemlich wildes Publikum haben. Hier spielst du nicht."

Ein Scratch ist nicht schwierig, aber das Zurückdrehen, das du vorher in deinem Ohr hörst, bevor du es laut spielst: du mußt mathematisch genau wissen, wie oft du die Platte hin und herdrehst und festhälst, drehst und festhältst, bevor du sie loslaufen läßt. Zum Beispiel, wenn bestimmte Sachen, die Platte, die du gerade laufen läßt, steigern. Also, wenn eine Schlagzeugpassage läuft, könnten Bläser passen, also nimmst du eine Platte mit Bläsern und blendest sie hier und dort ein.«

Vieles an der Macht und Aura der Disc Jockey hängt von ihrer Fähigkeit ab, seltene, unbekannte Platten zu finden, die einem Publikum gefallen. Das konnten Raritäten sein, Testpressungen mit einem weißen Label ohne Informationen, Vorabveröffentlichungen für Presse oder Radio, die nicht auf den Markt gekommen sind, unveröffentlichte Bänder oder Pressvorlagen oder einfach gute Songs, die bei ihrer Veröffentlichung

durchs Sieb gefallen sind. Hinzu kommt die Schwierigkeit, Songs zu identifizieren, wenn sie zu Teilen von Collagen werden, wie bei den B-Boy-DJs, so daß die Disc Jockeys in der Bronx irgendwann den Ruf eines „Meister der Schallplatten", eines Archivars seltsamer und überraschender Sounds hatten. Ihre Geheimnistuerei steigerte sich in das Baden von Schallplatten, bis das Label abgeht, damit keiner weiß, was es ist oder dem Überkleben durch neue, erfundene Etiketten. Die ursprünglich eifersüchtig bewachten Listen der DJs, die nach 1984 so nach und nach an die Öffentlichkeit kamen, sind eine bizarre Lektüre. Bambaataa war einer der wildesten:

»In der Bronx interessierte sich kein Mensch mehr für Radio-Musik. Wir hatten eine Anti-Disco-Bewegung, es gab ja auch haufenweise New Waver und andere Leute, die meinten „Disco Sucks!" So war auch HipHop gegen Disco, zumindest die Sorte Disco, die man im Radio hören konnte. Alle wollten den Funk-Stil, den Kool DJ Herc spielte. Ich war ja nun immer schon ein Plattensammler und als ich diesen DJ hörte, sagte ich mir, „ich habe auch solche Platten" und wühlte in meiner Sammlung.

Als ich dann auf der Szene war, flocht ich ein paar andere Platten ein und galt bald als ein Master Of Records. Ich habe alles gespielt, das verrückteste Zeug, und dann auf einer Party. Man hielt mich für völlig durchgedreht. Wenn alle ausflippten, spielte ich kurz eine Werbemeldodie, um sie etwas zu beruhigen. Oder den „Pink Panther", denn sie hielten sich alle für so cool wie den Pink Panther. Oder ich spielte „Honky Tonk Woman" von den Rolling Stones und ließ einfach den Beat weiterlaufen. Oder ich spielte Metal-Sachen wie Grand Funk Railroad, „Inside Looking Out", das ist nur Baß und Schlagzeug ... rrrrrrmmmmmmmmmmmmm ... und alle knallen durch.

Ich hatte Spaß daran, Leute hochzunehmen, die Sachen verkündeten wie „Ich mag keinen Rock. Ich mag keinen Latin." Dann habe ich Mick Jagger gespielt: die Schwarzen und die Hispanics schmiß es buchstäblich um, sie tanzten wie verrückt. Ich: „Ich dachte du magst keinen Rock" Sie:"Laß mich zufrieden!" Ich:"Du tanzt gerade zu den Rolling Stones." „Machst du Witze?"

Ich spielte den Anfang von „Sergeant Pepper's Lonely Hearts Club Band", nur den Schlagzeug-Teil: Eins, zwei, drei BAM. Sie schrien und tanzten. Ich spiele die Monkees, „Mary, Mary", nur den Teil, wo sie singen:"Mary, where are you going?". Sie tanzen wie wahnsinnig. Ich sage:"Du hast gerade zu den Monkees getanzt." Sie:"Du lügst, ich tanze nicht zu den Monkees". Ich liebe es, Leute zu irritieren, die Musik kategorisieren.«

Wenn man sich die Platten anhört, die in den Anfangstagen des HipHop wichtig waren (und wichtig geblieben sind), wird es leichter zu verstehen, wie sich die bekanntesten Elemente der B-Boy-Kultur – Rappen, Scratchen, Rhythmusmaschinen – entwickeln konnten. Ein B-Boy-Klassiker wie „Get Up, Get Into It, Get Involved" von James Brown aus dem Jahre 1970 ist eine schnelle Frage und Antwort-Nummer mit Brown und Bobby Byrd. Für die meisten Weißen war das so ziemlich die sinnloseste Platte, die Brown je gemacht hat, für die jungen Schwarzen, vor allem, wenn sie in Gegenden wie Harlem oder der Bronx lebten, hat jeder Satz eine Botschaft.

Diese Platte besteht aus einem einzigen, scharfen, kreissägeartigen Gitarren-Riff und einem Baßgerumpel, das ziemlich nach vorne gemischt ist, während der Schlagzeuger locker Funk spielt, mit einem geöffneten Hi-Hat-Becken, das auf jedem vierten Beat abgewürgt wird. Es gibt keine *Bridge*. Die einzige Veränderung in der Struktur kommt nach ungefähr der Hälfte des Songs, wenn James schreit: „Fellers, I want you to hit me." Die Band schreit zurück: „Yeah" und die Bläser schlagen zu: „Hit me" ... BAM ... „Alright, hit me" ... BAM ... „Hey" ... BAM.

Der Effekt ähnelt dem des *punch phrasin*, wenn Bläser kurz in Schlagzeug-Tracks überblendet werden, wie man es auf Bootlegs von B-Boy-Parties hören kann. Dem Break folgt dann bei Brown ein gequältes Gitarren-Solo und am Ende schreit Brown, prophetischerweise: „You can be like a tape deck, you know ... they can plug you in ... say what they want you to say ... don't let 'em do it" Der letzte Satz wird viermal wiederholt und Bobby Byrd antwortet mit einem NO, das zum Widerstand um des Überlebens Willen aufruft.

Der größte Teile des Textes, Sätze wie „Get an education" und „Do it one time ... get right" werden zur Musik geschrien oder gerappt, während sich Browns Stimme gegen Ende zu einem Kreischen steigert. Die Botschaft des Liedes, das junge Schwarze anfeuert, nicht ihr Leben zu verschwenden oder sich von anderen manipulieren zu lassen, stand in einer Reihe von Schallplatten, die dazu aufforderten, die Schule abzuschließen, keine harten Drogen zu nehmen und stolz auf seine Hautfarbe zu sein.

Die anderen wichtigen Break-Beat-Platten hatten alle einige oder alle Elemente damit gemeinsam: ein funky Beat, eine positive Botschaft, ein Schlagzeug-Break und ein wenig Rock-Gitarre: Jimmy Castors „It's Just Begun", Rufus Thomas' „Do The Funky Penguin" und „The Breakdown", Baby Huey And The Babysitters' „Listen To Me", The Isley Brothers' „Get Into Something" und Dyke and the Blazers' „Let a Woman Be a Woman – Let a Man Be a Man". Zu den Schallplatten mit Schlagzeug-Breaks, die man benutzen konnte, um neue Stücke zu basteln, zählten unter anderen: „Johnny The Fox Meets Jimmy the Weed" von Thin Lizzy (als Bootleg-Mix auf Dirt Bag Records wiederveröffentlicht als „Johnny the Fox" von Skinny Lizzy), „The Big Beat" vom Heavy Metal-Gitarristen Billy Squire (das es ebenfalls als Bootleg gibt und zwar nur mit den ersten Takten des Songs) und „Scorpio" von dem weißen Studio-Gitarristen Dennis Coffey. „Scorpio", das mindestens den Namen für den 82er Elektro-Track von Grandmaster Flash And The Furious Five anregte, konnte man auch auf einer von Paul Winleys *Super Disco Brakes*-Anthologien bekommen. Die erste Folge von *Super Disco Brakes* enthält auch New Birth's eigenartige Fusion von Psychedelic und Sly Stone, „Gotta Get a Knutt", die man auch auf einem Bootleg namens *Live Convention '82 (Volume Two)* hören kann, aufgenommen im T-Connection.

Live Connection '82 (Disco Wax Records) beginnt mit einem Auszug aus

„Academy Awards“, ein Stück von Masterfleets 73er LP *High On The Seas* mit „Enterprise“-Schauspielerin Nichelle Nichols.

Nach ein paar Bruchstücken aus dem Baßlauf von Chics „Good Times“, etwas Sly Stone, „Gangster Boogie“ und einer Aufzählung von Gast-DJs und -MCs „in the house“, folgt ein 5 Minuten und 27 Sekunden langer Rap über die ersten sechs Takte (13 Sekunden) von Rufus Thomas' „Do The Funky Penguin“, zusammengemischt von Grand Wizard Theodore:

»It's like a one for the treble and two for the bass
Theodore – let's dog the place
You don't stop, you don't stop, that body rock
Just clap your hands, it's the sure shot sound
Brace yourself – for the one that goes down
Got a little news that you all can tell
Theodore – he got the clientele
All night, y'all, if it's allright
All night, y'all, if it's allright
Porto Rico, Porto Rico
Make money, make money, make money into the Patty Duke
Throw your hands in the air
Wave 'em like you just don't care
Getting down with these sure-shot sounds your body say oh yeah
Yeah, a little louder, little louder
You don't stop, you don't, you won't don't don't
You won't don't don't, you don't don't stop the body rock
Because the people in the back – you ain't the wack
But – don't stop the body rock
The people in the middle, let me see you wiggle
(but don't stop that body rock)
The people on the side – let's ride
(but don't stop that body rock)
The girls in the rear, you come up here
(but don't you stop that body rock)
You lady in the blue I'm talking to you
(but don't stop that body rock)
Young lady in the brown, you know you're down
(don't stop that body rock)
Young lady in the green, you're looking real clean
(don't you stop that body rock)
Young lady in the black, you ain't the wack
(you ain't thinking 'bout stopping that body rock)
Young lady in the white, she'll bite all night
(but don't you stop that body rock)
Young lady in the yellow got a faggot for a fellow
(but don't you stop that body rock)
'Cos the body rock is sho nuff the shot
(But you won't stop, you don't stop)
Ain't thinking 'bout stopping that body rock
Punk rock, rock the house
Patty Duke, y'all get cute y'all
Patty Duke, y'all get cute y'all
Gonna tell you little something, I'm one of a kind
But now I'm gonna rock the Zodiac signs
Pisces – rock the house
Aquarius – rock the house
And gemini – said get on high
Scorpio you're the go
Pisces – the higher degree
Just the beat beat beat, the beat beat the beat
Patty Dukeing to the Rhythm, get up out your seat

B-Boy-Fäuste im „Roxy"

Young ladies – are you with me?
Young ladies – are you with me?
Young ladies in the house say OWW
Say OWW – to the beat , y'all
You don't quit, you don't quit
You don't you don't quit quit
The sure-shot shit
It's like superstition with a bag of tricks
I say this is the way we harmonise
This is the way we turn it up
This is the way we turn it up

[Hier ist einer für die Höhen, einer für den Bass
Theodore – wir räumen diesen Platz
Nicht aufhören, nicht aufhören mit dem Körperkontakt
Klatscht in die Hände, klatscht im Takt
Stärkt euch; denn das wird hart
Hier ist was Neues, das ihr schon wißt
Theodore – der macht keinen Mist
Die ganze Nacht nicht, für euch alle, wenn's gut ist
Die ganze Nacht ja, für euch alle, wenn's gut ist
Porto Rico, Porto Rico
Geldmachen, Geldmachen, Geldmachen
wir tanzen den Patty Duke
Schmeißt die Arme nach oben
als hättet ihr sonst keine Sorgen
Und ab geht's mit den todsicheren Sounds
Der Körper sagt: Oh ja!
Ja! Ein bißchen lauter, lauter
Nicht aufhören, nicht aufhören, ihr werdet doch nicht, nicht, nicht
Ihr werdet doch nicht, nicht, nicht, nicht, nicht aufhören
Ihr Leute da hinten, wir legen keine Finten,
aber nicht aufhören, nicht aufhören
Ihr Leute in der Mitte, bewegt euch bitte,
(aber nicht aufhören, nicht aufhören)

Ihr Leute auf den Flügeln, werdet nicht müde
(aber nicht aufhören, nicht aufhören)
Ihr Mädchen da im Eck, rührt euch vom Fleck!
(aber nicht aufhören, nicht aufhören)
Die Dame in Blau, ich meine Sie, liebe Frau!
(aber nicht aufhören, nicht aufhören)
Die Dame in Braun, wollen wir Scheiße bauen?
(aber nicht aufhören, nicht aufhören)
Die Dame in Grün, ihr Kleid ist kühn
(nicht aufhören, bloß nicht aufhören)
Die Dame im Nerz, faß Dir ein Herz
(nicht aufhören, nicht einmal dran denken aufzuhören)
Die Dame in Weiß, die macht mich heiß
(aber nicht aufhören, nicht aufhören mit dem Körperkontakt)
Die Dame in Gelb, ihr Freund macht es sich selbst
(aber nicht aufhören, nicht aufhören)
Wenn der Körper rockt, das ist der wahre Takt
(und nicht aufhören)
Kein Gedanke, irgendwann damit aufzuhören
Punk Rock erschüttert die Hütte
Patty Duke, ihr seid alle so süß
Patty Duke, ihr seid alle so süß
Ich sage euch was, es gibt nicht viele meinesgleichen
Aber jetzt rocke ich durch die Tierkreiszeichen
Fische – Eine Sause im Hause
Wassermann – Erschütter die Hütte
Zwillinge – gut dem Dinge!
Skorpion – du weißt es schon
Fische – Tanz auf dem Tische
Und nur der Beatbeatbeat, der Beatbeat, der Beat
Pattydukeen im Rhythmus, wo jeder mit muß
Und die jungen Damen, seid ihr bei mir
Junge Damen – seid ihr bei mir?
Die jungen Damen im Hause sagen: „AUU"
Sag AUUU – zum beat, ihr alle
Nicht schlapp machen, nicht schlapp machen
Nicht nicht schlapp schlapp machen
Was für ein geiler Scheiß
Wie Zauberei und eine Tüte voller Tricks
So arbeiten wir zusammen, schief geht nix
So machen wir euch fertig und feuern euch an
So machen wir euch fertig und feuern euch an]

Und der Beat geht weiter. Raps wie diese mit ihren Liebeserklärungen an die Damen in Blau, Rot etc. erinnern an alle möglichen Epochen schwarzer Tanzmusik: Country Blues und Jug Bands, Piano Blues wie „Pinetop's Boogie Woogie", Shouter wie Big Joe Turner, den elektrische Blues von John Lee Hooker und Junior Wells, Rock'n'Roll von Larry Williams und Little Richard – keine große Lyrik, aber die richtigen Reime zum Tanzen.

Wie nun langsam klar sein sollte, sind die Wurzeln des HipHop vielfältig, aber für die Puristen ist entscheidend, daß wiederum Kool DJ Herc es war, der als erster im Bronx-Stil rappte. Bambaataa erinnert sich:

»Viele behaupten das zwar von sich, wie Cheeba oder DJ Hollywood – der Disco-DJ, der da draußen war –, aber ich fordere alle diese Leute auf, sich zu fragen, wann sie was taten und wann wir es schon auf der Straße gemacht haben. Diese Leute haben ein bißchen gerapt wie Frankie Crocker oder ein bißchen im Gesprächsstil oder Radio-Stil zur Musik gesprochen. Aber Herc hatte die ganzen Idiome drauf, die damals neu auf den Straßen und in den High Schools waren wie „Rock on my mellow" oder „to the beat y'all", „you don't stop" und erweiterte das.«

Bambaataa sieht eine Verbindung zwischen Hercs jamaikanischer Herkunft und seinem Rap-Stil: „Er wußte, daß nicht viele der amerikanischen Schwarzen sich mit der Musik seiner Heimat, dem Reggae, würden anfreunden können. Also machte er dasselbe, was sie dort machen – Toasten – und verband es mit amerikanischer Musik: Latin oder Musik mit Beats."

Rapper wie Mr.Biggs neigen eher dazu, Eddie Cheeba und DJ Hollywood die Rechte für die allgemeine Entwicklung des Rap zuzusprechen, auch wenn sie mehr vom Radio als vom Schulhof kamen. DJ Hollywood rappte zwischen zwei Auftritten im Apollo. Kurtis Blow, dessen Rap-Stil näher an einem sanfteren, kombinierten MC/DJ-Typ dran ist, nennt auch Hollywood als den Rap-Erfinder, auch wenn der Hollywood-Reim, den er als Beweis aus der Erinnerung zitiert, Wort für Wort identisch ist mit Isaac Hayes' „Good Love 6-9969" von seiner 75er LP *Use Me*. Ikes Karriere mochte damals schon am Verblassen gewesen sein, auf den Straßen war sein Einfluß offensichtlich immer noch groß.

Flash nennt auch Hollywood: „Er war der größte Solo-Rapper, den es je gab. Der Junge konnte ein Publikum anfeuern. So wie er reimte, hätte ich erwartet, daß er ganz nach oben kommt. Er hatte die Chance, bevor wir sie hatten." Hollywood arbeitete auch im „Club 371" und sein Stil mochte den älteren Fans ebenso gefallen wie den B-Boys.

Lil Rodney Cee von Double Trouble ruft die prägenden Jahre der MCs, die mittleren 70er, in Erinnerung:

»So wie Rap heute ist, war das damals nicht. Damals waren das nur kleine Idiome, Phrasen. Der MC sagte Sachen wie „To The Eastside, make money. To the Westside, make money“ oder „To the rock, rock, rock, to the rock ‚rock, rock“. 77/78 war ich bei den Magnificent Seven. Wir traten auf der Straße auf. Rap gab es damals nur auf der Straße. Damals geschah alles auf einmal. B-Boy-Mode, Rappen, und DJs kamen zur gleichen Zeit auf. All das war wettbewerbsorientiert.

Alle Gruppen befanden sich untereinander in einem Wettstreit. Wenn wir im Winter auftraten mieteten wir uns kleine Clubs, Diskotheken, Jugendzentren. Wir nahmen nur wenig Eintritt und die Leute kamen. So war das im Winter. Das Geld, das wir dabei verdienten, steckten wir in unser Sound-System für den Sommer. Das war die Grundlage jeder Rap-Gruppe und ihr Sprungbrett in die Rap-Industrie.

Damals gab es auch keine Gruppen. Es gab Solo-MCs und die hatten ihren DJ. Eigentlich gab es immer nur einen DJ und einen MC. Sie traten einfach auf und den Leuten gefiel es. Je mehr sie machten, desto einheitlicher wurde es. Wir sagten uns: wir brauchen mehr MCs auf der Bühne.«

Zusammen mit seinem Partner bei Double Trouble, KK Rockwell, war Rodney bei einer der allerersten Rap-Gruppen, der Funky Four Plus One More. Er erinnert sich, wie die Rap-Stile aufkamen und an die Konkurrenzsituation.

»Der erste MC, an den ich mich erinnern kann, war Cowboy von Grandmaster Flash And The Furious Five. Er war der erste MC, der über den DJ redete. Er redete für Flash und erzählte, wie großartig Flash ist, „the pulsating, inflating, disco shaking, heartbreaking, the man on the turntable“ [der pulsierende, entflammende, die Disco erschütternde, herzensbrechende Mann am Plattenspieler]. Das war es. Und um Spaß zu haben, beschäftigte man sich ..., also: alle kamen aus verschiedenen Gegenden, um die Musik zu hören. Und alle waren mit dem beschäftigt, worauf sie gerade standen, also Graffiti, Tanzen, B-Boy-Stil. Ja auch die B-Boys waren ständig in einem Wettkampf.

Zum Beispiel: Eine Gruppe von Uptown tritt gegen jemanden von Downtown an. Das ging so: die eine Gruppe tritt an uns heran und sagt: „Wir vier sind besser als ihr vier.“ Und wir nahmen die Herausforderung an. Man suchte sich einen aus und tanzte gegen ihn. Wir machen einen Schritt und sie machen einen Schritt und das Publikum ist begeistert. Das war der Wettbewerbsgeist, das war, bevor es Platten gab und bevor es Geld zu verdienen gab, das kam von Herzen.«

Grandmaster Flash and the Furious Five verkörpern den Schritt vom Underground zum Overground. In rotem Leder gekleidet (im Stile alter DC-Comics) und mit einem Paket Lucky Spike Kaugummi beschäftigt, wird Flash nostalgisch, wenn

Double Trouble in der Danceteria

er von der guten alten Zeit redet. Fünf Jahre nach den ersten Rap-Platten und zehn Jahre, seit von HipHop überhaupt die Rede sein kann, sind die meisten Gruppen und Solisten damit beschäftigt, sich zu sammeln, um die zweite Phase im Musikgeschäft zu bestreiten. Viele mit der ernüchternden Einsicht, daß Show Business auch gar kein Business heißen kann. Als 17jähriger hat man in der Regel nicht die besten Finanz- und Rechtsberater. Flash ist sich darüber im Klaren, daß Pioniere wie DJ Hollywood oder Busy Bee Starski nicht die Gelegenheiten hatten, die andere minder begabte Rapper hatten. Und er ist deprimiert über Veränderungen, die ein wenig den Schwung aus der ganzen Szene genommen haben. Seine Karriere spiegelt diesen Prozess wieder:

»Ich mußte mir beweisen, daß ich eine Menge in Bewegung bringen kann. Statt sie bezahlen zu lassen, versuchte ich es umsonst und ging in Parks, wie St.Marys, 23 Park, 63 Park und trat auf und führte diese neue Sachen vor, wie *Scratching* oder *Phasing*, mal sehen, ob es ihnen gefällt. Nun, es gefiel ihnen. ich wußte nicht, daß mich währenddessen immer ein paar Leute beobachtet hatten, ältere Männer, die mir dann Vorschläge machten wie:“Flash, laß es uns doch mal drinnen versuchen, für nen Dollar oder zwei und sehen, ob das auch funktioniert.“

Bei meinen Fähigkeiten als DJ passierte es nun immer häufiger, daß gerade dann, wenn ich richtig in Fahrt gekommen war, die Leute nicht mehr tanzten, sondern sich um mich scharten und mir zusahen, als wärs ein Seminar. Das war exakt das, was ich nicht wollte. Wir waren schließlich nicht in der Schule, wir wollten doch unseren Arsch bewegen. Da wurde mir klar, daß ich Vocals brauche. Es gab einige MCs, wie wir sie nannten, bevor die Industrie sie Rapper nannte, die sich bewarben, mit mir zu rappen und der erste, der den Test bestand, war Keith Wiggins, besser bekannt als Cowboy.

Er hatte einen autoritären Stil. Ich brauchte einen MC, der das Scratchen ergänzen konnte. Er mußte in der Lage sein, auf das ganze obskure Zeug, das ich so trieb, einzugehen. Ich mache das alles, aber ich mache es präzise und im Takt, also muß er ein gutes Ohr dafür haben. Selbst heute noch passiert es, daß ich in einem Club arbeite und solange ich es laufen lasse, sind sie gut, aber wenn ich im Takt aufhöre, verlieren sie den Faden. Einige kommen einfach nicht mit, wenn man im Takt die Musik rein und rausmischt. Cowboy war brillant in diesen Dingen. Und was dieses „Ho!“, „Clap your hands to the beat“ und „Say oh yeah“ betrifft, muß man ihn schon als einen der Erfinder ansehen.

Dann hatte ich Melvin Glover, der einen fast pedantischen, akademischen Stil hatte und Danny, der von heute bis in alle Ewigkeit Reime aufsagen kann. Er war einer, von denen, die einfach nur ihren Mund aufzumachen brauchen, aber er konnte auch auf obskureres Scratchen eingehen. Da waren wir also Grandmaster Flash and the Three MCs. Das ging ziemlich gut. Nun war ich bereit, nach drinnen zu gehen.

Wir versuchten es zuerst in einem Club namens Back Door an der 169sten Straße, Ecke Boston Road, für einen Dollar. Die Party ging von zehn Uhr nachts bis 7 Uhr morgens. Als wir in der Back Door auftraten, hatten wir enthusiastische Fans. Das ging so weit, daß sich manche unerlaubt von zuhause wegstahlen. Ich versuchte einen Kontakt zu meinen engsten Fans und ihren Eltern herzustellen, einigen gab ich das Taxigeld nach der Show, damit sie nach Hause fahren konnten. Ich saß manchmal mit einigen Müttern zusammen und die beklagten sich: „Flash, sie wollen nicht in die Schule, sie wollen nicht in die Kirche, aber kaum erfahren sie, daß du im Back Door auftrittst: sofort ziehen sie sich fein an und sind garantiert da."

Das war wie ein Omen: wenn du bei einer Flash-Party fehlst, hast du wirklich was verpaßt. Du warst ein Stubenhocker: du mußtest da sein, sogar gegen das Verbot deiner Mutter und deines Vaters. Nach einer gewissen Zeit wurden dann Crews gebildet. So vor sieben, acht Jahren wurden wirklich Crews geschaffen. The Malachi Crew zum Beispiel. Ach, es gab so viele.«

Flashs Ober-Fan und Berater Kevin kann sich gut an diese Crews erinnern: „Die Casanovas, die Potheads, die Cheeba Crew – jeder Block hatte seine Crew." Er erinnert sich auch an ein paar der wilderen Plattenspieler-Kunststückchen jener Zeit.

»Einmal machte er etwas, was mich umwarf. Ich war ja nun wirklich ein hingebungsvoller Fan. Ich gehörte nicht zur Crew, heute ja, aber damals nicht. Das war in der Roosevelt High School oder am Bronx River, eines von beiden. Er und Mike und Disco B traten als das Terrible Trio auf. Flash warf eine Platte an und ging aus dem Weg, dann kam Disco B und machte dasselbe und dann Mike. Dann hatten sie noch eine andere Spezialität: sie kamen aus dem Nichts, aus irgendeiner Ecke, wo man sie nicht sehen konnte. Und es war immer wieder ein anderer DJ, der dieselbe Passage von „Good Times" anwarf: „Good times ... good times ... good times" Am wahnsinnigsten war es an der Roosevelt Schule. Was der Kerl da angestellt hat, unglaublich: er kippte um, fiel nach hinten. Ich denke noch, der knallt auf seinen Arsch. Und was war los? Er hat seinen Schuh weggekickt und damit den Fader umgestellt, absolut im Takt. Das Publikum ist durchgedreht.«

Wenn man mit so einem DJ-Stil von nonkommerziellen Viertel- und Jugendfesten in richtige Clubs überwechselt, egal wie klein der Club ist, wird es unvermeidlich, daß die Fangemeinde wächst. Flash über die Nächte im Back Door:

»Ein großer Erfolg, aber ein verdammt kleiner Ort. Wir machten gegen 11 auf und und mußten gegen 12 schon wieder schließen, weil es voll war. Deswegen mußte ich eine Dramaturgie haben. So von elf bis halb eins spielte ich coole Hustle-Musik für ruhige Leute, die sophisticated B-Boys, die den Hustle tanzen wollten oder einfach richtig tanzen. Aber dann, ab 1 bis halb 3, hieß es: greif dir deinen Partner, denn jetzt spiele ich die heißeste Scheiße, die ich in der Kiste habe. Mein Assistent sucht das wirklich mächtige Zeug aus den Plattenkisten und reicht es mir und ich stelle es zusammen, jeweils nach den Beats-per-Minute-Werten, und sag immer nur: Gib rüber, Mann, gib's mir rüber. Und wenn ich mit diesem Zeug

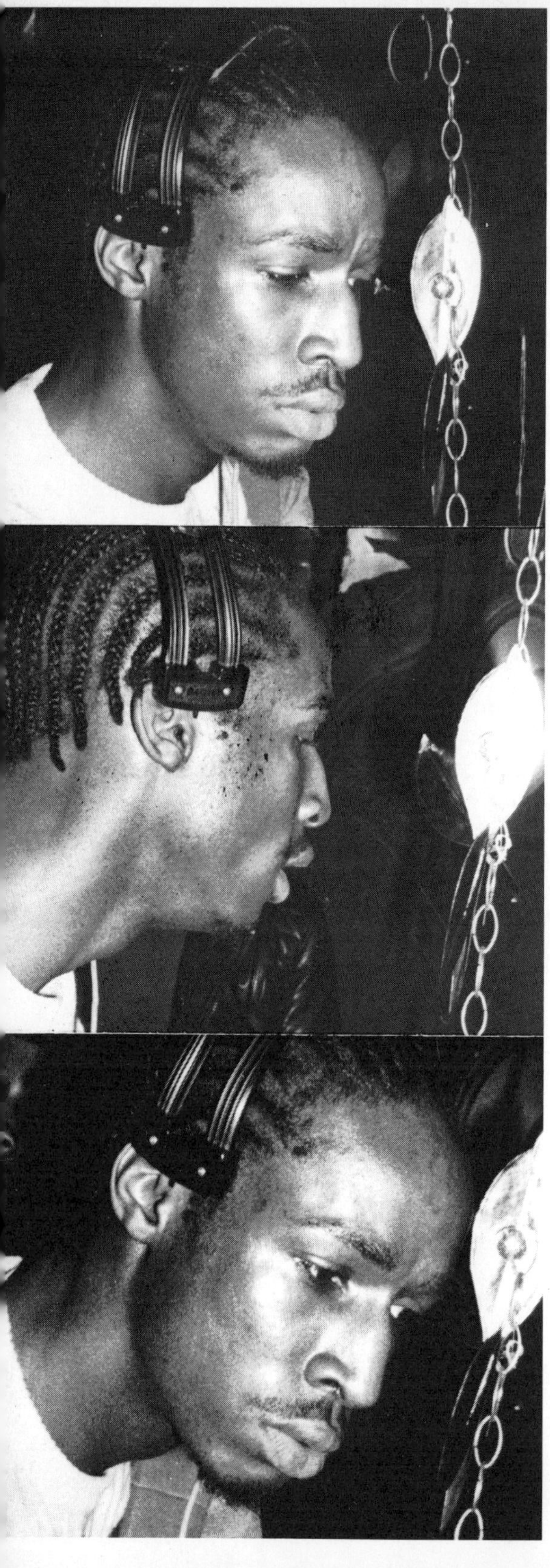

anfing, dann waren die Leute nicht mehr zu halten. The Incredible Bongo Band, „Bongo Rock", „Johnny The Fox", „The Bells", Bob James, „Mardi Gras". Und während ich zusah, wie sie sich amüsieren, fühlte ich mich selbst wie „pop pop pop pop popopop u u u u". Ich hab das Zeug in Achtel-, Sechzehntelnoten gehackt, ich habe mich manchmal über mich selbst gewundert.

Bob James lief auf 102 beats-per-minute und mein Spektrum lag zwischen 102 und 118 beats-per-minute, also Bob James, James Brown, Donald Byrd, Roy Ayers bis zu John Davis and the Monster Orchestra mit „I Can't Stop" und das war ultimativ, wenn du verstehst. Ich ließ es dann noch laufen, aber ich gönnte mir eine kleine Pause, weil ich ja nun schon 50 Minuten oder so in dieser unbequemen Bückstellung verweilen mußte. Ich legte dann also „Dance to the Drummer's beat" auf, ein ziemlich langer Break, etwa vier Minuten, laß es ne Weile laufen und geh dann zu ein paar langsameren Jams über, den wirklichen Oldies. Wenn du schwitzt und etwas müde bist, weiß du das zu schätzen: „Oh, er geht etwas mit dem Tempo runter." The Delfonics, The Moments, The Five Stairsteps – das wirklich langsame, veraltete Zeug, die echten Liebeslieder. Ich hatte das alles in meinen Kisten. Ich hatte an die 45 Kisten hinter mir.«

Flash und Kevin versetzen sich in die Zeit zurück, indem sie den Refrain von „For The Love I Gave To You" von den

Grandmaster Flash im Broadway International: Ich hab's, ich hab's, ich hab's

Delfonics singen und sich erinnern, wie Flash dieselbe Zeile immer wieder und wieder reingemixt hat, so daß die Engtänzer für eineinhalb Minuten auf der selben Stelle blieben. Schließlich kamen einfach zuviele Leute ins Back Door:

»Wir mußten mit dem ganzen Unternehmen einen Block weiter südlich ziehen, zur Freeman Street. Da gab es einen Laden, der hieß The Dixie Club, das wurde unser neues Zuhause. Das Publikum wurde immer größer. All die High School Schüler, die von mir gehört hatten und schlecht von mir sprachen, kamen vorbei und auf den Geschmack. Sie haben's wirklich genossen. Wir haben ihnen wirklich was geboten. Dann gingen die zu ihrer Schule und wollten Flash. Nach einer Weile traten wir also in all diesen Schulen auf, Roosevelt, Taft, Monroe, Bronx River. Das waren nicht mehr unbedingt Parties, das war eher kommerziell: wir wurden richtiggehend engagiert, gegen Gage. Mittlerweile hatten wir uns ein ziemlich schönes Sound System zusammengestellt.

Eineinhalb bis zwei Jahre später hatte es sich eingebürgert, daß der Höhepunkt der Karriere eines DJs und seiner Gruppe das Audubon sei, danach kam dann nur noch das Platten aufnehmen. Wer einmal da gespielt hat, ist in allen fünf Boroughs von New York bekannt. Das Audubon faßte ungefähr 3000 Leute, das heißt, du mußtest wirklich von überall her Leute bekommen. Ziemlich seltsam. Die Leute, die mit mir zusammen arbeiteten, meinten eines Tages;“Flash wir haben in allen Schulen gespielt, wir wachsen aus dem Dixie Club raus, wir sind zu groß für die meisten Turnhallen. Ich will, daß du

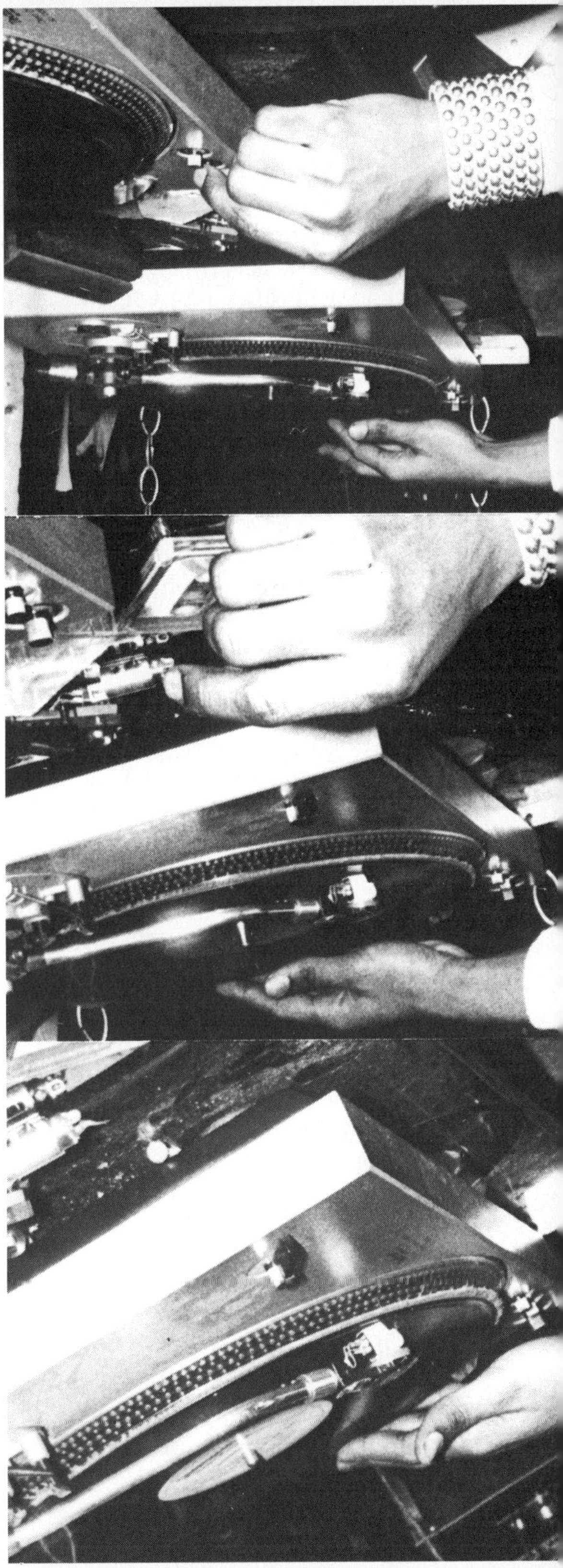

in diesem Laden auftrittst, ich habe schon mal alles durchgerechnet und werde es für den nächsten Monat ansetzen." Er zeigt mir das Gebäude. Es ist eineinhalb Blocks lang. Ich sage: „Bitte, nicht diesen Schritt!" Er: „Flash, es gibt keinen anderen Ort mehr für dich. Alles, was kleiner ist als dies, wäre ein Schritt zurück. Ich brauche nur einen Monat, um es bekannt zu machen." Am nächsten Tag habe ich mir den Schuppen nochmal alleine angesehen, vier, fünf Tage lang, immer wieder. Und denke mir: „Ich bin noch nicht so weit, das ist mir zu groß." Auf dem Feuerwehr-Schild steht: „3000 Leute, keiner mehr." Ich denke nur: „Ich kann froh sein, wenn ich 400 hier reinkriege, wer redet von 3000!"

Schließlich war es so weit. Nachdem ich einen Monat lang angekündigt worden bin, hätte eigentlich jeder, der sich dafür interessiert, von dieser großen Sache wissen müssen. Also schleppe ich mein Soundsystem da rein. Es ist zwar nicht stark genug, um den ganzen Laden zu erreichen, aber ich baue sehr hoch auf. Als Strategie: wenn man es hochbaut, wird der Sound zwar nicht stärker, aber wenigstens kann man was hören. Am Abend zuvor hatte ich mir eine Technik ausgedacht, zu cutten, ohne vorher den Anfang festzulegen. Ich führte das Georgie George und Melvin vor. Und Melvin, heute Melle Mel, denkt sich sofort etwas dazu aus. Ich sage noch: „Halt, ich bin noch nicht so richtig gut darin", aber das war schon zu spät. Ich wollte mich noch drücken.

Also das Audubon. Einlaß ist um Elf. 200 oder 300 Leute sind da. Ich verschwinde wieder, weil mir das peinlich ist. Ich komme gegen halb eins zurück und der Laden ist voll, gerammelt voll! Ich sage nur: „Oh, Scheiße" Kool DJ AJ spielte gerade. Er heizte das Volk an. Alle waren da, die Gangster, die Motorradfreaks, die jungen Typen. Ich ging nach unten und sah mir die Schlange an: bis um die nächste Ecke. Das ging ja verdammt gut ab.

Wir traten auf. Melvin sagt: „Mach die Musik aus" und stellt mich vor: „Der größte DJ der Welt: Grandmaster Flash!" Alle dachten, ich würde ein normales Programm bringen. Stattdessen machte ich Sachen, wie mit dem Rücken zum Plattenspieler auflegen. Das Publikum schrie. Ich sage mir: „Ich werde nicht nervös werden, wenn ich jetzt meine Gefühle an mich ranlasse, springt das verdammte Ding aus der Rille". Ich versuche ruhig zu bleiben. Schließlich mußte ich mein neues Ding vorführen, also den Tonarm nehmen und auf die richtige Rille legen, ohne Vorhören und Suchen. Und das im Takt. Ich nahm einen Beat, ließ den Arm runter, zählte, blind: BAM-BAM-ich blieb im Takt. Das machte ich ungefähr zehn Mal. Das Publikum kriegt sich nicht mehr ein. Der Fußboden drohte zusammenzubrechen. Habe ich mich nach dieser Nacht gut gefühlt! Das war der zweite September 1976.

Ich hätte das gern nochmal gemacht. Zwei Monate später versuchten wir es. Aber nach einer Weile kamen immer öfter andere B-Boy-Gruppen und schlugen den Platz in Klump, rissen Fenster raus, bis die Medien und die Bullen anfingen, schlecht über den Ort zu reden. „Diese Kerle, die sich B-Boys nennen und diesen Laden mieten, bringen ein ganz schlimmes Publikum mit. Leute werden angeschossen und die Fenster

rausgerissen." Also stand das Audubon nicht mehr zur Verfügung. Damit gab es keinen großen Laden mehr, in dem wir hätten auftreten können.

Wir sind immer nur alleine, mit einem weiteren DJ aufgetreten. Die anderen Gruppen trauten sich das oft nicht und sind mit sechs oder sieben Gruppen aufgetreten. Das war zu verwirrend. Dieser DJ brauchte zulange zum Aufbauen und bei jenem war das Sound-System kaputt. Aber da unten sind ein Haufen Leute, die unterhalten werden wollen. Also kommt es zu Schießereien und diesem und jenem. Als wir dann das dritte Mal da auftraten, war unser Publikum schon etwas verängstigt. Dann sind wir in Schulen gegangen und ältere Gebäude wie den Savoy Manor Ballroom oder den Renaissance Ballroom, die ganzen gediegenen Clubs. Drei Jahre lang lief alles ganz toll, bis du plötzlich im Radio hörst: „To the hip hop, hippedy hop, you don't stop" Ich denke: „Moment mal, du kennst doch verdammt nochmal jeden zwischen hier, Queens und Long Island, der sowas macht. Wieso kenne ich diese Leute nicht, diese Sugarhill wer? Die Sugarhill Gang. Sie kennen mich nicht und ich kenne sie nicht, wer sind diese Leute?"

Die haben also eine Platte, die im Radio läuft und das hat mir wirklich zugesetzt, weil ich dachte, wir hätten doch die ersten sein müssen, die sowas machen. jemand ist uns zuvorgekommen. Jede Nacht hörte ich diese blöde Platte im Radio, auf 92KTU, 98, BLS, auf den Rock-Sendern. Sie hat mich bis in meine Träume verfolgt.«

7. Raptivity in captivity – Rap auf Schallplatten

Bis 1979 waren die einzigen Dokumente des Bronx-HipHop Cassetten gewesen. Entweder handelte es sich um heimliche Aufnahmen irgendwelcher Möchtegern-Bootlegger oder um solche, die von den Gruppen selbst gemacht wurden, um ihre Musik bekannt zu machen und sie an Freunde, Taxifahrer oder Kids mit großen Ghetto-Blastern weiterzugeben. Manche, wie Flash, haben ihre Bänder auch verkauft, in seinem Falle für einen Dollar pro Minute.

Der Mangel an Kontakten zur Plattenindustrie in der Bronx, das jugendliche Alter der Beteiligten und schließlich der radikale Primitivismus der Musik gestatteten eine relativ ungestörte Entwicklung, ja eine Insel der Entwicklung und des Erfindungsreichtums, umgeben von einem Meer des Kommerz. Obwohl HipHop eine idealistische Bewegung war, ging es ihr hauptsächlich um Selbstbestimmung, was eine realistische und positive Haltung war, im Vergleich zu den Versprechungen eines besseren Lebens, eines Nachobenkommens, die Disco aussprach. HipHop war rauh und seine Umgebung und Herkunft wurde von jedem als hart empfunden, auch wenn das nicht immer zutraf. Die jungen MCs, die von teuren Klamotten, Champagner, Autos und Wohnungen rappten, lebten mit der denkbar geringsten Hoffnung, irgendetwas davon je zu bekommen; für eine Band wie Chic dagegen, deren Name, Image und Themenkreis ausschließlich davon zu handeln schien, daß eine gut betuchte Partygesellschaft ihren Spaß hatte, war diese Phantasie auf materieller Ebene fast wahr geworden. Chic verdienten tatsächlich einen Haufen Geld und auch wenn sie selbst ihre meiste Zeit mit harter Arbeit im Studio verbrachten, wurden ihre Fans doch beeinflußt von dem irren Optimismus und Schwung, den ihre Tanzmusik zum Ausdruck brachte. Manche von ihnen hatten vielleicht sogar ein Auto, um von der Disco nach Hause zu fahren.

Eine der letzten großen Platten der Disco-Epoche (eine Epoche, die in mancher Hinsicht von einem Marketingkonzept ebenso bestimmt war wie von einer musikalischen Form) war „Good Times" von Chic, laut Cashbox, die zwölftbestverkaufte Single des Jahres 1979. Der logisch naheliegende Schluß, daß, wenn dies die guten Zeiten sind, die schlechten direkt vor uns liegen, war zutreffend. Die Platte hatte viel von dieser Sonnenuntergangsstimmung.

Ein im Studio neu aufgenommenes Remake von dem „Good-Times"-Riff bildete die Grundlage für die Platte, die Grandmaster Flash bis in seine Träume verfolgte. „Rappers Delight" von der Sugarhill Gang war die erste Veröffentlichung eines neuen Labels namens Sugarhill, das von der West Street in Englewood, New Jersey, aus operierte. Angeblich wurde es von dem legendären Morris Levy von Roulette Records finanziert, der einen Drittel der Anteile gehalten haben soll, aber auf jedem Fall war es eine weitere Firma in der Gruppe, die Sylvia Robinson gemeinsam mit ihrem Ehemann Joe Robinson Sr. betrieb. Die Co-Eignerin und Gallionsfigur des Unternehmens, Sylvia, hatte selber schon Platten aufgenommen. Als sie noch Sylvia Vanderpool hieß, sang sie als Little Sylvia für Savoy, kurz nachdem Little Esther das Label verlassen und 1951 zu Federal gegangen war. Als sie bei Mickey Baker (heute bekannt als Autor eines Jazz-Gitarren-Lehrbuchs) Gitarrenstunden nahm, kam sie darauf, mit ihm als Duo aufzutreten, das dann Mickey & Sylvia hieß. Nach zwei Jahren und fünf Veröffentlichungen schafften sie es mit „Love Is Strange", einer Platte mit einem gewissen Bo Diddley-Feeling, einer auffälligen Gitarrenstruktur und einem kleinen Rap in der Mitte. Mickey & Sylvia machten weiter bis in die 60er, konnten aber ihren Erfolg nicht wiederholen. Mickey arbeitete in Frankreich als Jazz- und Blues-Gitarrist, während Sylvia sich als Unternehmerin versuchte, zunächst mit dem Blue Morocco Club an der Boston Road, im Morrisania-Teil der Bronx. 1968 gründete sie eine Reihe von Plattenfirmen, All Platinum, Turbo, Stang und Vibration und kaufte sich später noch den Chess-Katalog dazu, sehr zum Verdruß einiger der bekannteren Chess-Künstler wie Muddy Waters.

Unter den auf All Platinum oder seinen Unterlabels veröffentlichten Platten gibt es eine auffällig große Menge an Gesangsexzentrikern: die zitternde Stimme von George Kerr, das gepreßte Falsett von Donnie Elbert, die Deep-Soul-Hysterien der großen (und leider vielzu früh verstorbenen) Linda Jones, die wahrlich bizarre Shirley Goodman

Brachten Flash um den Schlaf: Sugarhill Gang

King Tim III – der erste Rapper auf Platte

(eine Hälfte des Shirley-And-Linda-Duos) und nicht zuletzt die halb gehauchten, halb gerappten Verführungsversuche von Sylvia selbst, auf „Pillow Talk" und „Lay It On Me". All Platinum brachte auch eine Menge Monologe von Leuten wie Dave „Baby" Cortez und Enoch Gregory heraus und hatte sogar Platz für eine Gruppe im Stil der Last Poets namens The Universal Messengers, deren Platten auf Turbo erschienen. Vielleicht war es diese Offenheit in Bezug auf Gesangstechniken und -stile, die Sylvia ein Ohr für Rap (wie man MCing seit „Rapper's Delight" nannte) haben ließ. Auch die anderen Geschäftspraktiken bei All Platinum, die Billigstproduktionen (der ultimative Sexismus von „Girls" von Moments And Whatnauts mit seinem billigen, aber wirkungsvollen eisigen Streichersynthesizer), die Angewohnheit, Backing Tracks oder alberne Instrumentals als B-Seiten anzubieten (drehte man „Girls" um, bekam man „More Girls", eine Version ohne Worte: keine ganz schlechte Idee bei diesem Text), Cover-Versionen von Disco-Hits (Brother to Brothers Version von Gil Scott Herons „In The Bottle", die danach „Every Nigger Is A Star" coverten), wurden für die Rap-Mode alle wiederbelebt. Es gab sogar eine Gesangsgruppe namens The Ponderosa Twins Plus One, deren damals ungebräuchliches „Plus One" die Funky Four Plus One More um ein paar Jahre vorwegnahm.

Es gibt einige Geschichten, wie Sylvia mit Rap in Verbindung gekommen ist. Die romantischste erzählt, daß sie zur Geburtstagsparty einer Nichte ins Harlem World gefahren ist und direkt danach die Gruppe unter Vertrag genommen hat, die dort rappte, diese dann in Sugarhill Gang umbenannte, in Erinnerung an ihre Wurzeln auf der anderen Seite des Hudson in Sugar Hill. Double Trouble haben, wie es sich bei ihrem Namen gehört, eine ausführlichere Geschichte anzubieten, die der Wahrheit vermutlich näher kommt. Lil Rodney Cee erzählt:

»Rap kam über die vielen kursierenden Cassetten auch zu Leuten in New Jersey, die Verwandte in New York hatten. Die hörten Rap-Tapes und nahmen sie mit rüber nach Jersey. So hat auch Frau Robinson mitbekommen, was los war. Ihre Kinder liebten Rap, sie hatten alle Tapes und kannten uns, The Funky Four und Grandmaster Flash. Sie wußten, was in New York los war. Sie sagte sich: „Hey, wenn meine Kinder das mögen, mögen es alle Kinder in der ganzen Welt." So kam sie darauf, Platten zu machen.

Wie sie auf die Gang kam ist eine andere Geschichte. Hank war Türsteher in einem Club, wo wir aufgetreten sind. Er stand an der Tür und wer Ärger machte, den schmiß er raus, das war sein Job. Aber wie er so an der Tür steht, kriegt er natürlich auch mit, was so läuft: er lernte rappen. Er arbeitete in einer Pizzeria in Jersey. Frau Robinson kommt in die Pizzeria und er rappte gerade vor sich hin, anderer Leute Reime. Sie fragt: „Willst du ne Platte machen?" Er: „Warum nicht?"

Mike war ein Freund ihres ältesten Sohnes, sie gingen zusammen zur Schule. Mike war in einer anderen Band, die sich in Jersey gefunden hatte. Master G war auch schon in einer Gruppe. In der Zeit, als Mike ein Freund ihres Sohnes war, sagte er: „Mami, ich habe einen Freund, der rappen kann.“ Und brachte Mike mit nach Hause. Und sie hört ihn rappen und fragt:“Willst Du ne Platte machen?“ Er sagt: „Ja!“ Guy hört in Jersey auf der Straße, daß Frau Robinson eine Rap-Platte machen will und denkt, daß er rappen kann und nimmt Kontakt auf. Er rappt ihr was vor und sie sagt:“Los, wir gehen ins Studio!“ Sie bleiben drei Tage im Studio, benutzen die Chic-Platte und kommen mit „Rapper's Delight“ raus.«

KK Rockwell weiß auch noch, wie er reagierte, als er die Platte das erste Mal hörte:“Ich ging gerade unsere Straße entlang, als ich's aus dem Plattenladen hörte. Ich dachte, das wär ein Tape. Dann erfuhr ich, daß es eine Schallplatte war und konnte es echt nicht fassen. Was ist nur aus dieser Welt geworden, dachte ich. Wir hatten auch daran gedacht, 'ne Platte zu machen, aber wir hatten keine Beziehungen.“ Finanziell war der Start von Sugarhill ausgesprochen vielversprechend verlaufen. „Rapper's Delight“ erreichte Platz 36 in den US-Charts, wurde ein großer internationaler Hit und schließlich die bestverkaufte Maxi-Single aller Zeiten. Joey Robinson Jr. (Sylvias Sohn, der auch für das Label arbeitete und den Fanclub seiner Mutter leitete) wird im „Rap Music Special“ des *Right On Focus*-Magazins im Winter 83 mit den Worten zitiert:“Wenn man mit etwas als erster auf dem Markt ist, sind die Leute wie wild, wenn sie's mögen. Wir kamen mit der Nachfrage gar nicht mehr mit. Die Platte verkaufte 50.000 bis 60.000 Stück täglich. Noch heute verkaufen wir „Rapper's Delight“, auch wenn es jetzt nur noch 100 oder 200 pro Monat sind, wir verkaufen sie noch immer und keine kommt zurück.“

Musikalisch war die Platte allerdings weniger aufregend. In den frühen Tagen der Maxi-Single pflegte man die verfügbare Zeit voll zu nutzen. Zehn Minuten Lolleata Holloway, Melba Moore oder Bettye LaVette – das waren emotionale Wechselbäder höchster Intensität. 14 Minuten und 10 Sekunden Non-Stop-Reime der Sugarhill Gang erinnnerte eher an den Landfunk oder die Börsenkurse. Ihre Texte waren geklaut, von Bands wie den Cold Crush Brothers, auch wenn das damals keiner wußte. Sie verhielten sich zum Bronx-HipHop wie The Police sich zu den Sex Pistols verhielt, nur daß die Bronx-Originale noch keinen Malcolm McLaren hatten, der ihnen mit einem Haufen kontroverser Taktiken hätte helfen können.

Obwohl Joey Robinson Jr. recht hat, wenn er bemerkt, daß der Erfolg der

Double Trouble

Platte damit zu erklären ist, daß man zeitlich die Nase vorn hatte, war „Rapper's Delight" dennoch nicht die erste Rap-Platte. Etwas früher, ebenfalls 1979, brachte die Fatback Band die Single „You're My Candy Sweet" auf Spring Records heraus. Die B-Seite hatten sie einem Rap gewidmet, namens „King Tim III (Personality Jock)". Die meisten New Yorker Plattenläden zogen diese B-Seite der eher lahmen A-Seite vor und der Disco-Sender WKTU schloß sich an. Sowohl die Single wie das dazugehörige Album waren Überraschungserfolge.

Wie „Rapper's Delight" profitierte auch dieser Song von seinem Neuheitenwert für das große Publikum, auch wenn die MCs von Uptown auf die Platte herabsahen. Fatback kamen aus Brooklyn (noch ein Grund, warum die Bronx-MCs sie nicht mochten) und ihr Überraschungsrap griff auf jenen brillanten, minimalistischen Funk- und Soul-Bruder-Rap zurück, den man auf Früh-70er-Platten wie „New York Style" oder „Wicki Wacky" findet. 1979 war eigentlich ihr Stern schon im Sinken – jeder Erfolg mit Straßenmusik bringt früher oder später Probleme mit sich – und die LP, auf der „King Tim III" drauf ist, ist halbherzig und dünnblütig. Egal ob sie bewußt oder unbewußt auf Ideensuche waren, als Fatback DJ Hollywood zwischen zwei Auftritten rappen hörten, waren sie Feuer und Flamme. Lil Rodney Cee erinnert sich an King Tim III als Conferencier von Fatback: „Ladeeeeez and Gennelmun ... THE FATBACK BAAAAAAAND", in anderen Geschichten heißt es, sie hätten versucht, ihn ausfindig zu machen, nachdem sie seinen Rap über Roy Ayers „Running Away" gehört hatten. Ihr Rap und „Running Away" haben einige Gemeinsamkeiten: gleiches Tempo, einen Mitsing-Refrain und eine Baßfigur mit einem melodischen Motiv in den jeweils ersten drei Beats jedes Takts. Zufall?

King Tims Beitrag war eine gespreizte Mischung aus MCing der alten Schule, Radio Rapping und ein paar B-Boy-Phrasen. Was er auch immer an verborgenen Talent zu bieten hatte, es wurde jedenfalls nicht klar. Nach einer Solo-Platte im folgenden Jahr und einer weiteren Zusamenarbeit mit Fatback, „Charley Says! (Roller Boogie Baby)" verschwand er von der Bildfläche. „Charley Says" war besser als sein Vorgänger, aber 1980 waren die Schleusentore schon weit offen und die Konkurrenz stark.

Die Energie der Bronx-Szene hatte sich auf andere Teile New Yorks ausgeweitet. Allerdings war der Erfolg von Sylvias erstem Schritt nötig, um andere Produzenten darauf aufmerksam zu machen, daß etwas los war. Bobby Robinson von Enjoy bedauert seine eigene Kurzsichtigkeit:

»Das gab es nun seit 76. Und ich wußte davon. Diese Kids mit ihren Riesenlautsprechern waren ja nicht zu überhören. Eine Sache, die die Kinder auf der Straße machen und über die jeder lacht. Vielleicht habe ich es auch nicht ernst genommen, weil ich damals gerade nicht als Produzent aktiv war. Auf jeden Fall hätte ich der erste sein müssen, der mit einer Platte rauskommt. Und meine gute Freundin Sylvia Robinson von Sugarhill kam plötzlich mit dieser ersten und gigantischen Platte raus und sie hatte absolut keine Ahnung gehabt von der ganzen Sache bis sie eines samstags was gehört hat und begeistert war. Ich arbeitete gerade mit verschiedenen Künstlern und war am Komponieren und Zusammenstellen verschiedener Sachen. Dann sah ich den Erfolg der Sugarhill Gang und wie verrückt die Leute danach waren und beschloß, daß ich nicht warten kann, bis ich mit allem anderen so weit bin: ich muß auf diesen Rap-Zug springen.«

Bobby Robinsons Sprung war insofern von Bedeutung als er einer der wichtigsten R'n'B-Produzenten der Ostküste war. Oft genug war er der erste, der mit einem neuen Talent gearbeitet hatte. Und er hatte entscheidende Bedeutung für viele Künstler, die heute weltberühmt sind: Gladys Knight and the Pips unter anderem.

An einem Freitag Mittag im Jahre 1984 versorgt Bobby's Happy House Records-Laden Harlems 125ste Straße mit den ergreifenden Sehnsüchten aus Otis Reddings „That's How Strong My Love Is". Ein paar Häuser weiter ist das Apollo, das gerade zu einem Sender für Videos schwarzer Künstler umgebaut werden soll, um ein Gegengift gegen den mittelmäßigen Rock von MTV zu finden (*Dazu ist es nie gekommen, MTV sah sich irgendwann gezwungen, seine rassistische Politik zu revidieren. Das Apollo ist wieder ein Auftrittsort. – d.Übers.*). Auf der anderen Straßenseite ist Rainbow Records und etwas weiter Paul Winley Records. Geht man ein wenig nach Westen, findet man Bobby Robinsons Wohnung, wo er gerade mit Papierkram wegen eines Feuers in seinem Büro beschäftigt ist. Das ist aber nur eines der Probleme und Rückschläge, die ihm zur Zeit zusetzen und es waren eine ganze Menge im Laufe der letzten drei Jahrzehnte. Wie immer nimmt er sich vor, sich davon nicht beirren zu lassen.

»Ich habe 1951 angefangen. Ins Musikgeschäft kam ich 46 mit meinem Einzelhandel und ziemlich plötzlich, aus welchen Gründen auch immer, wurde ich im ganzen Land bekannt als verläßlicher Experte für Schwarze Musik. Was willst du wissen? Frag Bobby Robinson. Das Apollo war ja nur ein paar Meter weiter und so traf ich wirklich jeden, der was mit schwarzer Musik zu tun hatte und auch ein paar weiße Künstler, die sich von Zeit zu Zeit sehen ließen. Ständig riefen mich

Leute an, die A&R-Leute des ganzen Landes: Ahmet Ertegun von Atlantic, Aladdin in Kalifornien, die Bihari Brüder, Chess aus Chicago, alle suchten meinen Rat.

Wenn ich schon so eine Autorität bin, dachte ich mir, werde ich doch gleich selber Produzent. Ich hatte zwar keine Ahnung von Presswerken und Vertrieben, aber da Musik für mich immer eine Lebensform gewesen war, ließ ich es darauf ankommen. Ich sammelte die Informationen, die ich kriegen konnte, ging ins Studio und produzierte Doo-Wop-Gruppen. Das war gerade erst der Anfang der Doo-Wop-Ära. Es gab ein paar Gruppen. Die Orioles, die Ravens. Die Ravens waren eher R'n'B-geprägt, die Orioles eher sentimental. Sie waren die Vorläufer des Doo-Wop.

Ich hatte ein paar Bands zusammen, aber keinen Übungsraum. Also machte ich den Laden schon ne Stunde früher, um 11 zu, schloß ab und ließ drinnen üben. Die erste Gruppe, die ich aufnahm, waren die Mellow Moods mit einem Standard: „Where Are You Now That I Need You". Ich hatte sofort einen gewissen Erfolg. Und wenn man den hat, kommen alle ganz von alleine: The Vocaleers, The Scarlets, The Teenchords. Insgesamt hatte ich so an die 13 oder 14 Gruppen dieser Kategorie entdeckt.«

Später hatte Bobby Hits mit den Channels („The Closer You Are") und den Charts („Deserie"). In der Doo-Wop-Bibel *They All Sang On The Corner* berichtet Philip Groia, wie die Channels im Apollo ausgebuht wurden, weil sie einen „Song sangen, den das Publikum 'daneben' fand. 'Deserie' war falsch, weil sie die ganzen Zeit durch'wahah'ten, ohne 'Channel' (was man heute Bridge nennt).(...) Sie sangen durch das Gebuhe hindurch, erreichten das Everlast-Label und verkauften schließlich dreieinhalb Millionen Platten von dem neuartigen Song. Kein Rumhängen an Straßenecken mehr." Unglücklicherweise waren die Channels zu jung, wie Groia berichtet, um mit ihrem Erfolg umzugehen. Sie verkauften die Rechte an „Deserie" an einen Fotografen und nach vier weiteren Aufnahmen mit Bobby Robinson verschwanden sie. Parallelen zur Rap-Welt

Sylvia und Joe Robinson vor dem Hauptquartier von Sugarhill Records in Englewood, New Jersey

liegen auf der Hand. Robinson, der beides mitgemacht hat, stellt Vergleiche an:

»Doo-Wop war die schwarze Teenager-Kultur der 50er, Rap war die schwarze Ghetto-Teenager-Kultur der 70er. Dieselbe identische Grundlage: Die DooWop-Gruppen hörte man überall, auf der Straße, in Treppenhäusern und Gassen oder wo auch immer sie sich trafen. Immer, wenn ein paar Teenager zusammenkamen: Doo Wop Doo Wah da da da da. Genauso ging es um 1976 mit Rap los. Plötzlich hörte man überall diese rappenden Kinder. Im Sommer haben sie ihre kleinen Parties im Park, legen Platten auf, die anderen tanzen nächtelang: Hip hop hit the top don't stop. Es sind Kinder, zum größten Teil verwirrte Kids, die versuchen, sich Gehör zu verschaffen, sich auszudrücken. Die mit allen Mitteln gehört werden wollen und in ihrer Phantasie erfinden, was ihnen in der Wirklichkeit fehlt. Die älteren Typen, die Doo-Wop erfanden ... naja, das war etwas anders, nicht so aggressiv und nicht so unbeständig.«

Nach Doo-Wop beschäftigte sich Robinson mit Rhythm'n'Blues: Wilbert Harrison und sein „Kansas City" („... danach wurde es ein ganz anderes Spiel"), Buster Brown, Elmore James und Lightning Hopkins gehörten zu seinen Künstlern. Er hat im Laufe der 50er diverse Labels gegründet: Red Robin, dann Whirlin' Disc, Fury („Ich war sehr wütend [furious] über ein paar Sachen, die bei Whirlin' Disc gelaufen sind, also habe ich das Fury-Label ins Leben gerufen"), Fire und 1963 dann Enjoy. Die erste Platte auf Enjoy war ein treibendes Tenorsaxophon-Instrumental, „Soul Twist" von King Curtis. Curtis war einer der wichtigsten schwarzen Instrumentalisten, der epochenübergreifend, vom Jazz und R'n'B der 50er und 60er bis zum Soul der 70er dabei war. Er wurde 1971 ermordet und war einer jener Künstler, die von Robinsons Ohr für das Kommerzielle profitierten. Nach einer kurzen erfolgreichen Zeit bei Enjoy, entschied er, daß es anderswo mehr zu holen gäbe und Bobby Robinson entließ ihn aus seinem Vertrag, damit er bei Capitol unterzeichnen konnte. Ähnlich verliefen auch die meisten Karrieren der Rap-Gruppen, die Robinson in den 70ern unter Vertrag nahm.

In den 60ern reaktivierte Bobby das Everlast-Label (das vorher seinem Bruder Danny gehört hatte) und verkaufte über eine Million von Les Cooper's Modetanz-Platte „Wiggle Wobble". Dann wurden die Erfolge rarer und das Unternehmen geriet in eine Lage, die Robinson „Morast" nennt. Während der Plattenladen weiterhin lief, wurde er für 100$ am Tag Berater für Pickwick International, eine gut betuchte Plattenfirma in Long Island, die schwarze Musik in einer Sampler Serie namens „Soul Parade" vermarktete. Außerdem verlieh Robinson seinen Backkatalog, was er heute bedauert. Wie viele der älteren Produzenten und Künstler hat ihm Disco nie gelegen:

»Ich sag's dir offen: ich hab nie viel von Disco gehalten. Das war für mich, wie einen guten alten Scotch mit 2/3 Wasser

Bobby Robinsons Plattenladen in der 125sten Straße.

BOBBY'S
HAPPY HOUSE
RECORDS
Tapes & Accessories
301
RECORDS

Nach vier Platten verschwunden: The Channels

zu versetzen. Wenn ich Musik produziere, bei der ich nachzählen muß, wie viele Beats auf die Minute kommen, dann zur Hölle damit. Schwarze Musik hat mit dem sechsten Sinn zu tun, du mußt es fühlen. Wenn die 130mal hintereinander dieselbe Zeile wiederholt haben und das einen Song nannten, ging mir das nur auf die Nerven. Das war wie ein Modetanz, der nicht wieder verschwindet. Die ganze Welt war tanzverrückt. Einiges war schon gut, aber mir fehlte einfach die Substanz, die Musik meiner Meinung nach braucht.«

Als Disco zu verschwinden anfing, glaubte Robinson, die Zeit sei gekommen, wieder mal ein paar Platten zu veröffentlichen. „Rapper's Delight" brachte ihn dazu, nach MC-Gruppen Ausschau zu halten. Seine Kundschafter berichteten ihm aus der tiefsten Bronx:

»Es gibt eine Gruppe, namens The Funky Four, die ein Mädchen dabei haben, namens Sha Rock. Das ist eine Neuheit, sie ist das erste Mädchen, das dabei mitmacht. Also hab ich mir diese Gruppe geholt. Wir übten in einer Garage, wo man auf einen Knopf drückt und die Tür aufgeht. Der Typ stellte seinen Wagen raus auf die Straße und wir sind rein und haben Schlagzeug und Gitarren aufgebaut. Das war Mitte Oktober und es war verdammt frisch: wir schlossen die Türen und übten. Die Platte der Funky Four ging gut ab, sie hieß „Rappin And Rockin In the House".«

Die Platte kam 1979 auf den Markt und basiert auf dem Rhythmus von Cheryl Lynns Debüt, „Got To Be Real", eine Single, die im Januar desselben Jahres Nummer Eins in den R&B-Charts war. Der Schlagzeuger und Leader dieser Session war Pumpkin, ein junger Multiinstrumentalist, der schon in der High School Jazz gespielt hat und mit diversen Jazz- und Fusion-Bands unterwegs war, darunter Triad. Er spielte Baß, Schlagzeug und Synthesizer. Der Funky Four-DJ Breakout erinnerte sich daran, daß Pumpkin immer in einer Garage übte und empfahl ihn Bobby Robinson für ihre erste (und einzige) Enjoy-Session. Mit 16 Minuten Länge bricht die Platte den Rekord von „Rapper's Delight". Und von Pumpkins spektakulären Schlag-

Robinson zuhause

zeug-Break abgesehen, wird die ganze Zeit gerapt.

Angesichts der Eile, mit der man nun Rap auf Platte bringen wollte, lag es nahe, einfach die beliebtesten Instrumental-B-Seiten, die die MCs verwendeten, mit geringstmöglichen Aufwand im Studio neu aufzunehmen (Gitarre, Baß, Schlagzeug spielen nur die Akkord- und Rhythmus-Struktur neu ein) und das Rapping drüberzulegen. Die Raps begannen in der Regel nach acht Takten und dauerten bis in die Auslaufrille, wo sie meistens ausgeblendet wurden. „Rappin And Rockin in the House" leidet ein wenig unter dem Mangel an Kontrasten, hat aber eine unschuldigere Stimmung und mehr Dynamik im Zusammenspiel der Rapper als das Sugarhill-Debüt. Funky Four Plus One More waren Lil Rodney Cee, KK Rockwell, Sha Rock, Keith Keith und Jazzy Jeff, sowie DJ Breakout. KK Rockwell: „Ich fing mit Breakout zusammen an. Vor sieben oder acht Jahren waren das nur wir beide. Er hatte einen Partner, dann kam Keith Keith, dann Sha Rock und dann haben wir Rahiem aufgenommen, der sich später Grandmaster Flash anschloß. Das war zu der Zeit, als Rodney und Jeff zu uns kamen und dann wurden wir die Funky Four Plus One More."

Ihre ersten Erfahrungen mit Plattenaufnahmen entsprachen nicht ganz ihren Erwartungen, dennoch gab es keine Verstimmungen mit Enjoy. Rodney sagt, warum sie enttäuscht waren:

»Wir waren sehr jung damals. Als wir den Vertrag unterschrieben, waren wir 16 und 17. Keiner in der Band war älter als 17. Wir unterschrieben bei Enjoy, aber es lief nicht so, wie wir uns das dachten. Ich weiß nur, daß da dieser Typ zu mir kam und meinte, er will eine Platte machen und ich werde reich sein. Das habe ich erwartet. Ich dachte ich werde reich, indem ich eine Platte mache und dazu ist

es nicht gekommen. Wir haben zwar ein hübsches Sümmchen eingenommen, es war nicht so schlecht. Wir machten ein paar Auftritte. Wir gingen in den Süden, wo es nicht klappte, weil Rap im Rest des Landes noch zu neu war. Aber in New York lief es gut und wir konnten einige Auftritte machen und richtig Geld verdienen.«

Es war nicht überraschend, daß die Funky Four mit so einer langen Aufnahme debütierten (der längsten Single aller Zeiten?). Schließlich liefen auch ihre Live-Auftritte, für die sie selbst die ganze Publicity machten, von Mitternacht bis drei, vier Uhr morgens, wobei die Gruppe ohne Unterbrechung durchrappte. Ihre Showelemente ähnelten denen der Temptations. Ted Fox spricht in seinem Buch *Showtime at the Apollo* über den Einfluß der Temptations und die Wirkung des Apollo auf die Bühnenkunst der Motown-Künstler:

»Das Feuer der Motown-Revues im Apollo wurde vor allem von der eleganten, subtilen Chreographie der großen Männerbands wie den Four Tops und speziell den Temptations entfacht. „Die Temps waren bekannt dafür", wie Gladys Knight sagt, „und das Apollo bestätigte ihren Stil, denn das Publikum dort war verrückt danach." Gladys Knight And The Pips waren schon zehn Jahre im Geschäft, als es mit den Motown-Revues losging, schloßen sich der Motown-Karawane aber nicht vor Mitte der Sechziger an. Die tänzerischen Fähigkeiten der Pips, von Honi Coles' Partner Cholly Atkins feinabgestimmt, beeindruckten und beeinflußten die Temptations immens.«

Die Funky Four waren von den Temptations wiederum wegen deren Professionalität so beeindruckt. Denn obwohl sich Rap noch in einem Amateur-Stadium befand, war der Wettbewerb scharf und hart und der Gruppe war klar, daß eine unterhaltsame Bühnenshow ihnen Überlegenheit über die MCs sichern würde, die nur dastanden und die Worte rauslaufen ließen. Tanzschritte und Raps wurden zu kleinen Nummern kombiniert, einige davon auf der Grundlage von Fernsehserien-Musik wie „Gilligans Island".

Bobby Robinsons Kundschafter empfahlen ihm ursprünglich zwei Bands, die Funky Four Plus One More und Grandmaster Flash and the Furious Five. Flash erinnert sich amüsiert daran, wie Bobby auftauchte, um sie zu sehen:

»Nachdem die Platte („Rapper's Delight") 'raus war, kamen lauter kleine Produzenten der Sorte, die ihre Produkte im Kofferraum mit sich herumschleppen, aus dem Unterholz, um nach Gruppen zu fahnden, die das auch können. Und einmal, ich weiß, daß meine Fans so zwischen 15 und 21 Jahren alt sind, kam dieser kleine alte Mann, der definitiv zu alt war, um bei so einer Party Spaß zu haben. Entweder sucht er seine Tochter, seinen Sohn oder er ist ein verdamter Bulle. Mein Manager kümmerte sich um ihn, ob er ihm helfen könne. Und er: „Ja klar, ich möchte mit diesen Jungs reden, ich will eine Platte mit ihnen machen." Sein Name war Bobby Robinson.«

Die Platte wurde „Superrappin'". Als die rauskam, erschien noch eine andere 12" von einer Gruppe, die sich The

Die glatte, elegante Choreographie der Temptations

Younger Generation nannte, auf Brass Records und hieß „We Rock More Mellow“, der Produzent war Terry Lewis. Dies waren in Wahrheit wieder die Furious Five, also Melle Mel, Cowboy, Rahiem, Mr.Ness und Kid Creole, nur unter einem anderen Namen. Wenn man bedenkt, wie wenig Zeit zwischen den beiden Veröffentlichungen lag, sind die Unterschiede schon ziemlich krass. Das Backing bei der Younger Generation ist ein bleierner Disco-Bums mit einer unsicheren, die vier Viertel durchschlagenden Bass-Drum. Und die stereotypen Raps klingen, als würden die MCs während der Session immer niedergeschlagener oder an etwas anderes denken. „Superrappin“ hat dagegen den pumpenden Beat, der für die frühen Tage des Rap auf Schallplatte charakteristisch war: ein frischer 114-beats-per-minute Rhythmus, bei dem die Bass-Drum sich an Synkopen traute, die man in der Tanzmusik jahrelang nicht gehört hatte.

Der Rap-Stil der Furious Five war eine Offenbarung. Zeilen wurden zwischen den einzelnen Rappern aufgeteilt und von Unisono-Passagen und Soli zerschnitten, die die unterschiedlichen Auffassungen der verschiedenen Rapper deutlich machten. Flashs Zurückdreher und schnelle Wechsel wurden imitiert und Silben wiederholt, als würde die Nadel hängen: „That Flash was on the beatbox going … an … an … an … an … sha-na-na."

Die Gruppe war schon vor ein paar Jahren mal gefragt worden, ob sie nicht Platten machen wolle, aber Flash zögerte und glaubte, daß ein alter Beat und ein bißchen Reden nicht mit dem plüschigen Orchestersound mithalten könne, der damals den Ton angab. Er war auch mit „Superrappin'" nicht 100% zufrieden:

»Mir gefiel „Superrappin'", aber dann auch wieder nicht. Man hätte manches besser machen können. Wenn man hinhört, merkt man zum Beispiel, daß das Tempo irgendwann zu schnell wird. Die Band gerät auch etwas außer Atem. Wir haben schließlich darauf gewartet, „Superrappin'" irgendwann mal im Radio zu hören, denn die Sugarhill Gang war ja auch im Radio zu hören. Wieso kann Sugarhill so etwas ins Radio bekommen und wir nicht? Zumal unsere Platte besser ist. Bobby hatte das nicht drauf damals. Wir wurden sauer auf ihn und gingen selber zu Hill.«

Bobby Robinson hatte tatsächlich unter der langen Pause zu leiden, in der er nicht im Geschäft gewesen war.

»Ich habe da mit Enjoy zwei Smash-Hit-Platten im Programm gehabt, aber ich war einfach noch nicht wieder gut genug organisiert auf nationaler Basis, einfach weil ich zu lange weg war. Ich hätte einen weit größeren Erfolg haben können, wenn ich wirklich vorbereitet gewesen wäre. Ich war hauptsächlich an der Ostküste präsent, von hier bis Florida. Ich schaffte es ein bißchen im Westen, aber ich war zu wenig mit den nationalen Vertrieben in Kontakt. Ich war einfach überrascht, ich hatte gedacht, das wäre so eine Modeerscheinung, die sich eine Weile hält, dann verschwindet und ich wende mich meinen anderen Dingen zu. Ich hätte nie gedacht, daß es sich dermaßen in die Länge ziehen würde.

Die Radiosender waren durchwegs sehr vorsichtig. Aber um die Wahrheit zusagen, war das auch ziemlich egal. Denn mit dem Rap-Platten lief, zum Glück für die kleinen Firmen, die Sache anders: Rap verbreitete sich wie ein Lauffeuer auch ohne Radio. Man mußte nur all die Discos, Disco-Pools und die freien DJs bemustern, einfach alle, die ein Mikro in die Hand nehmen und die ganzen Plattenläden, damit sie das Zeug im Laden spielen und auf die Straßen dröhnen. Die Kids standen Schlange. Ich brachte diese Platten durch, auch ohne Radio.«

Auch wenn Bobby schnell aus den Startlöchern kam, kostete ihn die Zeit, die er brauchte, um rauszufinden, was los war, einen weiteren ersten Platz. Nach Flash und der Five brachte er Spoonie Gee mit The Treacherous Three zusammen. Auf der einen Seite war der Zungenbrecher „The New Rap Language“, ein Rap, der Mary Poppins grüßte und einen neuen Stil von Schnellfeuer-Rap begründete, zu einem 112bpm-Beat, der sich dagegen fast langsam ausnahm. Am Schlagzeug saß Pumpkin und an den Congas Pooche Costello, Spoonie Gees Bruder (der heute bei Enjoy das Telefon bedient). Auf der anderen Seite war der „Love Rap“, ein Solo von Spoonie Gee, nur zu Schlagzeug und Conga. Einer der seltenen Fälle, wo ein Rap mit rein perkussiver Begleitung normal in den Handel kam. Die Platte hat sich langfristig gut verkauft, bis heute. Bobby gibt zu, daß er wiedermal eine Gelegenheit verpaßt hatte:

»Spoonie ist genau in diesem Haus hier aufgewachsen. Pooche Costello, der Conga-Spieler, ist Spoonies Bruder. Ihre Mutter war die jüngste Schwester meiner Frau und sie wohnten da auf der anderen Seite vom Treppenhaus, dasselbe Stockwerk, letzte Wohnung. Sie starb plötzlich, als Spoonie 12 und Pooche ungefähr 14 war. Meine Frau nahm sie auf und gab ihnen das hintere Zimmer.

Er fing in diesem Zimmer zu rappen an, zu meinen Platten! Saß Tag für Tag in dieser Ecke und spielte meine Platten. Meine Frau lief manchmal rüber und beschwerte sich: „Schluß mit diesem Lärm, den ganzen Tag dieses Jep-Jep-Jep.“ Die erste Sache, die er machte, entwickelte er in diesem Zimmer und zu meiner Musik, aber ich war damals zu beschäftigt, ich hatte drei, vier andere Sachen laufen. Peter Brown war eines Tages in meinem Plattenladen und meinte: „Ich würde gerne eine Rap-Platte machen.“ Und jemand anderes sagt: „Spoonie kann doch rappen.“«

Das Ergebnis dieser Szene wie aus einem MGM-Musical war, daß Spoonie seinen „Spoonin’ Rap“ für Sounds Of New York USA, eines der vielen Label Peter Browns, aufnahm. Er tauchte dann nochmal auf der LP *The Big Break Rapper Party* auf Queen Constance Records auf und wurde 1984 neu abgemischt und auf Heavenly Star wiederveröffentlicht. Für Brown, übrigens nicht identisch mit dem Peter Brown, der „Do Ya Wanna Get Funky With Me“ gesungen hat, waren Plattenproduktionen ein mieses Geschäft unter vielen anderen. Unter seinen diversen Labels gab es Namen wie Golden Flamingo oder Land Of Hits, und die Produkte waren oft Klassiker der

Spoonie Gee in der Danceteria

Drittrangigkeit. Wenn auf dem Label 33 stand lief die Platte auf 45, Sänger und Rapper waren selten im Takt, die Schlagzeuger verloren den Beat und der Klang war so Garage wie nur irgend möglich. Einige Platten wären Kandidaten für den Golden Turkey Award gewesen, aber aus der Masse an Schrott ragte Spoonie Gee als wahres Talent heraus.

Heute arbeitet Spoonie als Aufseher in einem Rehabilitation-Zentrum für geistig Behinderte, wo man ihn unter seinem bürgerlichen Namen Gabe Jackson kennt (seinen Spitznamen Spoonie bekam er schon als Kind, weil er so gern mit dem Löffel aß). „Spoonin Rap" war seine erste Platte auf einer Reise, in deren Verlauf er bei drei verschiedenen Labels Station machen würde, bevor er bei Aaron Fuchs' Tuff City Records unterzeichnete. Er klingt bereits sehr selbstsicher, über einen geschmeidigen Beat aus Baß und Schlagzeug und ein paar Pfeifen und Flexatones flüssig seine Verführungsnummer abspulend, die sein Markenzeichen geworden ist. Mit seinen Aufschneidereien, Lügengeschichten und Gangsterstories kommt er dem mythischen Jody, dem Frauendieb und Todeshändler, am nächsten. Außenstehende mögen seinen Sexismus noch so bedauerlich finden; er gehört zu einer Linie der schwarzen mündlichen Überlieferung, in Literatur und Lied, deren weitestgehende Variante sich bei Spoonies Lieblingsmusik findet, der romantischen Soul-Ballade: „Ich mag zwar jede Musik, aber am liebsten ist mir solche, bei der ich mich zurücklehnen und zuhören kann. Ich mag alte Platten, alte und neue, aber vor allem langsame Balladen. Ich ziehe langsame Musik jederzeit schneller Musik vor. Ich mag Marvin Gaye, Nat King Cole, Brook Benton. Ich mag – Gott hab ihn selig – Jackie Wilson, ich mochte sogar Elvis. Ich werden nie Barry White vergessen."

So wie sich Spoonie mit den Balladensängern indentifiziert, sieht sich Kurtis Blow irgendwo zwischen Chic und James Brown. Als 1979 die Rapper den Sprung ins Vinyl wagten, war er einer der ersten. Sein „Christmas Rapping" erschien bei Mercury gegen Ende des Jahres. Die Baß-Figur war ein entfernter Verwandter von Chic's „Good Times", der Gitarrist hatte offensichtlich schonmal Nile Rodgers und Jimmy Nolan (der verstorbene Gitarrengigant der JBs) gehört, entfernt klang sogar Junior Wells' „Messing With the Kid" an, ganz abgesehen von einem Tonartwechsel und einem äußerst funky Klavierspieler, Denzil Miller. Rap war auf Schallplatte in der kurzen Zeit weniger Monate einen langen Weg gegangen.

Kurtis war ein Solo-Rapper aus Harlem, der als mobiler DJ in Queens James-Brown-Platten auflegte und von DJ Hollywoods Popularität im 371 Club in der Bronx überrascht wurde. Kurze Zeit arbeitete er mit Grandmaster Flash und im Sommer 79 entdeckten ihn seine Produzenten JB Moore und Robert Ford jr im Hotel Diplomat.

Rap war ein Medium, das eng mit der Live-Situation verbunden war. Auf Schallplatte bedeutete das einen Rückgriff auf die Mittel einer Zeit, in der Musiker noch versuchten, auf Singles ihren Live-Sound zu rekonstruieren. LPs waren dann nur hastig zusammengeschmissene Durcheinander aus Single-Hits mit Füllnummern. Und die Möglichkeiten der Mehrspurstudios wurden praktisch nicht genutzt. Kurtis war der erste, der HipHop mit einem 70er Jahre Konzept von Produktion und Marketing verband, indem er bei Mercury unterschrieb, die von Polygram vertrieben wurden und indem er mit einem Team von Textern zusammenarbeitete, zu dem Moore und Ford und sein Manager Russel Simmons gehörten. 1980 veröffentlichte er eine LP, die offensichtlich das Ziel verfolgte, ein breiteres Publikum zu erreichen. Man nahm grundlegende B-Boy-Reime und formte sie in moralische oder komische Geschichten um, und sogar ein Rock-Song – Bachman Turner Overdrive's „Takin' Care Of Business“ – sowie eine lächerliche Ballade wurden aufgenommen, bei der Kurtis' Stimme sich als überraschend zerbrechlich erweist.

Das wichtige Stück war „The Breaks“, der 80er Hit, der Rap ein wenig von der Diszipliniertheit einer Kabarett-Nummer gab (vielleicht auch, weil das Stück von Eddie Laurence, einem weißen Komiker, beeinflußt war). Durch Toningenieur Roddy Hui hat „The Breaks“ eine bewundernswerte Klarheit. Baß und Schlagzeug werden, ähnlich wie beim Reggae, als Grundlage benutzt für äußerst clever eingesetzte andere Instrumente, insbesondere die scharfen Percussion-Breaks, die sich Jamie Delgados Timbales und Jimmy Bralowers TomTom teilen. Kurtis Blow mag nicht 100%-Bronx gewesen sein, aber seine frühen Platten trugen einiges dazu bei, die Tanzmusik der Post-Disco-Ära zu prägen.

Eine der Konstanten des Raps ist der Machismo. Auf dem Cover seiner ersten LP sehen wir Kurtis mit nacktem Oberkörper, Goldketten verbergen seine Brustwarzen. Sein Look ist „hart“ und die Augen schauen aufrichtig, aber fest. Wenn man an die große Tradition der Sängerinnen in der schwarzen Musik denkt, ist es schon eigenartig, daß Rapperinnen keinen einzigen größeren Erfolg ernten konnten. Grandmaster Flash erinnert sich, daß es in den frühen Tagen mehr weibliche als männliche Crews gegeben habe. Von den wenigen festen Gruppen jener Tage war eine einzige eine Frauengruppe: The Mercedes Ladies (Zena Z., Debbie D, Eva Deff und Sherry Sheryl mit RC und Baby D als DJs). Kevin von Double Trouble erinnert sich an ihren Aufstieg und Fall:“Sie waren aus der Bronx, aber sie kamen und gingen früh“, sagt Rodney und Kevin ergänzt:“Langsam aber sicher wurden sie bekannt. Die Leute kannten sie, aber sie gaben auf. Sie haben sogar mal mit uns gespielt und es war total voll. Da hatten sie wirklich eine Menge Öffentlichkeit. Sie hätten weitermachen sollen. Ihr DJ war gut, das Mächen hätte auf jeden Fall weitermachen sollen. Sha Rock hat weitergemacht und sie hat es geschafft.“

Da Rapping aber stark in der männlich dominierten Kultur der Toasts und Dozens verwurzelt ist, ist es nicht sehr überraschend, daß die Männer, ähnlich wie etwa beim Basketball, das Wettbewerbselement als Hindernis für die direkte Teilnahme von Frauen ansehen, auch wenn sie ihnen im Einzelnen Talent zugestehen. Flash hat dazu eine väterliche Haltung:

»Es gab die Mercedes Ladies, Sha Rock, Lisa Lee – es gab einige, aber viele von ihnen gaben auf. Dies ist eben eine sehr wettbewerbsorientierte Form von Entertainment, wo es Frauen selten schaffen. Ich habe sogar einigen versucht zu zeigen, wie es geht. Ich kannte eine und die war als DJ ziemlich gut. Sie glaubte sogar, sie wäre so gut wie ich. Und das ist richtig, so zu empfinden. Sie war gut, aber sie hörte einfach auf. Jetzt ist sie auf West End Records, Baby D, D'bora. Damals hatte sie was drauf. Sie war DJ bei den Mercedes Ladies, einer reinen Frauencrew und genau sowas brauchen sie heute wieder. Ich meine einen wirklichen guten DJ und ein paar MCs, die wissen, wie man's macht und die die Leute echt unterhalten. Die würden Geld machen. Die würden mörderisch abgehen, denn was heute passiert, wird immer eintöniger.«

Frauen aus der Szene haben ihrerseits das Gefühl, daß es die Männer nicht schätzen, wenn sie vor einem Publikum stehen und angeben und prahlen. In einigen Fällen sehen sie's wie die Männer: Prahlen und Angeben mag in Ordnung sein, wenn man jung ist, aber später ist es nicht mehr „ladylike". In den ersten Schallplattenjahren gab es noch eine ganze Menge Mädchen im Rap: Bei Funky Four Plus One More, Lady D auf Reflection Records, The CC Crew auf Golden Flamingo, Naomi Peterson auf Heavenly Star, Cosmic Force und Paulette und Tanya Winley auf Winley Records, DJ Lady B aus Philadelphia auf Tec Records und Sequence auf Sugarhill.

In der Danceteria auf der 21sten Straße veranstalten Double Trouble und die Tänzer der Electric Force eine „Graffiti Wedding Celebration" anläßlich von Rodneys Hochzeit mit Angie B von Se-

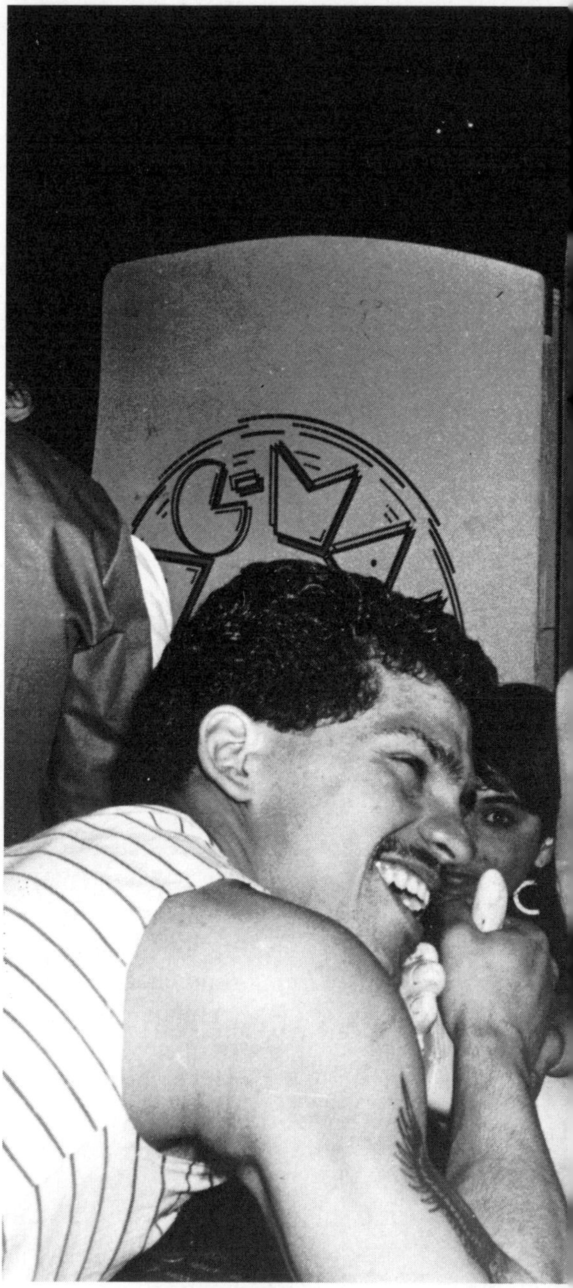

quence. Gegen Ende der Show kommen Angie B und Cheryl the Pearl auf die Bühne führen eine Nummer auf, verteilen ihre Platte und erklären, daß ihr drittes Mitglied Blondie gerade in Los Angeles ist. Obwohl ihre Stimmen noch nicht ganz die Tiefe einer Gospel-Gruppe wie der Barrett Sisters haben, sehen sie doch schon ein wenig so aus. Ursprünglich waren Sequence eine Gesangs-Gruppe aus Columbia, South Carolina, deren Wende durch ein Sugarhill Gang-Konzert im Sommer 79 ausgelöst wurde. Einer der Road-Manager verguckte sich in Angie B, mußte sich dann aber eine Performance der ganzen Gruppe ansehen, die ihm ihren selbst geschriebenen Song „Funk You Up" vorführten. Er nahm sie, vermutlich von schönsten Gefühlen geleitet, mit hinter die Bühne und stellte sie Sylvia Robinson vor, die sich an Ort und Stelle alles vorführen ließ und ihnen drei Wochen später Flugtickets schickte und ihr Stück aufnahm.

„Funk You Up" ist ein klassischer Aufschneider-Rap, bei dem Blondie (nicht die Debbie-Harry-Ausgabe) den Jungs erzählt, daß sie erst gar nicht bei ihr anzuklingeln brauchen, wenn sie ihre Bedürfnisse nicht erfüllen können. Helden der Kulturgeschichte wie Fred Astaire und Ginger Rogers, Fred Feuerstein und Yogi Bär werden angerufen und die Sugarhill Band klingt ausgesprochen mächtig, vor allem wenn Doug Wimbish die Eingeweide in Schwingungen versetzt und sich auf einen Dialog mit den Stimmen einläßt.

Elektronisches Armdrücken im „Funhouse"

Bei allen frühen Rap-Platten rappen die Frauen ebensogut wie die Männer, in manchen Fällen besser. „Vicious Rap" von Sweet Tee vor allem ist erfrischender R'n'B der alten Schule. Der Schlagzeuger hat die Snares rausgenommen, eine Orgel stichelt unter dem Gitarrensound (vermutlich von Dave „Baby" Cortez gespielt) und Sweet Tee erzählt eine harte Geschichte von einer falschen Verhaftung. Der Sound mag etwas hölzern klingen und könnte besser produziert sein und die Musiker werden mit der Zeit etwas zu schnell, aber dafür ist die Begeisterung nicht zu überhören.

Sweet Tee, die auch mit ihrer Schwester auf „Rhymin And Rappin" gerappt hat, ließ sich ihre Platten von ihrer Mutter Ann Winley produzieren. Ihr Vater Paul Winley hat sie veröffentlicht. Dieses Familienunternehmen kann man ebenfalls auf der 125sten Straße finden. Sieht man nach oben, zeigt sich ein imposantes Logo in gemalten Lettern: PAUL WINLEY RECORDS INC. Senkt man dann den Blick, ergibt sich ein anderes Bild: Winley hat offensichtlich schon mal bessere Tage gesehen. Im Schaufenster eine nachlässige Dekoration aus Schallplattenhüllen, Afrika Bambaataa, Malcolm X, Martin Luther King, Gloria Lynne, und drinnen Zeichen einer Arbeit an den äußersten Rändern einer ohnehin schon marginalisierten Musik. Entgegen seinem Ruf in einigen Bereichen der New Yorker Musikindustrie ist Paul Winley ein freundlicher, verbindlicher Mann mit einer resigniert-philosophischen Haltung zu den Konsequenzen des Broterwerbs außerhalb der Copyrights. Er beschreibt seinen Werdegang:

»Ich kam ins Geschäft als Autor von Songs. Mein Bruder hatte eine Gruppe,

Sequence präsentieren ihre Platte in der Danceteria

die Clovers und ich hab in Washington für sie Lieder geschrieben. Sie nahmen in New York für Atlantic auf und ich kam mit. Ich lernte Ahmet Ertegun kennen und wir wurden alle ziemlich gute Freunde. Bei Atlantic waren wir damals wie eine große Familie. Als ich 52, 53 von Washington hierherkam, blieb ich einfach. Ich war viel bei Atlantic. Bei denen war unter anderem Ray Charles, Ruth Brown und Joe Turner unter Vertrag und ich erinnere mich, wie ich für Joe Turner und Ruth Brown Songs geschrieben habe. Von Atlantic aus tat ich mich ein wenig um und trieb mich dann beim Brill Building herum, das war Nummer 1619. Da trafen sich damals all die Songschreiber und all die schwarzen Unterhalter und Künstler, das war am Broadway, 49ste Straße und Broadway, heute ist da Colony Records. Wir hingen zusammen ab, schrieben Songs und quatschten. Das machte ich ein paar Jahre so und 1956 gründete ich meine eigene Firma. Viele Musikverleger machten das damals: um zu überleben, gründeten sie eigene Plattenfirmen. Wenn ein Songwriter einem Verleger die Rechte an einem Song verkaufte, wollte er auch, daß er veröffentlicht wird. Wir waren damals eine kleine Gruppe von Songschreibern, wir waren sechs oder sieben Leute: ein Kerl namens Otis Blackwell, der für Elvis schrieb, ein Kerl namens Winfield Scat, der „Tweedle Dee" verfaßt hatte. Und dann gab es einen, den wir als unseren Lehrer ansahen, er hieß Jesse Stone, aber man nannte ihn Charles Calhoun. Er schrieb „Shake, Rattle and Roll", „Money Honey" und

Paul Winley in seinem Laden in der 125ten Straße

ein Haufen anderer Songs. Er war das Rückgrat der Songwriter.«

Winley hatte einen Songwriter-Partner namens Davey Clowney, der später als Dave „Baby" Cortez bekannt wurde. Zusammen nahmen sie Doo-Wop-Platten auf.

»Als erstes nahm ich was von „Baby" Cortez auf, dann einen Kerl namens Little Anthony. Seine Gruppe waren die Duponts. Nicht allzuviel passierte und dann nahmen wir die Paragons auf. Ein Freund von mir wollte, daß ich mir die Jungs in Brooklyn anhöre. Sie waren echte Halbstarke, richtige Straßenkämpfer mit selbstgebastelten Knarren. Aber damals war ich selber noch ziemlich verrückt, also war's mir egal. Wir trafen uns und hörten uns ihr Zeug an und ihr Leadsänger hatte ein Lied namens „Florence". Und sie konnten das nie zweimal auf die gleiche Weise singen. Schließlich bekamen wir sie ins Studio und nahmen „Florence" auf. Dann gab's noch eine Gruppe aus dem Osten, The Jesters, also hat ich zwei gute Gruppen. Dazu kam noch eine Gruppe mit einem guten Song, The Collegians, die „Zoom, Zoom, Zoom" für mich aufnahmen. Es liefen einige gute Sachen in den 50ern, und in den 60ern stellten die Jesters ihre Band neu zusammen und nahmen „The Wind" noch einmal auf.«

Mit Moms Mabley als Patentante und einigen Freunden unter den Komikern wie Nipsey Russel, Pigmeat Markham und Flip Wilson war Paul natürlich klar, daß Rap nicht aus dem Nichts kam, sondern nur ein neues Kapitel in der reichen Tradition der schwarzen Vokalkunst aufschlug:

»Rap geht weit zurück. Rap ist eine alte Sache. Es gab immer schwarze Sänger, die nicht singen konnten, aber reden. Mein Bruder, der bei den Clovers war, singt heute bei den Ink Spots, der Nachfolge-Gruppe der alten Ink Spots. Wenn man das auf die alte Doo-Wop-Ära bezieht ist das, was mein Bruder dabei macht der Baß, den er war ja auch Baß bei den Clovers, also redet er heute. James Brown rappte, Isaac Hayes rappte, Millie Jackson rappte. Rap ist nichts Neues.«

Abgesehen von den Aufnahmen mit seiner eigenen Familie in den späten 70ern nahm Winley auch zwei Nummern mit Afrika Bambaataas MC Crews, der Soul Sonic Force und der Cosmic Force auf. „Zulu Nation Throwdown" von der Cosmic Force kam 1980 heraus. Weder Winley noch Bambaataa sind besonders glücklich mit dem Ergebnis. Und Bambaataa macht keinen Hehl aus seiner Verachtung für die Plattenfirma:

»Eine Spinner-Firma. Alles Gerede. Er brachte eine Platte heraus, die er Afrika Bambaataa's „Death Mix" nannte. Dem lag ein Tape zugrunde, so von der Art, wie das jemand macht, der zu meiner Party kommt, aufnimmt, dann für einen Freund kopiert, der es weiter kopiert und schließlich krieg ich eine Kopie und gebe sie ihm und er hat die Stirn, daraus eine Platte zu machen. Klang wie Scheiße. Und er hat die Nerven, auf die Rückseite zu schreiben: „Tut mir leid mit den ersten beiden Platten, die ich mit dir gemacht habe, du bist doch mein Freund" und so weiter. Ein richtiger Bootleg-Müll war das. Wir haben auch kein Geld für die erste Platte bekommen. Die ersten beiden, die er gemacht hat, waren ohnehin häßlich. Ich ging zu ihm und sagte, ich kann deine Firma in die Gänge bringen. Ich hatte Ideen, aber er kümmerte sich nicht um uns.

„Zulu Nation Throwdown, Part One" half uns, Downtown zu erreichen. Die ganzen New Waver mochten es. Was mich überraschte, weil ich es nicht ausstehen konnte, bis ich es über das Ritz-Soundsystem hörte. Dann hörte man es immer häufiger in den Clubs und ich freundete mich damit an. Dann manchten wir den Part 2 mit der Soul Sonic Force, der nie irgendwo landete. Diese Firma war einfach grauenhaft.«

Trotz Bambaataas Abneigung gegen Winley Records war es doch die einzige Firma, die in jenen Tagen bereit war, seine Sachen herauszubringen. Mit George Kerr hatte er an einer Version von Sly Stones „Sing A Simple Song" in den Sugarhill-Studios gearbeitet, ein interessantes Projekt, aus dem nichts wurde, und was er über Sylvia Robinson hörte, war nicht gerade ermunternd. Ebenso ergebnislos blieb der Versuch, Enjoy mit einem Tape zu interessieren, Winley war der nächste logische Schritt.

Die Cosmic Force-Maxi ist dabei alles andere als uncharmant, mit ihrem Chitty-Chitty-Bang-Bang-Witzen und einigen großartigen Zeilen von James-Brown-Format, vorgetragen von Lisa Lee:

Rock it to the sounds that make you dance
Make the ants crawl in your pants
Put you in a music trance

[Die Klänge, die dich in Bewegung bringen / wie Ameisen lose in der Hose / bis du dich in Trance verlierst]

In seinem Hüllentext für *The Best of Winley Records* auf Relic Records bringt Donn Fileti eine Analyse von Winleys Verständnis einer Doo-Wop-Produktion im Vergleich zu dem der großen Firmen, die sich ohne weiteres auf seine Haltung in den 70ern übertragen läßt:

»Die Platten, die Winley in den späten 50er produzierte, hatten durchwegs eine amateurhafte, nüchterne Qualität, die man kaum nachmachen konnte. Dieser Sound konnte nur von einem ideenreichen, aber unabhängigen Unternehmer kommen. Die großen Firmen glaubten, man könne den Gruppengesang leicht imitieren, aber ihre Unfähigkeit gerade im Bezug auf den New York Sound lag teilweise auch daran, daß sie versuchten, teure Produktionsmethoden auf die Straßenecken-Harmoniesänger anzuwenden, die Winley ablehnte (und die er sich nicht leisten konnte). Der Paul-Winley-Sound ist einzigartig und konnte nur aus New York kommen.«

Winley über seinen Einstieg in den Rap-Markt:

»Als das Rappen in den 70ern losging, brachte ich ein paar Zusammenstellungen heraus, die ich *Super Disco Brakes* nannte und die Kids nahmen sich daraus die Breaks, die sie für ihre Raps brauchen konnten. Ich nahm Platten mit meinen Töchtern auf. Eine ist eine Rap-Fanatikerin. Immer, wenn ich sie sah, steckte sie ihren Kopf in ein Notizheft und ich sagte:

„Wieviel Schularbeiten hast du denn noch? Du scheinst die Schule ja sehr gern zu haben!“ Aber in Wirklichkeit schrieb sie Reime. Das ist Tanya. Paulette hatte damit nichts am Hut, sie stand mehr auf Singen.

Einige der Händler, die diese Platten bei mir bezogen, drängten mich: „Hey Paul, warum bringst du nicht eine Rap-Platte raus, diese Kinder kaufen alles, wenn nur Rap drauf ist.“ Ich: „Aber jedes Kind hier in der Straße rappt doch schon.“ Sie:“Aber sie wollen's auf Schallplatte.“ Deswegen zögerte ich. Ich hätte schon längst Rap-Platten gemacht, lange bevor Sugarhill auch nur ein Gedanke war, lange vor Bobby Robinson, denn die wußten ja nicht, was los war. Ich kannte ja die Straße, weil ich ihnen meine Break-Platten verkaufte. Ich wußte, daß sie diese Platten kauften, um dazu zu rappen.«

Wenn man an den immensen späteren Einfluß von HipHop in der ganzen Welt denkt, von Scratch-Seminaren in Japan über Rap-Radio in Holland, Breakdance-Fieber in Deutschland, Schlumpf/Smurf-Fans in Frankreich bis zu den Rap-Clubs und -Crews in England, dann ist es verwunderlich, warum ausgerechnet in New York die Labelbesitzer und Rapper so zögerlich waren, Platten aufzunehmen. In vielen Fällen mag es mit einer Angst zu tun gehabt haben, durch Rap vom Mainstream abgeschnitten zu werden, und zwar physisch, politisch und kulturell. Und das zu einer Zeit, wo schwarze Musik immer besser an ein nichtschwarzes Publikum zu verkaufen war. In den mittleren 70ern drang eine immenese Menge schwarzer Musik auf den internationalen Massenmarkt vor. Obwohl das alles von irgendwelchen Strängen der schwarzen Musiktradition abstammte, war das Maß des Erfolges in vielen Fällen proportional zur Abwesenheit von Rauhheit und die Formulierung „zu schwarz für die Charts“ wurde ein Gemeinplatz im Jargon der Musikindustrie.

Nachdem Sugarhill bewies, daß es einen Markt für Straßenecken-Kultur gab, kamen die ganzen alten Straßenecken-Unternehmer aus ihren Löchern gekrochen und machten mit. Jack Taylor von Rojac Records, die in den 60ern die Platten von Big Maybelle, etwa „Don't Pass Me By“ rausgebracht hatten, nahm den Pionier MC Starski auf und Danny Robinson, Bobbys Bruder, wiederbelebte für kurze Zeit sein Holiday-Label (1956 die Heimat der Bop Chords) für The Nice And Nasty Threes' „The Ultimate Rap“ von 1980. Diese frühen Schallplatten sind verwirrend, teils weil sie versuchen, eine Sound-System-Musik auf Platte festzuhalten, teils weil so mancher MC nicht wegen seines Talents, sondern weil er zufällig im selben Block abhing, unter Vertrag genommen wurde. Obwohl 1980 langsam alle wichtigen HipHop-Erfinder auf Platte zu hören waren, war es für nicht eingeweihte Gelegenheitshörer schwierig, den Unterschied zwischen den Originalen und den Opportunisten rauszuhören. Es war bestimmt nicht alles gut, was damals rauskam, aber definitiv war alles *frisch.*

Einladung für eine Party im Negril

"THUNDER ON THURSDAY"
Negril · 2nd ave.
STARRING
11th & 12th st
INCREDIBLE "WHIZ KID" INCREDIBLE
MC Rammell Zee
D J KOOL HERC
MC Prince $hockdell
Futura -2000's- Futura
"SprayGraffix"
N.Y.C.
SYMPHONIC B·BOYS MIXX
maxamillion · rockin' shamel
ROCK ON!
FEB. 25, 1982 · 11 PM · DAMAGE:
5
Sure Shot Party Crew 4u
Kool Lady Blue Too!
82'
LEE 163D! & SKI 168

8. Versionen über Versionen: Collagen, Covers und Copyrights

Ein Zeichen, daß die erste kleine Flut von Rap-Platten eine Wirkung jenseits des eigenen Hinterhofs hatte, war eine Coverversion von „Rapper's Delight", die auf Joe Gibbs Reggae Label 1979 erschien. „Rapper's Delight" und „Rocker's Choice" von Xanadu and Sweet Lady hat auf der einen Seite Rap, fast im Bronx-Stil, auf der anderen wird getoastet, im jamaikanischen Stil. Wenn man an die karibischen Wurzeln von drei der wichtigsten HipHop-Figuren (Kool DJ Herc, Afrika Bambaataa und Grandmaster Flash) denkt, an die Ähnlichkeit der Ursprünge in der Sound System- und bei Radio DJ-Kultur und an die hohe Zahl von karibischstämmigen Einwohnern in der Bronx, Harlem und Brooklyn, ist eigentlich eher verwunderlich, warum es nicht mehr Crossovers dieser Art gegeben hat. Laut Jervis Andersons *Harlem: The Great Black Way*, „stammte in den 30ern mehr als 20% von Harlems schwarzer Bevölkerung von den westindischen Inseln." Auch wenn es nahe läge, HipHop einfach dem Einfluß von jamaikanischen Toastern wie U Roy und Big Youth zuzuschreiben, ist es in Wirklichkeit doch etwas schwieriger. Die meisten Rapper werden einem erzählen, daß sie Reggae in den frühen und mittleren 70ern entweder nicht mochten oder kaum davon gewußt hätten. Obwohl es ein paar Labels von Jamaikanern in New York gab, Clocktower (nach der Ermordung von Chef Brad Osbourne stillgelegt), Bullwackies und Clappers, war Zusammenarbeit zwischen Reggae und Funk erstaunlich selten.

Auf die gleiche Wesie wie Salsa geplündert wurde, aber nie als eigenständige Musikrichtung einen Einfluß ausübte, kam auch Reggae nur isoliert vor, etwa bei „Rock The House" von Pressure Drop auf Tommy Boy oder Sugarhills Remake von „Love Is Strange" von The Word, oder als Studio-Technik. Dub-Mixes wurden seit 1982 immer häufiger, besonders von den Peech Boys, François Kervokians Mixes von Forrrce und D Train und Nick Martinellis und David Todds Mixes von Raw Silk und Brenda Taylor.

Da sie beide als Sound-System-Musik entstanden sind, haben Reggae und Rap das Zurückgreifen auf schon aufgenommene Sounds gemeinsam. In allen Geschichten über HipHop vor der Schallplatten-Phase sind die einzigen Musiker die, die auf den Plattten gespielt haben, die der DJ benutzt. Der alte Rock- oder Soul-Trieb, eine Band zu gründen, zu üben und aufzutreten, war durch die Anziehungskraft der zwei Plattenspieler übertroffen worden. Frag irgendeinen MC oder DJ, ob sie ein Instrument spielen und du kriegst vermutlich die Antwort „Beat Box"(Rhythmusmaschine). Das hat sich ein wenig geändert seit Gruppen im Studio an Ideen arbeiten, aber im Prinzip blieb HipHop seinen Ursprüngen auf privaten Parties treu.

Die Langsamkeit, mit der die Plattenfirmen sich in New York dem HipHop näherten, ließ den Künstlern Zeit, immer mehr irre Techniken und stilistische Finessen zu entwickeln, die nun in eine Form übersetzt werden mußten, die Instrumente aufgreifen und spielen konnten und die man einem Massenpublikum verkaufen konnte. Obwohl die meisten Rap- und Scratch-Platten, die seit 1979 erschienen sind, einzigartig klingen, sind sie fast alle gesäuberte Varianten dessen, was jedes Kind an der Straßenecke praktizierte. Das trifft besonders auf Malcolm McLarens Single „Buffalo Gals" und deren Nachfolger und das *Duck Rock*-Album zu, sowie auf Projekte wie Art Of Noise. Alle diese Platten waren aber entscheidend, um HipHop einem Massenpublikum nahe zu bringen und fairerweise muß gesagt werden, daß sie ihrerseits auch wieder einen Einfluß auf HipHop hatten. *Duck Rock* war die High-Tech-Ausgabe jener inspirierten musikalischen Frontalzusammenstöße, die schon alltäglich waren, als McLaren sich noch darauf konzentrierte, die Welt mit den Sex Pistols zu schockieren.

In dem Wer-wagt-gewinnt-Wahnsinn der Parties mischte Bambaataa Calypso, europäische und japanische Elektronik, Beethovens Fünfte mit der Rock-Band Mountain; Kool DJ Herc ließ die Doobie Brothers Rücken an Rücken mit den Isley Brothers laufen, Grandmaster Flash legte die Last Poets über Sprach- und Geräuscheffekt-Platten und Symphonic B Boys Mixx spielten klassische Musik auf fünf Plattenspielern, während eine Unzahl von Namenlosen Plattenspielerzauberei mit ihren Füßen, Nasen, Zähnen und Zungen betrieben. Bei diesem verrückten neuen Sport kam Akrobatik, Virtuosität, musikalisches Experiment und Showqualität zusammen. In früheren Schlüsselmomenten in der Geschichte schwarzer Musik sprang Lionel Hampton aus dem selben Geist auf seine Trommeln, legte sich Big Jay McNeely auf den Boden, um sein Screaming Saxophon zu spielen und zupften Gitarrenasse wie T-Bone Walker, Earl Hooker, Johnny Guitar Watson und Jimi Hendrix die Saiten mit ihren Zähnen oder spielten das Instrument hinter ihrem Rücken.

Einige wenige Musiker hatten nun den Job, das Sound-System-Durcheinander und die wilden Wortgefechte in verkäufliche Platten umzusetzen. Der All-Platinum-Laden in Englewood hatte zwei Studios und eine Hausband namens Wood, Brass and Steel unterhalten, die alle zu Sugarhill gingen, als die Firma eingerichtet wurde. Keith Le Blanc, ein weißer Schlagzeuger, Bassist Doug Wimbish und der Gitarrist Bernard Alexander bildeten den Kern der Sugarhill-Band, dazu kam ein Bläsersatz, der sich Chops nannte. Später schlossen sich der Gitarrist Skip McDonald, Perkussionist Ed Fletcher (als Duke Bootee an „The Message" und „Survival" beteiligt) und die Keyboarder Gary Henry, Duane Mitchell, Reggie Griffen und Clifton „Jiggs" Chase an. Jiggs, der unter dem Flötenspieler Joe Thomas in den 60er Jahren für den Hammond-Orgel-Sound in dessen Soul-Jazz-Gruppe verantwortlich war, hat auch die meisten Sugarhill-Nummern arrangiert und zusammen mit Steve Jerome abgemischt. Meistens werden die Stücke Sylvia Robinson als Produzent und Co-Autor zugeschrieben, aber diverse Sugarhill-Künstler (hauptsächlich solche, die das Label verlassen haben) bezweifeln das Ausmaß ihrer Beteiligung. Was ihr aber niemand abstreitet, ist ein Ohr für Platten, deren Rhythmen sich als Grundlage für Raps eignen könnten.

Als Flash und die Furious Five von Enjoy zu Sugarhill wechselten und das mit einer Vertragsunterzeichnung auf der Motorhaube eines Autos besiegelten, bot ihnen Sylvia ein Backing für ihre erste Single, „Freedom“ an. Flash erklärt, wie das lief:

»In der B-Boy-Szene war ein Stück angesagt von einer Gruppe namens Freedom und das hieß „Get Up And Dance“, auf TK Records. Dieses Stück benutzten alle:Disco-DJs und B-Boy-DJs. Sylvia nahm sich das Stück, zerlegte es und rekonstruierte es, bis sie es auf der 24-Spur-Maschine in ihrem Studio hatte. Als ich sie dann traf, bot sie mir und Rahiem an, daß wir diesen Track benutzen dürfen, wenn wir bei ihr unterzeichnen.«

Funky Four Plus One More gingen ebenfalls von Enjoy zu Sugarhill, wobei sie zwar das letzte Wort ihres Namens bei dieser Flußüberquerung irgendwo im Hudson River verloren, nicht aber ihre Vorstellung von einem Rhythmus-Track. Ihre erste Platte für das neue Label war „That's The Joint“, eine langsamere Fassung von „Rappin' and Rockin' the House“, bei der LeBlancs Bass Drum und der Baß von Wimbish ganz nach vorne gemischt waren. Obwohl man bei „Freedom“ noch den Original-Autoren einen Credit gegeben hatte, wurde „That's the Joint“ einfach der Funky Four, Sylvia und Jiggs zugeschrieben. Grundsätzlich galt die Regel: ignoriere das Copyright für den Rhythmus-Track solange, bis es Ärger gibt. „Rapper's Delight“ war z.B.ursprünglich als Komposition von Sylvia und der Sugarhill Gang bezeichnet worden, auf späteren Pressungen wurde dann die gesamte Autorschaft Bernard Edwards und Nile Rodgers von Chic zugestanden, die ja „Good Times“ geschrieben hatten.

Edwards und Rogers konnten mit ihrem „Good Times“ bei verschiedensten Gelegenheiten unerwartetes Wiederhören feiern. Ein Disc Jockey aus Atlanta, Vaughan Mason, brachte 79 auf Brunswick ein die Fundamente erschütterndes Riff raus, das er „Bounce, Rock, Skate, Roll“ nannte und das eindeutig auf „Good Times“ aufgebaut war. Als wär's ein Omen für Dinge, die noch kommen sollten, klang es wie eine Funk-Entspechung von Heavy Metal: Gitarre, Gesang, Schlagzeug fungieren nur als unwesentliche Dekoration des Baß-Gedonners, das unbeweglich in der Mitte steht. Mason, der sich als Autor der Nummer betrachtete, mußte selbst dann seinen Track bei einem anderen Label wiederentdekken. Für Sound Of New York (nicht zu verwechseln mit Peter Browns Sound Of New York, USA) hatten es zwei junge MCs namens Jerry Miller und Eric Isles, die sich Trickeration nannten, als Grundlage für ihr Stück „Rap, Bounce, Rockskate“ eingesetzt. Diesmal hatten sich der Präsident der Firma, Gene Griffen, und sein Vizepräsident Bill Scarborough die Autorenrechte geteilt.

Der große Hit des Jahres 1980 war Queens „Another One Bites The Dust“, für das das Riff von „Good Times“ noch etwas weiter von seinem Ursprung weg variiert wurde, so daß DJs die Gelegenheit hatten, von der einen Version zur anderen überzuwechseln. Das gipfelte in Grandmaster Flashs 81er Herausforderung der ganzen Welt, „The Adventures of Grandmaster Flash On the Wheels Of Steel“ (Sugarhill): eine umwerfende Collage aus Queen, Chic, „8th Wonder“ von der Sugarhill Gang, „Birthday Party“ von der Furious Five, Sequence, „Monster Jam“ von Spoonie Gee und Blondies „Rapture“. Darunter lag noch eine Disney-artige Geschichte, über deren Herkunft sich Flash ausschweigt.

„Monster Jam“, „Birthday Party“ und „8th Wonder“ haben dabei alle den Sugarhill-Band-Sound gemeinsam. „Birthday Party“ ist eine Bearbeitung von „Freedom“ mit einer Bridge, die verdächtig nach McFadden/Whiteheads „Ain't No Stopping Us Now“ klingt und „Monster Jam“ geht wieder auf „Good Times“ zurück und verbindet die Queen-Version mit dem Original von Chic. Der Blondie Song war deren Hommage an HipHop. Flash benutzt ihn, weil er darin erwähnt wird und wiederholt die Zeile „Flash is fast“, dreimal um zu zeigen, wie schnell er ist.

Seit die Veröffentlichung von „Adventures“ wie eine Bombe einschlug, ist viel Zeit vergangen, so daß man die Unterschiede zwischen Flashs Technik und der späterer Mix-DJs besser heraushören kann. Besonders sein Scratchen hat einen rauhen, herben Charakter und einen unglaublichen rhythmischen Drive. Wenn man sich im Vergleich dazu Leute wie Grandmixer D.ST oder Whiz Kid anhört, ist das ein Unterschied wie zwischen John Lee Hooker und B.B. King: Instrument und Genre sind dasselbe aber die individuellen Auffassungen sind meilenweit von einander entfernt.

„Adventures On the Wheels of Steel“ war die erste Platte, die unmißverständlich klarstellte, daß Rap mehr war als ein Ableger von Disco. Wo andere Platten HipHop übersetzten, war „Adventures“ so nahe daran, wie keine andere Platte, wirklich HipHop zu sein.

Neben „Good Times“ war „Heartbeat“ von Taana Gardner ein häufig verwendeter Rhythmus für die Versionen. Rap hatte nach der hohen Geschwindigkeit von Disco die Bremsen ein wenig angezogen. „Heartbeat“ brachte das Gefährt fast zum Stehen. Von einem irritierend unregelmäßigen Herzschlag eingeleitet, scheint sich „Heartbeat“ wie ein Kreilsaufkranker verzweifelt an seinen schon ersterbenden Herzschlag zu klammern und sein Leben zu erhalten. Bei jeder anderen Platte hätte das unweigerlich schief gehen müssen, aber mit Taana Gardners eigenartiger, zitternder Stimme funktionierte die Spannung und die Langsamkeit des Beats, so daß eine durchdringende Trance-Atmosphäre entstand, die einen nicht losläßt. Die Platte verkaufte enorme Stückzahlen für West End und begründete drei Karrieren – die von Taana Gardner, die von Kenton Nix, dem Produzenten und Autor, der heute als Box-Trainer arbeitet, sowie die von Larry Levan, dem späteren DJ der Paradise Garage und Produzenten der Peech Boys. Dennis Weeden, der bei der Session Gitarre spielte, erinnert sich:

»„Heartbeat“ war eines meiner wichtigsten Erlebnisse und ich muß auch sagen, daß es sehr inspirierend war, denn als ich an der Platte gearbeitet habe, hatte ich ja keine Ahnung, daß sie so dermaßen abgehen würde. Als wir im Studio waren, habe ich mir immer nur gesagt: „Hör auf, das wird ja doch nichts, daraus wird nie was." Das war ein Stück, bei dem man einfach nicht glauben kann, daß was draus wird und dann läuft es plötzlich sechs, sieben mal am Tag im Radio. Immer wieder und immer wieder andere Mixes. Ist dadurch nicht alles revolutioniert worden? Alles wurde anders danach.«

Dennis spielte auch bei Sweet Gs „A Heartbeat Rap", das auf dem selben Herzschlag aufbaute (immer noch am pumpen) und die selben Klatscheffekte benutzte. Unter den anderen Rap-Versionen wäre noch zu nennen: „Life On Planet Earth" von Pee Wee Mel and Barry B auf 12 Star Records und „Feel The Heartbeat", eine hervorragende Enjoy-Platte mit The Treacherous Three (Kool Moe Dee, Special K und L.A.Sunshine), die vorher mit Spoonie Gee debütiert hatten.

Im Radio wurde Taana Gardners „Heartbeat" manchmal zusammen mit Gwen McCraes „Funky Sensation" gespielt, das ebenfalls Kenton Nix produzierte und 1981 bei Atlantic erschien. Auch hier waren der Rhythmus und die auffällige Baß-Figur ideal für Rapper und eine Version erschien auf Tom Silvermans Tommy Boy Records, einem gerade frisch entstandenem Label in der East 85th Street. „Jazzy Sensation" war schon allein deswegen wichtig, weil es Afrika Bambaataa und seine MCs, die Jazzy Crew, mit zwei weißen DJs zusammenbrachte, die in den kommenden Jahren einen großen Einfluß auf alle Arten von Tanzmusik haben sollten: Arthur Baker, der Produzent der Platte und Shep Pettibone, der Mixer und Arrangeur. Neben der Winley-Veröffentlichung hatten vorher schon diverse Bambaataa-MCs unter dem Namen Cotton Candy für Tommy Boy aufgenommen, aber erst diese Platte wurde ihren Fähigkeiten gerecht, ganz zu schweigen von Bams Einfällen.

„Jazzy Sensation" gibt es in drei Mixes, bei einem rappt Jazzy Five, bei einem die Kryptic Krew mit Tina B. und der dritte ist ein Instrumental. Sie alle heben sich durch ungewöhnliche Instrumente wie Friction Drums, Autohupen und E-Klavier von dem bis dahin dominierenden Sugarhill/Enjoy-Sound ab. Tina Bs Rap und insbesondere der Instrumental-Mix mit seinen Synthesizer-Effekten deutete schon an, daß das klassische Gitarre/Baß/Schlagzeug-Trio dabei war, seine Bedeutung zu verlieren. Pettibone, der eine der beiden Verantwortlichen für die Musik, war einer der ersten, die für Sender wie Kiss FM sogenannte Mastermixes herstellten. Mastermixing war eine Parallel-Entwicklung zu den Mix-Techniken der B-Boys. Dabei ging es darum, Schallplatten so zu mischen, zu unterbechen und neuzusammenzufügen, daß sie völlig verändert lange Sequenzen bildeten. Nach der „Jazzy Sensation" entwikkelte sich Pettibone in Richtung Dub, war aber ebenso daran beteiligt, klassische Disco-Klänge mit Sängerinnen wie Loleatta Holloway für eine ewig dankbare Gemeinde von Club-Tänzern wiederzubeleben. Arthur Baker wiederum wurde zu einer entscheidenden Figur der Rap-

Szene. Baker hatte in Boston als Club-DJ angefangen, wo er hauptsächlich Phillysound spielte. Er versuchte sich dann als Produzent:

»Als erstes bat ich jeden Verwandten, der mit mir sprechen würde, um 1000 Dollar. Ich war in Boston, wo alles etwas billiger war und konnte so zehn Stücke machen. Ich habe mich da ohne Nachzudenken reingestürzt. Ich verwendete Streicher und Bläser und gab das ganze Geld aus. Ich hatte dann nicht mehr genug, um alles zuende zu bringen, und daher tat ich mich mit Tom Moulton zusammen, der mir 2.500 Dollar für sieben Songs anbot. Oder zehn, egal wieviel es waren. Ich sagte zu, weil ich so meine Schulden bezahlen konnte. Ich hatte zwar kein Geld verdient, hatte aber auch keines verloren.

Ein paar Platten habe ich für Emergency gemacht. „Happy Days" von Northend und Michelle Wallace. Ich hatte all diese Platten und machte noch ein paar kleinere Sachen. Als ich „Happy Days" aufnahm, zog ich hier runter, über den Sommer. Ich traf eine Menge Musiker und begeisterte mich für neue Sachen: Rap Musik. Das war Sommer 79. Ich sollte mit Joe Bataan, so'ne Art Salsa-Musiker, eine Platte für London Records machen. Das Erste, woran wir dachten, war 'ne Rap-Platte, wir nannten sie „Rap-O-Clap-O". Er nahm mich mit in all diese Rap-Clubs und sagte, das waren seine Worte: „Irgendwer wird Millionen mit dieser Rap Musik verdienen." Ich meinte nur: „Völlig unmöglich", ich mochte zwar Rap, aber ...

Wir nahmen „Rap-O-Clap-O" auf, aber London Records stiegen aus und er

Arthur Baker an den Kontrollgeräten

nahm die Tapes und ich hatte keine Ahnung, was weiter passierte. Ich zog zurück nach Boston und sechs Monate später kam die Platte raus. Ich werde nicht darauf erwähnt. Marty Sheller war der Arrangeur. Aber die Platte war nichts Besonderes, eigentlich nur ein Ripoff von „Got To Be Real" von Cheryl Lynn.«

Joe Bataan ist ein ähnliches Kaliber wie Jimmy Castor, ein Musiker, der an den verschiedensten Formen New Yorker Musik beteiligt war. Er war Anführer der Spanish-Harlem-Gangs The Young Copasetics und The Dragons, eine der treibenden Kräfte hinter dem Latin Soul

der 60er und seine LP *Riot* aus 1969 ist eine überbordende Mischung von Bugalu, Doo-Wops wie „Daddy's Coming Home" und überdrehtem R&B. Die Band The Latin Swingers („from 98th to 110th Streets") und Schüler der Taft High School tragen zu einer Stimmung bei, die die positiven Seiten der städtischen Gangs schildert. Der Hüllentext sagt alles: „P.S. The Riot is a song of joy and good feelings expressed thru music and not of violence" [Der Krawall ist ein Lied der Freude und guter Gefühle, durch Musik zum Ausdruck gebracht, nicht ein Lied auf Gewalt]. Der Arrangeur von „Rap-O-Clap-O", Marty Sheller, hatte noch an einer anderen Latin-Rap-Platte mitgearbeitet, Tito Allens „Salsa Rap" von 1980 auf Alegre. Diese Platte und das Rapping auf Bataans „Mestizo" blieben dann aber auch die einzigen Beiträge von Rap zur Latin Music der älteren Generation.

Arthur Baker erzählt, wie sein Einstieg in Rap ihn immer tiefer in die Sache hineinzog:

»Ich wußte bereits von der Sache, als alles richtig losging. Ich hab dann eine Schallplatte mit der Gruppe Glory gemacht, die hieß „Can You Guess What Groove This Is", für Posse Records. Es ware eines der ersten Medleys. „Good Times" war dabei und dieses ganze Zeugs und es kam um dieselbe Zeit heraus wie „Rapper's Delight". Ich hatte also damit zu tun, aber nicht richtig, bevor ich nach New York zog. Dort, kanpp zwei Monate später, traf ich Tom Silverman und wir machten zwei Rap-Platten. Ich hatte kein Geld und er mußte es finanzieren. Wir wollten Raps über „Funky Sensation" und über „Genius Of Love". Als wir damit anfangen wollten, stellten wir fest, daß noch vier andere Leute Versionen von „Genius Of Love" machten, also beließen wir es bei „Funky Sensation". Von da an kannte ich Bambaataa und wir machten „Planet Rock". Ich machte „Walking On Sunshine" und wir gründeten Streetwise Records.«

Baker betrachtet das Produzieren von Versionen anderer Songs wie das Improvisieren über Standards im Jazz: „Ich seh's wie Jazz. Wenn Coltrane „My Favorite Things" spielt, ist das doch auch was anderes, als wenn es irgendein Barsänger singt. Man rearrangiert und etwas ganz anderes kommt raus." Er sieht allerdings einen gewissen Opportunismus in der Mode, als Rhythmus-Tracks für Hip-Hop-Platten populäre Hits zu benutzen. In gewisser Weise erinnert es an das Cover-Version-Syndrom der 50er und frühen 60er (von den frühen 80ern ganz zu schweigen), wenn auch im Gegensatz zu Pat Boone oder Paul Young die meisten Rap-Versionen ein ganz neues Licht auf das Original warfen.

Kompliziert und interessant wurde es, als immer mehr weiße Musiker sich vom Rock ab und dem Funk zuwandten. Sowohl Blondie als auch Queen wurden von Grandmaster Flash in seinem „Adventures On the Wheels of Steel" eingebaut. Flash and The Furious Five benutzten auch Tom Tom Clubs „Genius Of Love" für ihr „It's Nasty" und Tom Tom Club, ein Nebenprojekt von zwei Talking-Heads-Mitgliedern, hatten 1981 ihren eigenen Rap-Hit mit „Wordy Rappinghood". Aber „Genius Of Love" trieb die Leute buchstäblich in die Studios, um eine Version auf der Grundlage dieses holprigen Kindergarten-Funk aufzunehmen. Eine der anregendsten „Genius"-Fassungen war der „Genius Rap" von Dr.Jeckyl and Mr.Hyde auf Profile Records. Profile ist eine Firma, die Mai 81 in New York mit einer englischen Platte von Grace Kennedy anfing. Ihre zweite Veröffentlichung war ein Rap, „Young Ladies" von Lonie Love, der dann später den Trank zu sich nahm und zu Mr Hyde wurde, der einen Hälfte des Genius-Duos.

In den Geschäftsräumen von Profile in einem Wolkenkratzer an der West 57th Street erzählt ihr 26jähriger Co-Präsidenten Cory Robbins, wie der „Genius Rap" entstand, ein perfektes Fallbeispiel für unabhängige Schallplattenproduktion. Wenn Arthur Baker aussieht, als würde er Schlagzeug in einer Metal-Band spielen, dann könnte Cory gut einen Beach Boy abgeben (in ihren Anfangstagen). Selber ein ehemaliger DJ im Hinterland von New York, hat er ein Ohr für erfolgreiche Tanzproduktionen. Sein Vertrauen in Dr.Jeckyl and Mr. Hyde wurde aber erst durch deren dritte Platte gerechtfertigt. („Die ersten beiden Platten, die wir großartig fanden, entpuppten sich als Ladenhüter.") Es dauerte dabei genau elf Tage von der Idee bis zur Auslieferung in die Läden. Für extrem wenig Geld produziert, verkaufte die Platte 150.000 Exemplare. Auch wenn Jeckyll und Hyde etwas übertrieben haben mögen, wenn sie im „Genius Rap" mit ihren Penthouses prahlen, von denen aus man den Central Park überblickt und ihren Konterfeis als Titelbilder von Jet und TV Guide, so war es doch ein Erfolg, der ihnen einen dauerhaften Platz in der Rap-Ruhmeshalle für kurzlebige Berühmtheiten sichert.

Versionen sind natürlich eine bequeme Art, Platten zu machen, wo doch viele Ideen schon im Original durchprobiert und getestet worden sind. Die interessantesten Cover-Versionen sind oft diejenigen, die einen alternativen Standpunkt ausdrücken, sozusagen Antwort-Platten. Sylvia Robinson machte ein kleines Comeback, als sie mit „It's Good To Be the Queen" auf Mel Brooks Rap „It's Good To Be the King" antwortete und in Brooklyn brachten Reelin and Rockin' Records eine Gruppe namens Bon Rock heraus, die darauf spezialisiert schien, die

Dr. Jeckyl and Mr. Hyde

stereotypen Inhalte von Tanzmusik auf den Kopf zu stellen.

Ed Pavia und Anthony Giammanco schmeißen den Laden, der an der Fort Hamilton Parkway liegt. Die beiden arbeiten schon seit 20 Jahren zusammen und betreiben in Brooklyn den Plattenladen, „Now Music". Pavia war außerdem Gitarrenlehrer, der durch Konzerte seiner Schüler auf die Idee kam, daß sie beide ebenso gut Platten machen könnten als sie nur verkaufen. Ihr erstes Produkt war der „Searchin' Rap" von Bon Rock and the Rhythmem Rebellion. Bon Rock war von Zeit zu Zeit im Plattenladen vorbeigekommen und hatte es schließlich geschafft, die beiden von seinem Talent zu überzeugen, in den Worten von Giammanco, daß er „das Gefühl und das Wissen der Straße" habe.

Bon Rocks Trio bestand aus zwei Frauen und einem Mann: Bon Rock, Tania Battiste und Diane Hawkins. „Searchin Rap" war eine Verdrehung des Unlimited-Touch-Stückes „Searchin To Find The One", das auf Prelude erschienen war. Wo Unlimited Touch in einem wunderschönen, aber texlich zweifelhalften Song nach einem starken Mann Ausschau hielten, suchten Tania und Diane nach sich selbst, „born between two 45s" [zwischen zwei Singles geboren] und fragten sich, wie sie es schaffen könnten, gegen die besten im Audubon Ballroom zu bestehen. Ihr „Junior Wants To Play" (auf Tommy Boy) bezog sich

Bauchrapping: Wayne und Charlie

auf Junior Giscombes Hit „Mama Used To Say", nur daß diesmal Junior aus der sensiblen, mütterlichen Obhut entrissen wurde und zu einem jungen hippen Hedonisten geworden war, dessen Versuche, die Frauen mit schönen Worten rumzukriegen, ihm ein entschiedenes „Oh, no, not tonight darlin'" eintragen.

Rap plünderte natürlich auch sein eigenes Inventar. Die verwirrende Austauschbarkeit von Klischees wie „Shock the House" und die Ähnlichkeit vieler Produktionen machte es ohnehin schwer für den Gelegenheitszuhörer, einzelne Platten wiederzuerkennen. Oder gar gute von schlechten zu unterscheiden. Wie bei jedem Genre gab es zwei Möglichkeiten, mit dem verbalen und musikalischen Schlagabtausch umzugehen, entweder man sah den „archäologischen" Reichtum, den zu enthüllen großen Spaß machte. Oder man nahm nur die ewigen Wiederholungen wahr. Wahrscheinlich haben beide recht. „Check It Out" (Sugarhill, 1981) von Wayne and Charlie ist so eine Platte mit allen Klischees, aber dafür ist interessant, daß die beiden ein Bauchredner und seine Puppe sind, so daß ihr Rap sich auf Kurtis Blows Bemerkung in „The Breaks" beziehen könnte: „If wood could rap ..." [Wenn Holz rappen könnte].

Viele versuchten musikalisch die Funk-Basis zu verlassen, um eine Musik zu schaffen, die in ihrer Vielseitigkeit und Abruptheit an das Mischen am Plattenspieler erinnern sollte. Eines der lustigsten Beispiele ist der „Country Rock Rap" der Disco Four. Man kennt die Gruppe, an der auch Bobby Robinsons Sohn beteiligt ist, eher von ihren späteren Electro-Rap-Platten auf Profile, dies hier war noch ein Produkt für Enjoy. Die Musik stammte wieder von Pumpkin und besteht aus spritzigem Banjo-Gezupfe, dazu wird eine durchgeknallte Geschichte von „Jahuu" rufenden Landarbeitern erzählt, die vom Bauernhof fliehen, um in der Disco bis in den frühen Morgen zu tanzen. King Tim III hatte schon Square-Dance-Anspielungen in der allerersten Rap-Platte, als er die „Grab your partner/Swing her round"-Aufforderungen von Bauern- und Volksfesten aufgriff, aber niemand hat sich so weit aufs Land vorgewagt wie die Disco Four. Natürlich mußte dann ein Weißer mit der Idee an die Spitze der Charts kommen. Malcolm McLarens „Buffalo Gals" ist natürlich viel kommerzieller als der „Country Rock Rap", trotzdem bleibt es eine traurige Tatsache, daß immer erst die Opportunisten, seien sie nun weiß oder schwarz, in den Charts mit den Experimenten aus der HipHop-Szene Kasse machten.

Der Redneck-Rap der Disco Four hatte wie andere Mischungen, etwa der „Punk Rock Rap" der Cold Crush Brothers, seinen Ursprung bei den Sound Systems der Bronx. Die Breite der Musik, die eingesetzt und untersucht wurde, um Breakbeats zu finden, wird teilweise von den *Super Disco Brakes*-Anthologien von Paul Winley illustriert, die DJ Jolly Rogers für Jolly Rogers Records produzierte.

Winley wußte aus seiner Zeit in den frühen Discos, daß erfolgreiche Tanzplatten für den Normalverbaucher schwer zu finden und zu identifizieren waren, zumal die DJs oft die Informationen auf den Labels einschwärzten oder die Labels ablösten. Und er kannte sich mit den Hindernissen aus, die Copyright und Gewerkschaftsregeln aufbauten und wußte, sie zu umschiffen.

»Ich habe viele Shows organisiert, zusammen mit dem Disc Jockey Jocko. Wir veranstalteten Shows im Audubon Ballroom. Wir machten das schon, bevor Discos überhaupt populär waren. Ich rede jetzt von 1962. Wir nannten sie „Record Hops" und mußten das auf Rollschuhbahnen oder anderen entlegenen Orten machen; denn in einem erstklassigen Ballroom hätte die Gewerkschaft verhindert, daß man eine Show nur mit Platten macht. Ich besaß sogar einen Tanzsaal, aber die Gewerkschaft erlaubte nicht, daß dort Platten gespielt würden. Jocko und ich benutzten einen Ort an der 166sten und Broadway, den Audubon Ballroom. Das ist da, wo Malcolm X ermordet wurde. Wir haben sogar an dem Sonntag, an dem er ermordet wurde, dort eine Show gehabt.

Wir hatten Ärger mit der Gewerkschaft, aber ich hatte da so ein paar Leute und wir griffen uns den Vertreter, gaben ihm 50 Dollar und sagten ihm: „Möchtest du das hier nehmen oder lieber aus dem Fenster lehnen?" Er lernt uns näher kennen und kam jeden Sonntag für seine 50 Dollar. So ging das Jahre und mit der Zeit wurde Disco eine große Sache.«

Super Disco Brakes, eine vierteilige Serie mit schlecht überspielten Disco-Klassikern und dazwischen gemischten Produkten von Paul Winley, enthält unter anderem: „Funky Nassau" von der westindischen Gruppe The Beginning of the End (auf dem Label rätselhafterweise Dyke and the Blazers zugeschrieben), „Funky Drummer" von James Brown und andere wichtige B-Boy-Quellen von den Meters, deren stiernackiger Funk eine der wichtigsten Wurzeln des Hip-Hop-Beats wurde, von Creative Source (als Creative Service verkleidet) und von den JBs and The Blackbyrds.

Einige der wichtigsten Break-Platten waren dabei: Magic Disco Machines „Scratchin'", Dennis Coffeys „Scorpio", „Super Sperm" von Captain Sky und „Mardi Gras" von Bob James. Zwei afrikanische Nummern sind dabei, „Soul Makossa" von Manu Dibango, dessen Bedeutung für New Yorker Tänzer Winley als erster erkannte) und „Easy Dancin`" von Wagadu-Gu (der Fama nach eine Aufnahme des nigerianischen Highlife-Star Prince Niko). Und auf der dritten Folge findet sich Gil Scott Herons Disco-Hit „In The Bottle“, ein Stück von Lightnin’Rods *Hustler’s Convention*-LP für Douglas (eigentlich eine Last-Poets-LP, wird sie hier Alan Douglas zugeschrieben) und das legendäre „Apache“.

Viele dieser Platten lagen späteren Rap-Platten zugrunde. Bob James Coverversion von Paul Simons „Take Me To The Mardi Gras“ fängt mit einem äußerst atmosphärischen Percussion-Break an, bevor es in Mainstream-Schlabber versackt. Diesen Break aber haben die B-Boys gespielt und als 1982 die Crash Crew auf Sugarhill die Single „Breaking Bells (Take Me To the Mardi Gras)“ veröffentlichten, hatte sie, obwohl Paul Simon die Autorencredits bekommen hatte, weder Ähnlichkeit mit seinem Song noch mit Bob James’ Coverversion.

Captain Sky (bürgerlich: Daryl L. Cameron) war spezialisiert auf Clinton-beeinflußten Comic-Strip-Funk, wie ihn die B-Boys und B-Girls gern hatten. „Super Sperm“ (auf seiner eigenen Platte, *The Adventures Of Captain Sky* heißt es „Super Sporm“, wohl aus Gründen der öffentlichen Moral) wird auf „Rapper’s Delight“ erwähnt und gilt als einer der Haupteinflüsse für Afrika Bambaataas „Planet Rock“, neben Kraftwerk und einem Stück namens „The Mexican“, auf das wir noch kommen werden, jetzt nur so viel: Die Funky Four versuchten eine gute Platte daraus zu machen, „Feel It“, und scheiterten.

Die Platte aber, auf die jeder zurückkommt, der essentielle HipHop-Track ist „Apache“ von der Incredible Bongo Band. Ursprünglich wurde diese Melodie von einem englischen Oberschüler geschrieben, dem Folksänger Jerry Lordan, und 1960 sowohl von dem Gitarristen Bert Weedon (garantiert keine Beziehung zu Dennis, der auf „Heartbeat“ spielte) als auch von der Instrumental-Band The Shadows. aufgenommen. Die Shadows-Version, mit Cliff Richard an den Bongos, wurde später ein Millionenerfolg, nachdem die Ventures, eine amerikanische Gitarrengruppe, die sich auf Coverversionen spezialisiert hatte, sie übernommen hatte. Wenn ein Song in die unteren Regionen der Charts vorstieß, machten die Ventures eine Version. Kam ein Song nach oben, konnten sie prompt ihre Fassung herausbringen und kassieren. 1974 nahm die jamaikanische Incredible Bongo Band, die internationale Disco Hits hatte wie „Let There Be Drums“ oder „Bongo Rock ’73", ihre Fassung auf. Sie betonten den rhythmischen Geist des Originals, verzichteten dafür auf die Hollywood-Indianer-Heuler und dehnten die Breaks zu kleinen Bongo-Symphonien aus. Die Cover-Cover-Cover-Versionen von „Apache“, die dann in den frühen 80ern auf Sugarhill erschienen, schienen nichts mehr von der Vergangenheit der Nummer in weißer Instrumentalmusik zu wissen. Erst kam die Sugarhill Gang mit „Apache“, dann der West Street Mob, die Band von Joey Robinson jr. mit „Break Dancin – Electric Boogie“.

Eine Underground-Bewegung, die auf einem Percussion-Break von Cliff Richard aufbaut, könnte man als flagrante Vernachlässigung schwarzer Tradition empfinden, aber auf perverse Weise sind gerade diese kleinen Teilchen nicht naheliegender Platten, ob von den Monkees oder dem Yellow Magic Orchestra, nötig

gewesen, um die aufrichtige Emotionalität wiederherzustellen, die im Mainstream schwarzer Musik immer seltener zu werden schien. Auf diese Weise wurden die präfabrizierten Assoziationen von musikalischen Produkten abgerissen und die Musik selbst rekonstruiert, dabei alle sorgfältig abgewogenen Absichten außer Acht gelassen und eine neue Musik geschaffen. Schließlich legte ja die dezentralisierte Produktionsweise, die sich in den 70ern durchsetzte – das Schlagzeug wird in den Muscle Shoals Studios in Memphis aufgenommen, der Hintergrundgesang in Kalifornien, der Lead-Gesang in New York etc. – nahe, daß man Musik auseinandernehmen kann und schließlich auch der Konsument in der Lage sein sollte, sich seinen Track selbst aus den vorgefertigten Elementen zusammenzustellen.

Die B-Boy-DJs befanden sich genau in der Mitte: sie waren halb Konsumenten und halb Produzenten (bis sie schließlich Stars wurden) und ihre Antwort auf fertige Musik war ein gewalttätiges Auseinandernehmen durch Cutting und Rapping. Wenn es ein Modell dafür gab, waren das jene Ur-Beats, die als Break-Beats benutzt wurden.

Zu Bambaataas Lieblingsplatten gehörte „Tramp“ von Otis Redding und Carla Thomas. Das war ein Lied mit einem starken Südstaateneinschlag und auch der Text, den die Bluesmusiker Lowell Fulsom und Jimmy McCracklin geschrieben hatten, ging in eine ähnliche Richtung. Carla verhöhnt Otis wegen seiner ländlichen Art, seinen Overalls, Stiefeln und langen Haaren. Otis verteidigt sich zu Al Jacksons funkigen Schlagzeug-Breaks und bietet Carla die Wahl zwischen Ratte, Eichhörnchen und Frosch, nachdem sie Zobel oder Nerz verlangt hatte. Diese hauptsächlich gesprochene Nummer, greift zurück auf die Traditon der Ehe-Kommödien-Teams wie Butterbeans and Susie oder Stringbeans and Sweetie May oder auf die giftigen Dialoge in Songs wie dem „Gabbin'Blues" von Big Maybelle aus dem Jahre 1952. Die eindrucksvolle Maybelle wird von einem Gerücht gequält: „Here comes ol'evil chick, always telling everybody she come from Chicago. Got Mississippi written all over her" [„Hier kommt die scharfe Alte, die jedem erzählt sie sei aus Chicago, dabei steht ihr doch Mississippi deutlich ins Gesicht geschrieben."]. Wie bei Otis verteidigte sie sich durch ihre Würde und ihre furchterregende Stimme.

Egal, wie weit Bambaataa und andere sich das entlegenste Material zusammensuchen oder sich um Internationalität bemühen, ihre Musik kehrt immer wieder zu zwei Grundelementen zurück: ein funky Schlagzeugbeat und ein paar gesprochene oder skandierte Worte. Beides kommt aus der reichen afroamerikanischen Tradition.

9. Tough: Malcolm, die Last Poets und der MessageRap

Die Veröffentlichung zweier Singles der Last Poets im März 1984 war eine Erinnerung, wenn sie denn noch nötig war, daß Rap ein paar gar nicht so weit zurückliegende Vorläufer hatte. Beide Veröffentlichungen waren Maxi-Singles: „Super Horror Show" von The Last Poet und „Long Enough" von The Last Poets. Unterschiedliche Last Poets standen hinter den beiden Platten. „Long Enough" stammte von Jalaluddin Mansur Nuriddin und erschien auf einem Brooklyn-Label namens Kee Wee, während „Super Horror Show" von Abiodun Oyewole auf Nia erschien, einem Label, das man normalerweise mit Captain Rock und seiner Fantastic- Aleems-Produktionstruppe in Verbindung brachte. „Long Enough" mit einem Percussions-Intro, das an die alten Last Poets erinnert, einem starken Synthesizer/Rhythmusmaschinen-Track und einem „Mir-reicht's"-Text war die stärkere Platte. Ironischerweise ist „Super Horror Show" eher eine blasse Imitation von „The Message", dem Grandmaster Flash and the Furious Five-Hit von 82, der die Mode der inhaltlich bestimmten Raps einleitete und zu riesigem internationalem Erfolg verhalf.

Als die Last Poets 1970 von Jonathan Cott für Rolling Stone interviewt wurden, hatte Abiodun Oyewole die Band bereits verlassen. Man kann ihn noch auf ihrer ersten LP hören, die auf Douglas erschienen war, einer Firma, die Alan Douglas in New York betrieb, der u.a. auch Jimi Hendrix und JohnMcLaughlin aufgenommen hatte. Die Poets waren damals Alafia Pudim, Omar Ben Hassan und Nilaja der Perkussionist (sie sollten alle ihre Namen später ändern), sie stammten aus Harlem. Sie beschrieben sich als Teil eines neuen Zeitalters der Poesie, was sich insofern als prophetisch erwies, als Straßenverse und -Gedichte, mit Tanzmusik verbunden, ja später nicht nur die schwarzen R&B-Charts, sondern auch die Pop-Charts in aller Welt erobern sollten.

Die Last Poets verspielten die Chancen zu solchen Erfolgen allein schon durch Titel wie „Niggers Are Scared Of Revolution" oder „White Man's Got a God Complex". Sie nutzten die Aggressivität des Straßenecken-Raps und richteten sie gegen das, was sie als schwarze Apathie, Selbstausbeutung und Rollen-Klischees ansahen. Mehr oder weniger direkt griffen sie auch die weiße Gesellschaft an. Und Nilaja sagt: „Wenn ich weiß wäre, würde ich nicht kommen, um uns zuzuhören. So wie ich mir ja auch nicht George Wallace anhöre."

Sie kamen aus der Tradition scharfzüngiger, schwarzer Autoren, die schon vorher Lyrik in einem musikalischen Zusammenhang gesetzt hatten, um spezifisch politische Inhalte zur Sprache zu bringen: Imamu Amiri Baraka mit seinem Gedicht „Black Dada Nihilismus", 1965 aufgenommen mit dem New York Art Quartet, auch dessen Arbeit mit Sun

Ra, Archie Shepps Gedichte für Malcolm X wie „Malcolm, Malcolm, Semper Malcolm" von seiner Impulse-Platte *Fire Music* sowie „Poem For Malcolm", das in Paris in den späten 60ern aufgenommen wurde, die gemeinsamen Aufnahmen von Max Roach und Abbey Lincoln, darunter besonders: „We Insist – The Freedom Now Suite", die für Candid Records aufgenommen wurde und schließlich, noch vor der Bürgerrechtsbewegung der 60er, die Platten, die Langston Hughes mit zwei Jazzbands gemacht hat; in der einen spielte Red Allen und Vic Dickenson, in der anderen Charles Mingus und Shafi Hadi.

Die Last Poets waren praktisch die einzigen, die auf dem einsamen Gebiet wirkten, das zwischen den Jazz-Dichtern und den kommerziellen Sängern lag, die sich während des Jahrzehnts der Bürgerrechtsbewegung und des schwarzen Nationalismus politisch geäußert hatten: Nina Simone, James Brown und Curtis Mayfield. Ihre Gedichte gaben ihre Position wieder: „Uncle Sam's Lament" mischt Free-Jazz mit Referenzen an James Browns „Ain't It Funky" und Jimmy Castors „Hey Leroy, Your Mama's Calling" und eine ihrer härtesten Nummern, „This Is Madness", ist voll mit Anspielungen auf Trane und Bird und King Pleasures „I'm In The Mood For Love".

In seinem Buch *Die Nigger Die* schrieb H Rap Brown, der ehemalige Justizminister der Black Panther Party und Oberhaupt der SNCC (Students National Co-ordinating Commitee): „Auf der Straße kriegen junge Kerls ihre Erziehung. Ich habe das Reden auf der Straße gelernt, nicht durch Geschichten wie Dick und Jane in den Zoo gehen und

Thriller-Breaker im Roxy

solchen Scheiß. Jede Woche hat der Lehrer unser Vokabular abgefragt, aber wir kannten das Vokabular, das wir brauchten. Man gab uns Rechenaufgaben, um unseren Verstand zu üben, aber wir übten unseren Verstand, indem wir die Dozens spielten."

Jonathan Cotts *Rolling Stone*-Artikel über die Last Poets kommt zu einem ähnlichen Ergebnis:

»Aber was die Last Poets auf der Bühne machen ist nichts anderes als eine Erweiterung und Verbesserung dieser neuen schwarzen Straßenlyrik: In einer High School in New York stürmten bei einer Versammlung in Erinnerung an Malcolm X die „überwiegend schwarzen" Studenten die Bühne und lasen ihre Gedichte vor, rhythmische Statements, ähnlich der der Last Poets, die das schwarze Bewußtsein stärken und gleichzeitig das unbewältigte Desaster des New Yorker Schulsystems anprangern sollten.«

Die Last Poets betonten ihre Verbindung zur Straßenkultur mit dem Album *Hustler's Convention*, das Douglas 1973 rausbrachte.

Hustlers Convention ist ein moderner Toast, der die Geschichte des Spielers Sport und seines Kumpels Spoon erzählt, die während einer Zusammenkunft von Kleinkriminellen in Hamhock's Hall beim Würfeln, Pool und Poker gewinnen. Die Geschichte endet damit, daß Sport nach zwölf Jahren in der Todeszelle von Sing Sing, wo er wegen einer Schießerei mit den Bullen saß, frei gelassen wird. Jetzt, wo er frei ist, kann er über die Idiotie einer Existenz als Kleinkrimineller nachdenken.

Die Musik auf dieser Platte wird von beeindruckenden Namen beigesteuert, darunter Kool and The Gang und Eric Gale. Seine Sound-Effects und seine Atmosphäre erinnern an andere schwarze Hörspiele wie „*Roi Boyce and the Gotham Minstrels*" von dem Saxophonisten Julius Hemphill (der auch auf *Hustler's Convention* mitspielt), David Porters *Victim Of The Joke*-Soul-Oper und Melvin Van Peebles' Soundtrack-Platten *Sweet Sweetback's Badasssss Song* und *Don't Play Us Cheap*.

In den mittlern 70ern wurde *Hustler's Convention* schon von HipHop-DJs als Quelle für Breakbeats verwendet. Sie benutzten auch Stücke von Gil Scott-Heron. Sowohl Gil Scott-Heron als auch die Last Poets werden von den Bronx-Rappern als die Paten des inhaltlichen Message-Raps angesehen. Scott-Heron hat als Autor Romane und ein Rap-Gedicht veröffentlicht, „Small Talk at 125th and Lennox", bevor er seine Texte mit Musik kombinierte. Seine frühen, von einer Conga begleiteten Rap-Gedichte wie „Sex Education: Ghetto Style" oder „Whitey On The Moon" standen in der Tradition der Last Poets, waren aber auch für sich genommen stark. Bei anderen, wie dem berühmten „The Revolution Will Not Be Televised", benutzte er mehr Instrumente wie Schlagzeug, Baß, Flöte, aber auch sie waren schwerkalibrige, politische Breitseiten, die in ziemlichen Kontrast zu seinen weicheren und melancholischen Songs standen. Der Inhalt war zwar der Gleiche, aber die Zweckmäßigkeit der Rap-Form erwies sich noch einmal bei seinem 82er Album *Reflections* mit seiner Rap-Attacke gegen Ronald Reagan, „B-Movie".

Im Hauptquartier von Tuff City Records, in der ziemlich B-Movie-haften Landschaft von Long Island City sitzt Aaaron Fuchs. Der Langzeitsammler von R&B-Platten und Autor des Motown-Kapitels in Alan Betrocks Buch *Girl Groups* erklärt offen, welchen Aspekt von Rap er nicht leiden kann:

»Der einzige Trend, der mir bei Rap nicht gefällt, ist der Message-Rap. Ich glaube, daß der Message-Rap das Äquivalent zu den Streicherarrangements im Rock'n'Roll der späten 50er ist: die Kapitulation vor den Normen der Erwachsenen, die die Musik nicht so nehmen können, wie sie ist. Dieselben Leute, die „Sixty Minute Man" von Billy Ward and the Dominoes und „Annie Had A Baby" für den Gipfel des 50er R&B halten, regen sich heute über die Hotel/Motel-Reime im Rap auf. Rap ist garantiert so nahe an der Essenz des Rock'n'Roll wie sonst nichts, das es heute gibt.«

Obwohl schon Kurtis Blow ein paar Message-Raps um 1980 aufgenommen hat („The Breaks" und „Hard Times"), waren es erst die Sugarhill-Aufnahmen von Grandmaster Flash and the Furious Five, die daraus einen Trend entstehen ließen. Zum Teil war das auch eine Reaktion auf Afrika Bambaataas „Planet Rock", eine Platte, die nicht von der Front kam und alle, die sich dort glaubten, überholte. Aber statt den Kraftwerk-Sound von „Planet Rock" aufzugrcifcn, bediente sich „The Message" eines Bakking, das mehr in der Richtung D-Train oder The Jammers lag: ein harter, ziemlich langsamer Beat, der elektronisch genug war, um Sugarhill in eine neue Ära der Tanzmusik mitzunehmen. Hauptsächlich von Ed Fletcher (bekannt als Duke Bootee) und Melvin Glover (Melle Mel) geschrieben, kamen zwar ein paar Verse aus „Superrappin'" noch mal vor, aber hauptsächlich war es ein Original, bei dem schockierende Details eines gewalttätigen und verfallenden New York mit so viel rhythmischen und melodischen Ideen zusammenkamen, daß es für einen riesigen kommerziellen Erfolg reichte.

Es war schon immer fraglich, wie sehr Zuhörer auf die Texte achten. Bei gesungenen Texten gibt es ohnehin die Tendenz, daß sie sich mit der Instrumentalspur vermischen, so daß man sich später nur noch an den Titel erinnert. Ein Problem, das bei Tanzmusik logischerweise nur noch größer wird. Rap-Texte werden dagegen abgetrennter von der Musik vorgetragen und die Möglichkeit

Aaron Fuchs im Hauptquartier von Tuff City

ins Detail zu gehen und direkt zu werden, ist größer. „The Message" nutzte diese Möglichkeit mit einer Pop-Sensibilität, die aber gleichzeitig ein hartes Tanzstück hervorbrachte. Die Stagnation der Rap-Texte hatte ein Ende.

Dennoch bestand Rap vorher nicht nur aus „Hotel/Motel/Mercedes/Young Ladies"-Reimen. Neben denen von Kurtis Blow gab es hier und dort noch Platten, die nicht aus Angebertexten bestanden. Community Peoples „Education Wrap" auf Delmar Donnell's Delmar International Records übertrug James Browns „Kids, stay in school"-Lektion auf die Gegenwart und Sweet Tees „Vicious Rap" machte klar, daß es einen gibt, „der schreien und kreischen wollte, damit die Regierung wisse, worum es uns geht". Die schärfsten Worte aber kamen von Brother D mit seiner Platte „How We Gonna Make The Black Nation Rise", veröffentlicht auf Clappers. Das Clappers Label gehörte Lister Hewan Lowe, einem Jamaikaner, der nach New York gezogen war, nachdem er mit Augustus Pablo für das Yard Music Label gearbeitet hatte. Brother D, ein junger Mathematik-Lehrer, der bürgerlich Dary Aamaa Nubyahn hieß, nahm eine Hip-Hop-Platte auf, um die Philosophie einer politischen und kulturellen Organisation namens National Black Science wiederzugeben. Ausgehend von der Überlegeung, daß Rap die entscheidende Musik in seiner Gegend der Bronx war, aber außer Werbung für die Künstler zu machen, nichts aussagte, entschloß er sich, mit Hilfe eines der populärsten Rhythmen der Zeit, Cheryl Lynns „Got To Be Real", etwas jenseits der üblichen Formel zu produzieren:

The Ku Klux Klan is on the loose
Training their kids in machine gun use
The story might give you stomach cramps
Like America's got concentration camps
While you're partyin on on on on on and on
The others may be hot by the break of dawn
The party may end one day soon
When they're rounding niggers up in the afternoon

[Der KuKluxKlan hat sich losgerissen / Sie lehren ihre Kinder Maschinenpistolen-Wissen / Die Geschichte mag dir auf den Magen schlagen / In Amerika haben sie Konzentrationslager / Und während ihr die ganze Nacht euer Parties feiert / Warten sie schon auf euch im Morgengrauen / Und dann erst werdet ihr euch wohl umschauen / Wenn man euch am Nachmittag abtransportiert]

Ebenfalls auf Clappers erschien „Ms D.J.Rap It Up!" von She. She hat viele Gesichter. Man erkennt sie in der U-Bahn, weil ihr Gesicht aus der Seifenoper *Another World* bekannt ist, wo sie die Rolle der Thomasina spielt, aber sie tritt auch als Ms. D.J. wie unter ihrem bürgerlichen Namen Sheila Spencer auf. Sheila sang seit ihrem fünften Lebensjahr im Kirchenchor in Brooklyn, ist eine ausgebildete Schauspielerin, hat auch schon im Hintergrund auf Kurtis-Blow-Platten „Paaardddy" gerufen und war sogar Cheerleader für Muhammad Ali, eine exzellente Schule für einen jungen MC. Mit ihrer Platte verfolgte Produzent Dennis Weeden seine erklärte Absicht, eine Rapperin im Markt durchzusetzen.

Denn, obwohl Rap eine Macho-

Melle Mel im Roxy

Hochburg darstellt, gab es ein paar Frauen mit Texten, die hängen geblieben sind. Sulas „Jungle Rap" fragte Tarzan, warum er immmer so hart zupacken müsse und Lady B erzählte von einem Kampf mit Superman, bei dem sie ihm mit Kryptonit am Kopf traf. Lady Bs Platte kam zuerst auf Tec heraus, einem Label aus Philadelphia und wurde dann von Sugarhill in einer leicht beschleunigten Fassung neu veröffentlicht (den Originalmix hatte Nick Martinelli besorgt, den man mittlerweile für seine gemeinsamen Mixes mit David Todd für West End kennt). „To The Beat Y'All" ist auch die Geschichte von Jack und Jill, die zum Spielen gehen und mit einem Baby zurückkommen, weil die „blöde" Jill die Pille vergessen hat. Sequence äußerten sich ähnlich mit ihrem „Simon Says" über Jungs, die jeden Tag „pumpen" wollen, aber jede Verantwortung für die Babies ablehnen, die sie mitproduzieren. Es kamen auch ein paar Zeilen aus dem „Clapping Song" von Shirley Ellis drin vor, der Mitte der 60er eine goldene Schallplatte bekam.

Shiley Ellis und ihr Autor Lincoln Chase waren ebenfalls Rap-Vorläufer. Wortspiel-Titel wie „The Name Game" oder „Ever See a Diver Kiss His Wife While the Bubbles Bounce About Above the Water" waren sogenannten Z-Language-Raps circa 20 Jahre voraus. Z-Language (ein Verwandter dessen, was Kinder bei uns „Hühnersprache" nennen [d. Übers.]) kommt etwa bei Frankie Smith' „Double Dutch Bus" („Double Dutch" entspricht unserem Seilspringen [d. Übers.]), UTFO „Beats And Rhymes" oder bei der abgedrehten Technolalie des Graffiti-Künstlers Rammelzee auf seiner Platte „Beat Bop" vor. Die eine Hälfte von UTFO, The Kangol Kid ist ein Breakdancer, der sich

Ms. D.J. alias Sheila Spencer

auf einen Stil spezialisiert hat, den er „Behinderten-Bewegungen“ nennt. UTFO tanzen für die Brooklyn-Rapper Whodini, rappen aber auch selber. Kangol erklärt die Wortspiele, die auf ihrer ersten Platte vorkommen: „Another new thing is Z-rap. It'd be like a code language. I would talk to him and his name is Doctor Ice. I would say: 'Dizoctor Izice. Yizo hizo bizoy wizon't youza kizoy mesover herezere?' – that's just saying, 'Yo, homeboy, why don't you come over here?' and what I did is make a rap out of that language. In New York they'd understand but Europe they just have to get up on it now.“ [„Neu ist jetzt auch dieser Hühnersprache-Rap. Da geht's um Geheimsprache. Wenn ich mit jemandem rede, der Doctor Ice heißt, sage ich etwa: 'Dochocklefotorhorlefor Iceheißlefeiß, wahumlefumrumhumlefum kommhommlefommst duhelfu nichthichtleficht malhallefal rühülefüberherlefer?' Das heißt nur: Hey Doctor Ice, warum kommst du nicht mal rüber?' In dieser Sprache habe ich gerapt, in New York versteht man das, in Europa müssen sie's noch lernen.“]

„Beat Bop“ von Rammelzee vs. K-Rob war zunächst nur eine Privatpressung, die der inzwischen verstorbene Künstler Jean Michel Basquiat auf Tartown-Records veröffentlichte und die dann Profile übernahm und vertrieb. Der Name Rammelzee ist zusammengezogen aus Ramm-elevation-Z, wobei Z als Symbol für eine Energie steht, die in zwei Richtungen fließt. Seine Gemälde und Zeichnungen sind auch für die Standards der HipHop-Kunstszene ausgesprochen ungewöhnlich. Die Sprache von Beat-Bop nennt Rammelzee „Slanguage“, er nutzt sie für einen Stream-Of-Consciousness-Rap, in dem ein Kind und ein Gangster das Für und Wider der Schule erörtern. Dazu läuft ein langsamer Trance-Beat, in denen Echo-Effekte fallen und sich auflösen wie Frühnebel. Die einzige Parallele, die einem dazu überhaupt einfallen kann, sind die Yoruba-Rhythmen der Fuji, Apala oder Waka aus Nigeria. Die Worte flutschen rein und wieder raus aus den HipHop-Klischees, in Gesellschaftskritik und in reinen Nonsense. Rammelzee, der Screamin Jay Hawkins des Rap:

»Bunny rock a ya don't stop
That long fingernail at the end of my tail
Oh my pinky cocaine make it slip-a-my lip,
Just make you freak when the paniwani was flip
Like the little pat to the dab'll make you my hip.
Shake shake rock body rock a hip an-a-hop,
Like a - RTMs my - Nose don't care about the rhythm that breaks.«

(Annnäherungsweise transkribiert, Übersetzung unmöglich)

Flash, Rahiem, Kid Creole und die neuen Mitglieder der Furious Five

Profile brachte auch „Street Justice" von The Rake, bürgerlich Keith Rose, wo alle Klischees fallengelassen wurden und nur noch Realismus regierte. Seltsamerweise stammt die unfreundliche Geschichte eines Bürgerwehrmannes, der seine vergewaltigte Frau rächen will, nachdem man die Täter freigelassen hat, von zwei alten Hasen der Songschreiberei, Blatt und Gottlieb, die u.a. „She Was My Girl" für die Four Tops geshrieben haben. „Street Justice" war typisch für die Themen, die nach „The Message" die Inhalte von HipHop bestimmten. Auch der Nachfolger von „The Message" selber, „Message 2 (Survival)" war eine Gemeinschaftsarbeit von Ed Fletcher und Melle Mel. Man konnte an dieser Nummer auch die ersten Anzeichen eines Auseinanderbrechens von Grandmaster Flesh and the Furious Five erkennen; denn schon Sylvias Durchsetzung von Melle Mel als Solo-Rapper auf „The Message" war der Anfang einer Teile-und-herrsche-Politik. „Message 2" griff den Stil der Fortsetzungsnamen von Hollywood-Filmen wie „Halloween II" oder „Rocky III" auf und verbreitete schlechte Nachrichten auf verschiedenen Ebenen: Chics „Good Times" waren (auch wirtschaftlich) ersetzt worden durch „Hard Times".

Es ist schon öfters darauf hingewiesen worden, daß Plattenfirmen perodienweise Platten mit politischem oder protestierendem Inhalt veröffentlichen und 1982 begann eine solche Periode. Trittbrettfahrer, die nähere Betrachtung dennoch verdienten, von reinem und zynischem Opportunismus zu unterscheiden, kann ein heikles Geschäft sein. Ganz abgesehen davon, daß die Wirkung einer Platte sich sowieso meistens von den guten oder schlechten Absichten ihrer Hersteller unterscheidet. Zu den erwähnenswerteren unter den Message-Hochdruck-Raps sollte man zählen: „The Bottom Line" von South Bronx auf Rissa Charissa, „Problems Of the World" von der Fearless Four (sehr guter Text von DLB), „You Gotta Believe" von Lovebug Starski (eher Überlebenstechnik als Protest) auf dem The Fever Label, „Bad Times (I Can't Stand It)" von Captain Rapp auf Becket Records, „It's Life (You Gotta Think Twice)" von Rock Master Scott and the Dynamic 3 und schließlich „Hard Times" von Run DMC, die letzten beiden auf Profile.

Der Widerspruch zwischen einer finanziell interessierten Begeisterung für blutigen Realismus und der scharfen Kritik an der Reagan-Regierung und ihren drastischen Einsparungen an Sozialausgaben ist schwer zu versöhnen. Das Nebeneinander von Protesten gegen Vergewaltigungen mit harten Macho-Posen oder sozialkritischen Texten mit einem teuren Leder-Outfit und Goldketten mag schwer in manchen Mägen liegen. Mit Jesse Jacksons Entscheidung, sich um die demokratische Präsidentschaftskandidatur bei den 84er Wahlen zu bewerben, änderte sich die Stimmung in der Politik amerikanischer Schwarzer. Der längst überfällige Gedenktag für Martin Luther King wurde eingerichtet und brachte Stevie Wonder dazu, seine Tribut-Platte „Happy Birthday" rauszubringen, auf deren B-Seite man Originalansprachen des Bürgerrechtlers hören konnte, u.a. das berühmte „I Have A Deam". Ebenfalls aus dem Soul-Lager kam ein Tribut von Bobby Womack und aus der Rap-Ecke kam „Martin Luther" von Hurt 'Em Bad and the S.C.Band aus Las Vegas. Hier trafen sich Kraftwerk, Wüsten-Funk und schwarze Politik und im HipHop-Sinne wurden Beats und gesprochene Worte zusammengebracht, nur daß diese diesmal eben von einem schwarzen Führer stammten.

Die Jesse-Jackson-Kampagne wurde von Face 2000 mit „Run Jesse Run" und Melle Mel mit „Jesse" untersützt. Letzteres war eine Gemeinschaftsarbeit von Melvin Glover, Reggie Griffin, Sylvia Robinson und einem der Isley Brothers, was an den geschäftlichen Verbindungen zwischen Sugarhill und den Isleys gelegen haben mag. Am überraschendsten aber war eine späte, posthume Veröffentlichung von Malcolm X auf Tommy Boy. Den harten Rhythmusmaschinen-Beat hatte Keith LeBlanc arrangiert, ein ehemaliger Werksschlagzeuger bei Sugarhill, und darüber nicht minder wütende Reden von Malcolm X gelegt. Es war unvermeidbar, daß die Platte Kontroversen aller Art auslösen würde. Zunächst juristische zwischen Tommy Boy und Sugarhill über die Rechte an den Reden. Dazu kamen Stimmen aus der schwarzen Community, die nicht einverstanden waren mit dieser Respektlosigkeit vor einem der wichtigsten schwarzen Führer. Paul Winley, der sowohl Reden von Malcolm X wie von Martin Luther King veröffentlicht hatte, meinte: „Das ist so, als würde man einen deiner Helden nehmen und dazu eine Party feiern. Als würde man eine Rede des Papstes nehmen und Disco-Musik dazu spielen, Here's John Paul, Baby!" Andere fanden einfach, daß weiße Schlagzeuger und weiße Plattenfirmen nichts mit schwarzem Nationalismus zu tun hätten.

Auf der anderen Seite hatte Dr. Betty Shabazz, die Witwe von Malcolm X, der Veröffentlichung zugestimmt. Und die Platte hatte die Stimmung der Zeit perfekt erwischt: „No Sell Out“ war neben Afrika Bambaataas Rebellen-Optimismus in „Renegades Of Funk“ und der militanten Break-Musik von einigen HipHop-Minimalisten der stärkste Bewerber um den neuen Geist des Punk von 1984.

10. Die Peitsche löscht das Kerzenlicht: Videospiele, Rhythmusmaschinen und Electric Boogie

Die frühen Rap-Platten mögen neu und frisch gewesen sein, aber sie waren zahm und harmlos, verglichen mit den unzensierten Reimen und Beats der Parks und High Schools. Was konnte ein DJ schon bei einer Plattenaufnahme machen? In „Superrappin" gab es eine Andeutung: The Furious Five singen: „Flash is on the beat box", aber die Rhythmusmaschine ist gar nicht zu hören. Der Funk wurde immer noch von einem Schlagzeug besorgt.

Dabei war Flash ein Pionier im Kombinieren von Plattenspieler-Tricks mit Rhythmusmaschinen-Improvisationen. Wobei er eine alte Rhythmusmaschine mit Keyboard von Vox benutzte, einer alten englischen Firma, deren Namen man auf den Verstärkern in alten Beatles-Filmen lesen kann. Ein Bootleg mußte her, um elektronisches Schlagzeug aus der Bronx herauszubringen. „Flash To the Beat" von Flash and the Five erschien auf Bozo Meko Records und war von Afrika Bambaataa im Bronx River Community Centre direkt vom Soundsystem abgenommen worden. Alle sogenannten Noise-Platten können im Vergleich dazu einpacken.

Sugarhill reagierte, indem sie die Band ins Studio scheuchten, um eine offizielle Version aufzunehmen. „Flash To the Beat" wird normalerweise weniger geschätzt als die Hits von Grandmaster Flash and the Furious Five, ist aber deswegen nicht weniger superb. Sechs Minuten lang ergeht sich die Furious Five in Slogans, Parodien von britischem Englisch (einer stetigen Quelle großen Vergnügens für Rapper), Solo-Gesang und Unisono-Chants, während Flash einen brodelnden Hintergrund nur aus Beats zaubert, aus Schlagzeug, Latino-Perkussion und seiner knatternden Rhyhtmusmaschine, die er durch ein Echo-Verzögerungs-Gerät jagt. Nach 5 Minuten und 50 Sekunden singt die Gruppe: „The bass is with the beat box playing" und Doug Wimbish steigt mit einem gemeinen Bass-Riff ein, das für die restlichen 5 Minuten bleibt.

Obwohl das Gegenteil oft behauptet wird, gab es die ersten ernsten Versuche mit elektronischen Schlagzeug in der schwarzen Musik. Elektronische Rhythmen waren zwar meistens ein Hilfsmittel für Organisten, etwa so wie man es in Timmy Thomas' „Why Can't We Live Together" hört, aber in den frühen 70ern waren es vor allem zwei Musiker, die Rhythmusmaschinen einsetzten, um eine größere Unabhängigkeit zu erreichen und die Möglichkeiten des Mehrspur-Studios besser ausprobieren zu können: Stevie Wonder und Sly Stone. Auch Sylvia Robinson and the Moments benutzten schon sehr früh elektronisches Schlagzeug, so daß man sich erst recht fragt, warum es so lange gedauert hat, bis Sugarhill mit „Flash To The Beat" rauskam.

Sly Stone benutzte die Rhythmusmaschine ausgiebig, um langsam Stücke darum herum aufzubauen, bei denen er alle Insurumente, auch das akustische Schlagzeug selber spielte. Ob die Leitspur mit dem elektronischen Schlagzeug gelöscht oder erhalten bleiben sollte, konnte er sich bis zum Schluß überlegen. Auf „There's A Riot Goin' On", Slys Drogen-inspiriertem Meisterwerk, ist der Sound elektronischer Rhythmusgeräte geradezu obszön präsent. Man hört sie auf „Time", „Spaced Cowboy", „Family Affair" und „Africa Talks To You 'The Asphalt Jungle'" ticken, zischeln und tuckern, manchmal so laut, daß sie der Gesangsspur den Platz wegnehmen. Das trägt zu einem Gefühl von Entfremdung bei, das ohnehin das Album durchzieht. Dabei paßt die Rhythmusmaschine perfekt zu Larry Grahams knallenden Baß (seinerseits der Zeit Jahre voraus), obwohl die menschliche Situation in der Gruppe eher unglücklich war. Larry Graham verließ die Band kurz nachdem er für „Fresh" ein paar unausgewiesene Beiträge geliefert hatte.

Seine neue Band, Graham Central Station, verfolgte einige der Ziele, die sich schon Sly & the Family Stone gesetzt hatten: Musiker verschiedener Rassen und beider Geschlechter spielen Rockbeeinflußten, schweren Funk. Auf einem ihrer Stücke, „The Jam" von 1975, zelebriert ihr Lead-Sänger Patryce „Chocolate" Banks das wahrscheinlich erste Solo einer Rhythmusmaschine in der Geschichte.

»Uh F.U.N.K. box
It's an F.U.N.K. box-box-ah
Play it on a funky box y'all
My name is C.H.O.C.L.E.T.
Chocolate.«

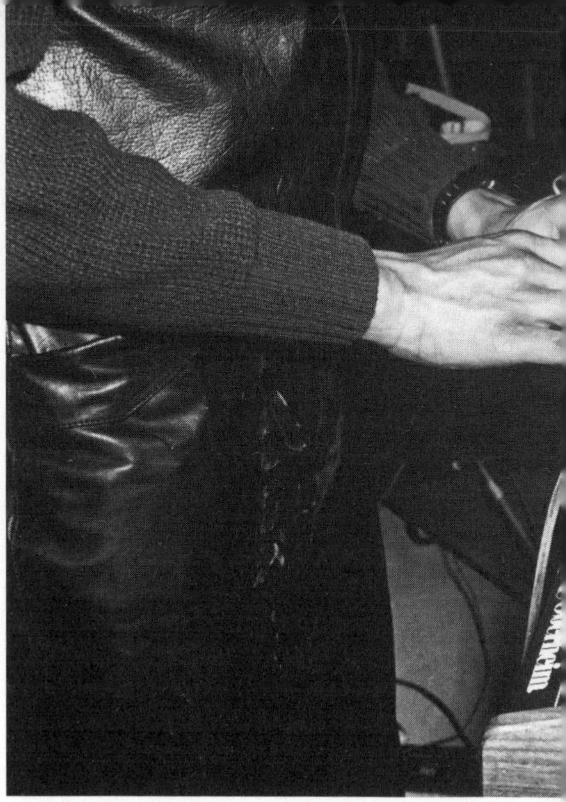

Und welches Instrument spielen Sie?

„The Jam" war eine von den B-Boys gern benutzte Break-Platte wie so viele von Sly & The Family Stone. Die Ideen aus Slys Koksschädel machten einen tiefen Eindruck auf den Apshalt-Dschungel von New York (wenn auch nur musikalisch, ansonsten waren harte Drogen in der B-Boy-Szene verpönt). Dazu kam, daß eine Rhythmusmaschine sich als das ideale Instrument für eine Show mit MCs erwies. Man brauchte die Maschine nur neben den Plattenspielern einzustöpseln und schon konnte der DJ zwischen zwei Armaturenbrettern wechseln wie es ihm beliebte, ohne aus seinem Konzept zu kommen. Flash feilte an den Künsten des Cuttens und des Scratchens und bediente dazu manuell eine Rhythmusmaschine. Immer mehr sahen DJs bei ihrer Arbeit

Rockin to the beat box.

aus, als würden sie an Olympischen Spielen teilnehmen. Flash erzählt, wie er zu seinem Namen gekommen ist.

»Irgendjemand hat mir erzählt, daß es schon vor mir einen Grandmaster Flowers gegeben hätte. Aber ich bekam meinen Namen von meinen Fans. Das war 1974 an meinem Geburtstag. Joe Kid war in meiner Clique einer von den schwierigen Typen, aber er war ein guter Freund von mir. Er meinte: „Flash, so wie du es machst, kannst du dich nicht einfach nur noch DJ Flash nennen. Grandmaster klingt besser, find ich. Das solltest du davor setzen.“ Nachdem ich diesen Titel hatte, wußte ich, daß ich nun sozusagen ins Labor gehen müsse, um neue Tricks zu erfinden.«

Grandmaster war in der Tat ein guter Name für die Fähigkeit zu extremer Konzentration, Geschicklichkeit und körperlich beherrschter Genauigkeit, die man brauchte, um oben zu bleiben. Wie Flash an anderer Stelle sagte, „wenn du zu viele Fehler machst, kannst du erschossen werden.“

In der dumpfen Atmosphäre von Schul-Turnhallen schwang sich die Phantasie zu Bildern auf, in denen die Musik zu einem mythischen Kampf zwischen dem Superhelden der DC-Comics, Flash, dem schnellsten Man auf Erden und den Großmeistern der Shaolin wurde, mit ihren Heuschrecken-Fäusten, besoffenen Säbeltricks und Kung Fu. Eine wilde Truppe aus einarmigen Boxern, taubstummen Heldinnen und Mönchen mit weißen Augenbrauen traf auf das seltsam verkleidete Alter ego des Polizeiwissenschaftlers Barry Allen, Flash. Als sich der Nebel lichtete, war ein neuer Superheld geboren: Grandmaster Flash. Und ein Haufen Imitatoren solten ihm folgen: The Ghost of Flash, Grandmaster Caz, Grand Wizard Theodore, und schließlich als letzte Gemeinheit, ein falscher Grandmaster Flash, der mit Melle Mel auftrat, nachdem sich die Gruppe 83 getrennt hatte.

Kampfsportfilme aus HongKong hatten die Blackxploitation-Filme der frühen 70er abgelöst. Noch heute kann man Filme mit den Großmeistern in den Times-Square-Kinos sehen, neben japanischen Ninja-Streifen und der jeweilsten neusten Dirty-Harry-Folge mit Clint Eastwood; inmitten eines bunten Straußes aller Arten von Pornofilmen. Thomas Cripps erklärt in seinem Buch *Black Film as Genre*, warum chinesische

„Grandmasters": Kung-Fu am Times Square

Produktionen einen so starken Einfluß auf schwarze Jugendliche in Amerika ausüben.

»Die schwarzen Jugendlichen, die sich ursprünglich für „Blaxploitation"-Filme interessierten, wandten sich bald ab und anderen Genres zu, Kampfsport- oder Science-Fiction-Filmen, in denen blutige Rachegeschichten in fernöstlicher Umgebung erzählt wurden. Schwarze Jugendliche, die vor Macht- und Lustphantasien zurückschreckten, suchten sich stattdessen Symbole anderer Kulturen, die trotz ihrer orientalischen Umgebung als Metaphern für die afro-amerikanische Erfahrung dienen konnten. Kampfsportfilme lieferten Schwarzen comicartige Vergeltungsstories, deren Choreographie eine Gewalt inszenierte, die im literarisch geprägten amerikanischen sozialen Realismus nicht zu haben war.«

Wir sind die Funk-Roboter: Kraftwerk

Video-Arkaden teilen sich das Terrain der zwielichtigen 42sten Straße mit Drogenhändlern, schrägen Plattenläden im Souterrain und Schmuddelkinos. Videospiele hatten einen immensen Einfluß auf späteren HipHop: die Arkaden fiepen, blubbern und pulsieren vierundzwanzig Stunden am Tag und sind für all die rastlosen Vidkids geöffnet, die nicht wissen, wohin. Seit die Japaner die Spielerfindungen des Amerikaners Nolan Bushnell ausquetschen, ist der größere Teil der bewohnten Welt mit Space Invaders, Gorgars, Missile Commands, Dragon Lairs und Pacmans gut eingedeckt. Neben ihren suchterzeugenden Eigenschaften und ihrem unstillbaren Appetit auf Münzen gewähren diese Maschinen aber auch einen leichten Einstieg in die Welt der Computer-Technologie.

Auf der zweiten Seite jenes „Death Mix", der live in der James Monroe High School in der Bronx aufgenommen wurde, kann man hören, wie Afrika Bambaataa und Jazzy Jay „Firecracker" vom Yellow Magic Orchestra reinmixen. „Firecracker" ist eine elektronische Coverversion einer Nummer des in Hawaii lebenden amerikanischen Komponisten Martin Denny, der hauptsächlich auf fremdartige Easy-Listening-Musik spezialisiert ist, und folgt auf dem YMO-Album von 1979 einer Nummer namens „Computer Games", einer durchgeknallten Simulation des Maschinenfiepens und -quietschens, des Donners und der banalen Tonfolge, die die Geräuschkulisse von Video-Arkaden bilden. Außer YMO mochte Bambaataa noch Gary Numan, dessen „Cars" auch andere HipHopper aus unverständlichen Gründen schätzen, und Kraftwerk. Kraftwerk hatten es vorher geschafft, in alle Marktsegmente der amerikanischen Musikkultur einzudringen, von „Easy Listening" bis „R&B". Bam erinnert sich an ihren Einfluß:

»Ich kann mir vorstellen, daß Kraftwerk gar nicht wissen, wie wichtig sie für die schwarzen Massen '77 waren, als ihr „Trans-Europe Express" rauskam. Ich dachte sofort: das ist eine der irrsinnigsten und besten Platten, die ich je gehört habe. Ich sagte mir, entschuldige die Ausdrucksweise, was für eine bediente Scheiße! Alle waren verrückt danach. Als sie mal rüberkamen und eine Show im Ritz gegeben haben, haben sie vielleicht begriffen, wie groß sie hier sind. Sie mußten vier Zugaben geben und die Leute wollten sie immer noch nicht weglassen. Einfach toll, diese Gruppe zu sehen. Was Computer und das Zeugs alles können! Die haben zum Beispiel Taschenrechner genommen, irgendwas dazugetan und sie wie Musikinstrumente gespielt. Das war funky. Irgendwann sah man Telephone, Drucktastenmodelle. Sie sind echte Meister im Umgang mit all diesen industriellen Gerätschaften.«

Dabei sind Kraftwerk ja nun eigentlich wirklich die denkbar unwahrscheinlichste Gruppe, um eine solche Wirkung auf junge Schwarze auszuüben: vier Schaufensterpuppen im Anzug, die kaum je einen Muskel bewegten, wenn sie spielten. Aber sie waren die erste Band, die versuchte, so etwas wie die rhythmische Raffinesse schwarzer Tanzmusik ausschließlich mit Computern zu erreichen. Und sie waren eine Freude für Kinder, die bereits im Zeitalter der Mikrochips und deren Alltagsgeräusche aufgewachsen waren. Das George-Clinton-Imperium hatte schließlich Sex, Science Fiction und Comics so weit wie möglich in seiner

Choreographie der Gewalt

Die Playland-Arkade am Times Square

exzessiven Bühnenshow ausgereizt, die vier arischen Roboter, die nichts taten, außer auf Knöpfe zu drücken, waren einfach das andere Extrem.

Die LP-Fassung von „Trans-Europe Express“ ist extrem lang: 13 Minuten und 32 Sekunden. Klar, daß diese Version mit ihrer unheimlichen Atmosphäre, ständigen Veränderungen im Aufbau bei einem absolut gleichmäßigen Beat und seine Vocoder-verfremdeten Stimmen bei den B-Boys zum Klassiker wurde. Bambaataa pflegte Reden von Malcolm X und anderen Ministern der Nation Of Islam drüberzulegen oder Martin Luther King und Flash tat etwas für ihn noch ungewöhnlicheres: „Trans-Europe Express“ war eine der wenigen Platten, die er einfach in ihrer ganzen Länge durchlaufen ließ, ohne zu mischen oder zu scratchen oder sonstwie zu manipulieren: „‘Trans-Europe Express’ war ein Platte, bei der man nicht viel machen konnte, sie mischte sich sozusagen ganz von alleine. Ruh dich aus, rauch ’ne Zigarette, geh’ aufs Klo!“

Für seinen Tommy-Boy-Nachfolger von „Jazzy Sensation“ benutzte Afrika Bambaataa Elemente aus „Trans-Europe Express“ – insbesondere das rhythmische Gefühl und die einfache Melodienlinie –, fügte Ideen aus Kraftwerks „Numbers“ und „Super Sperm“ von Captain Sky hinzu. Eine weitere Quelle war eine Platte namens „The Mexican“, eine Rockgitarren-Version einer Ennio-Morricone-Nummer für Sergio Leones Film *Für eine Handvoll Dollars mehr*. In seinem Buch *Spaghetti Westerns* beschreibt Christopher Frayling die Filmkompositionen Morricones „als ob Duane Eddy mitten auf einer übervölkerten Via Veneto Rodrigo getroffen hätte.“ Sehr HipHop-mäßig also.

„The Mexican“ konnte man auf einem Euro-Disco-Album hören, das auf West End Records erschienen war, *Bombers*. Dieser 12 Minuten-Mix mit seinen äußerst langen Percussion-Breaks wurde vom Gitarristen Alan Shacklock mit „Ergänzungen“ versehen. Ein Mann, der die Hauptfigur bei der englischen Prog-Rock-Band Babe Ruth war, die schon 1972 eine schlaffe Tanzversion von „For A Few Dollars More“ gemacht haben. Bambaataa mischte nun die beiden Versionen mit Kraftwerk. Alle hatten die Spannung einer Konfrontation gemeinsam, bei der eine melodramatische, isolierte Melodie auf einen Beat trifft. Und das war letztlich auch das Prinzip von „Planet Rock“: denn so hieß schließlich die Platte, die bei dieser Frankenstein-artigen Züchtung entstand.

„Planet Rock“ klang beim ersten Hören so seltsam, daß man sich kaum vorstellen konnte, daß irgendjemand diese Platte kaufen würde. Aber sie wurde nicht nur einer der größten Hits des Jahres 1982, sondern kann als verantwortlich für eine ganz neue Richtung von Tanzmusik bezeichnet werden. Den Machern, Bambaataa, den MCs der Soul Sonic Force (Mr. Biggs, G.L.O.B.E. und Pow Wow), Produzent Arthur Baker und Keyboarder John Robie war es gelungen, eine Party-Atmosphäre mit vorantreibenden elektronischen Rhythmen und lauten Scratch-Effekten zu verbinden, so daß es klang, als hätte man ein ganzes Orchester in den Weltraum gejagt. Von dem ersten Moment, wenn Bambaataa ruft: „Party people, party people – can y’all get funky?“, an, macht „Planet

Rock“ so süchtig wie das Videospiel mit dem „Donkey Kong“, das damals populär war.

Auch waren Soul Sonic Force vorher noch nie so auf Platte zum Zuge gekommen. G.L.O.B.E. war der Erfinder einer Zeitlupen-Rap-Technik, die er MC Popping nannte: wie der Turtle Man in den Flash Comics läßt man Pausen zwischen Worten und Sätzen, und zwar meistens dann, wenn man es nicht erwartet. G.L.O.B.E war der Autor der meisten Soul-Sonic-Force-Texte. Er lernte Bambaataa kennen, als sie auf die Bronx River High School gingen. Eigentlich wollte er sich der Funky Four anschließen, aber da sie schon bekannt waren, probierte er Bambaataa aus:

»Ich traf mich mit Pow Wow. Er hat mir immer zugehört, wenn ich im Park gerappt habe. Wir waren gute Freunde. Einmal meinte Pow Wow: „Laß uns zum Bronx River gehen“, mit einem Song, den ich geschrieben hatte. Bam hörte ihn, mochte ihn und nahm mich auf. Am Anfang waren es acht Rapper. Als ich dazu kam, verschwanden alle, außer Mr Biggs, Pow Wow, Lisa Lee, Hutch und Ice Ice. Nach einer Weile fielen auch Ice Ice und Hutch aus. Lisa Lee schloß sich der Cosmic Force an. Seitdem sind wir drei die Soul Sonic Force.

Ich würde das Zeug, das ich mache, nicht mal rappen nennen. Ich nenne es MC Popping. Es entstand beim täglichen Üben. Ich lief stundenlang rappend in der

Arthur Baker, Soul Sonic Force, Shango und Afrika Bambaataa treffen sich im Shakedown-Studio

Wohnung rum, rappte beim Abwaschen, unter der Dusche. Und das lange bevor irgendjemand an Rap-Platten gedacht hat, so um 76, 77.«

Im Funhouse an der 26sten Sraße bläst in einer unglaublichen Lautstärke „Looking For The Perfect Beat", der Nachfolger von „Planet Rock", seine idealistische Botschaft aus den massiven Lautsprechern. Lichter gehen an und aus und betonen noch die Jahrmarkt-atmosphäre, die hier ohnehin herrscht. Das Publikum ist ausgesprochen jung und hauptsächlich italienisch oder spanisch, Schwarze halten sich eher fern. Die Musik, zu der sie tanzen, ist der nervöse elektrische Funk, der in der Nachfolge von „Planet Rock" entstanden ist. In der DJ-Kabine, die die Form einer Clowns-Maske hat, sitzt John „Jellybean" Benitez, auch ein DJ, der es zum Produzenten gebracht hat. Sein Talent, aus Tapes neue Mixes mit einer Videospiel-Ästhetik zu basteln, war maßgeblich an der Ausdehnung von HipHop nach Downtown und darüberhinaus auf den internationalen Markt beteiligt. Afrika Bambaataa erzählt, wie HipHop südlich von Harlem und der Bronx langsam in das Nachtleben einsickerte.

»Die Tapes waren unsere Alben in der Zeit, als noch niemand daran dachte, Rap-Platten aufzunehmen. Die Leute hörten diesen Rap überall aus den Lautsprechern kommen. Als die Tapes im Village angekommen waren, wollten die Leute wissen: wer ist dieser schwarze DJ, wer spielt das ganze Punk und New Wave Zeugs da oben in der Bronx? Und ich war derjenige, der als einziger all diese Formen von Musik spielte. Man lud mich ein, Downtown im Mudd Club aufzulegen. Dann besuchte mich Malcolm McLaren in meiner Wohnung in der Siedlung am Bronx River und war beeindruckt. Er bot mir an, mit meiner Gruppe zusammen mit BowWowWow im Ritz aufzutreten.

Zu der Zeit fand man Downtown langsam raus, was es mit Rap auf sich hatte. Flash kannten sie schon, weil der ein besseres Management hatte, das sich wirklich um ihn kümmerte. Die Presse machte mit und deswegen dachte eine Zeit lang jeder, er sei der einzige, den es da draußen gäbe. Ich habe damals niemandem getraut. Ich war unabhängiger als die anderen DJs. Ich ließ niemanden an mich heran. Ich wollte selber meine Karriere mit der Soul Sonic Force planen, und auch für die ganzen anderen Gruppen, die zur Zulu Nation gehören. Ich habe immer von der Straße aus operiert. Ich hab mir auch meine Anhänger auf der Straße rekrutiert, so habe ich schließlich die Zulu-Nation aufgebaut. Ich war nicht darauf angewisen, nach Downtown zu kommen, ich hatte schon mein Publikum.

Als sie aber da unten meine Tapes gehört hatten, luden sie mich in den Mudd Club, das Ritz, die Peppermint Lounge ein und ich hatte plötzlich jede Menge weiße Fans. Schließlich landete ich im Negril mit Michael Holman und Lady Blue. Die Donnerstag-Nächte wurden zu den wichtigsten Ausgehabenden in Downtown. Dann wurde es zu groß für das Negril. Als die Feuerpolizei den ganzen Laden räumen ließ, zogen wir in die Danceteria. Dann wurde es zu groß für die Danceteria und wir gingen ins Roxy, wo wir schließlich blieben. Es steigerte sich langsam im Roxy und heute kommen jede Freitag Nacht an die 3000–4000 Leute. Es wurde schließlich ein großer kommerzieller Erfolg: Filmstars ließen sich sehen und es werden noch immer mehr und mehr Leute.«

Zur Eroberung des übrigen New York durch HipHop trug sowohl die Rap-Party im Ritz im März '81 bei als auch die Beteiligung der Funky Four an einem Video und einer Tour, die das Kitchen (ein Ort der Kunstszene) organisierte und natürlich die Rap-Platten weißer Bands wie Blondie und Tom Tom Club. Als authentische Straßenkultur, die unzufriedene Jugendliche geschaffen hatten, war Rap unwiderstehlich. Einerseits war Rap romantisch und verwegen, andererseits leicht zugänglich. In der Regel gab es bei so einer Rap-Veranstaltung DJs, MCs, Graffiti-Künstler, die an Ort und Stelle arbeiteten, Electric-Boogie- und Break-Tänzer und manchmal auch eine Double-Dutch-Seilspring-Vorführung.

Das Interesse der Presse nahm nie dagewesene Ausmaße an. Rap-Versatzstücke tauchten plötzlich an allen Ecken und Enden der Unterhaltungsbranche auf: Musik, Komik, Politik. Das Hauptproblem beim Kopieren schwarzer Musik, der Gesang, konnte nun umgangen werden, weil fast jeder rhythmisch sprechen kann.

Sogar der notorische Malcolm McLaren, ehemals Manager der New York Dolls, Sex Pistols und von BowWowWow, schuf eine stark von HipHop inspirierte Melange aus Rap, Latin, Folklore aus den Apalachen und Zulu-Musik und verbuchte mit der Hilfe der WHBI-Radio-Rapper, dem World Famous Supreme Team und Produzent

Die Mädels im Funhouse

Das Funhouse –
Tempel der Electric-Boogie-Periode

Trevor Horn einen persönlichen Erfolg. 1983 hatte die Mode dann noch weitere Kreise gezogen, als Charlie Ahearns äußerst angenehmer Dokumentar-Film, *Wildstyle*, und der extrem unangenehme Massenerfolg *Flashdance* rauskamen; 1984 folgte dann die Sintflut der Breakdance- oder Beat-Street-Filme. Nach zehn Jahren hatte HipHop also endlich die internationale Massenkultur erreicht.

Der rein elektronische Klang von „Planet Rock“ wurde zum Sound der Straße. Die unglaublichen Fortschritte der elektronischen Musiktechnologie während der 70er und frühen 80er hatten die Möglichkeiten des Musizierens radikal verändert. Rhythmusmaschinen wie der Roland 808, ein Analogcomputer mit Mikroprozessor-Memory und einige teurere und bessere digitale Geräte wie der Linn Drum und der Oberheim DMX, kompakte vielstimmige Synthesizer und das elektrische Schlagzeug von Simmons ermöglichten es dem Musiker, perfekte Stücke anzufertigen, ohne den Kontrollraum des Studios zu verlassen und ohne auch nur einmal auf die andere Seite der Glasscheibe zu gehen und ein Instrument in die Hand zu nehmen.

Dem Erfolg von „Planet Rock“ schloß sich „Rockin It“ von Fearless Four auf Enjoy an. Zuvor hatten sie für Bobby Robinson ein Lied namens „It’s Magic“ aufgenommen, das auf einem Cat-Stevens-Stück basierte. Aber erst durch „Rockin It“ wurden sie was Besonderes. Das ging schon beim grusligen Anfang los, wo jemand droht: „They’re here“: das war der Schlüsselsatz und Werbeslogan des Tobe Hooper/Steven Spielberg-Films *Poltergeist*. Pumpkin (wer sonst?) wiederholte 137mal ein schiefes Synthe-

Double-Dutch-Vorführung

The Fearless Four im Copacabana

sizer-Riff, das man von Kraftwerks „Menschmaschine“ geklaut hatte. Dazu kam dann nur noch ein peitschender elektronischer Beat und der Rap. Aber das war genau der Sound, der die Stimmung der Möchtgern-Androiden und Videokids wiedergab, die dazu den Electric Boogie tanzten. Die Fearless Four plaudern aus ihrer verwickelten Geschichte.

Master O.C.: »Es ging vor circa acht Jahren los. Mit mir und Tito. Wir nahmen zuhause Tapes auf und verkauften sie auf der Straße für 10 Dollar. Die Leute mochten Titos Stimme und meine Mixes.«

Tito: »Wir ließen Leute ihre Künste vorführen, um zu sehen, wer noch bei unserer Gruppe mitmachen könnte. Wir verkauften unsere Tapes gut und bauten eine Kundschaft auf, das heißt: man kannte uns.«

Master O.C.: »Wir hießen The Houserockers Crew.«

Tito: »Und wir verkauften die Tapes in Manhattan, Queens und der Bronx. Sie waren schon allgemein bekannt, als wir es dann wirklich wissen wollten, ob die Leute uns kennen. Wir nahmen jemanden auf, Mike Ski, der gut war. Er hatte einen anderen Rap-Stil drauf als ich. Nach einer Weile trafen wir dann Peso und der hatte einen Stil, bei dem Rap in Gesang übergeht.«

Master O.C. : »Damals, als Peso dazukam, machte auch noch Troy B von der Disco Four bei uns mit, so daß wir vier Leute waren. Wir wurden Troy B wieder los und fanden DLB, als wir eine Talentshow veranstalteten. Wir klangen gut zusammen: Tito, Peso, DLB und Mike

Ski und ich. Dabei blieb es und so wurden wir die Fearless Five.

Mike C.: »Dann verließ Mike Ski die Gruppe, weil er heiratete und sein Eheleben sich nicht mit seiner Kariere vertrug. Deswegen sind wir heute die Fearless Four. Und produzieren Hits.«

Wenn sich Rap-Gruppen die Sowieso-Four oder -Five nennen, heißt das nicht immer, daß sie wirklich vier oder fünf Mitglieder haben, der DJ wird manchmal einfach nicht mitgezählt. Zu den Fearless Four gehörte The Mighty Mike C, The Devastating Tito, The Great Peso und DLB, The Microphone Wizard, am Plattenspieler hinter ihnen wirkt Krazy Eddie, benannt nach der Kette von Billiggeschäften mit der durchgeknallten Werbung und der Master O.C., der außer ihnen für Gruppen wie The Fantasy Three mit ihrem „Biters In the City" produziert hat. Sie sprechen von den Platten, deren Beats sie benutzen, bevor sie anfingen, Platten aufzunehmen.

O.C.: »Wir benutzten Jazz-Platten. Bob James, Groover Washington, Herbie Hancock, *Headhunters* z.B., Isaac Hayes. Wir haben all die alten Platten benutzt, auf denen wir einen Beat finden konnten.

Peso: »Kraftwerk – das ist unsere Soul-Gruppe.«

Toto: »Wir haben uns eigentlich um alle Arten von Musik gekümmert. Jazz, Pop und was es sonst noch so gibt. Wir haben uns oft nur nach den Titeln gerichtet. Bei einer Platte, die *Headhunters* hieß, fragt man sich natürlich: Kopfjäger – da müßten eigentlich ein paar gute Beats drauf sein. Also kauften wir *Headhunters* und wir liebten die Beats und entwickelten sofort Songs auf ihrer Basis. Wir benutzten vor allem ein Stück. Daraus nahmen wir eine Stelle, nur ein Tik tik-atik bomm da boom chh doom da doom ch und spielten sie immer abwechselnd von einem der beiden Plattenspieler. Das klang wie eine völlig andere Platte.«

Nach „Rockin It" verließen sie Enjoy (wie alle anderen) und gingen zu Elektra. Wenn sie geglaubt hatten, daß eine größere Plattenfirma ihnen helfen könnte, ein größeres Publikum zu erreichen, hatten sie sich getäuscht. Ihre erste Platte hatte Lary Levan gemixt. Larry war eher ein Disco- als ein HipHop-Mixer und man kannte ihn von Platten wie Instant Funks „I Got My Mind Made Up" oder Skyys „First Time Around". Aus welchem Grund auch immer: „Just Rock" (das auf Gary Numans „Cars" basierte) wurde ein Flop.

Die Fearless Four meinen, daß die besten und auch die kommerziellsten Ideen von den Rappern selber kommen. Sobald eine Plattenfirma meint, irgendetwas besser zu wissen, verliert die Band ihren Strassenappeal. Sie nennen „Just Rock" den ersten Punk-Rock-Rap (eine ziemlich unheilige Allianz). Ihre Freunde von den Cold Crush Brothers wollten zu diesem neuen Genre für Tuff City Records ebenfalls einen Beitrag liefern, indem sie ihre bekannten Cold-Crush-Reime mit einem „englischen" Flair versehen, was für sie heißt: eisige Synthesizer-Klänge, Rock-Gitarren und ein gefälschter britischer Akzent. Die Vorstellung von Punk ist oben an der Washington Avenue, von wo Cold Crush Brother EZ-AD kommt,

The Fearless Four im Funhouse

so exotisch, daß ihr Punk-Rap natürlich zu einer Lachnummer von vielfach gestapelten Synthesizer-, Rock- und HipHop-Sounds weden mußte. Die weißen Jungs wollten jetzt auch mitmachen und so kam es zu einem schmuddeligen Porno-Scratch-Stück namens „Cookie Puss" auf Ratcage. „Cookie Puss" war von den Beastie Boys, einer weißen Hardcore-Gruppe, als deren Lieblingsband sich Kiss herausstellte. Mit der an eine Mr-Carvel-Eis-Werbung angelehnten (Cookie Puss – das Eis-Sandwich aus dem Weltall) Nummer brachten sie Oralverkehr, Telephonbelästigungen, Fressalien und Geschlechtskrankheiten mit einem impliziten Rassismus zusammen. Zurück in den Käfig, Beastie Boys!

Cold Crush und The Fearless Four mögen ja meinen, daß ihr Rock-Rap neu ist, aber schwarzen Rock gibt es schon eine ganze Weile. Jimi Hendrix und Sly Stone lieferten die Modelle, die während der 70er von Bands wie der Jimmy Castor Bunch, Funkadelic, Sons Of Slum, den Barkays und den Skullsnaps und in jüngerer Zeit von Prince und Rick James übernommen und erweitert wurden. Zwei Musiker am Rande der Rap-Szene hatten in den 70ern in Detroit am Crossover von Funk und Rock mitgewirkt. Dennis Weedon, der u.a. mit Ms DJ, Kenton Nix und Lenny White gearbeitet hatte, kam 1977 zusammen mit Bill Laswell, einem Bassisten, nach New York. In Michigan hatten die beiden in einer Gruppe namens Solar Eclipse zusammengearbeitet und nachdem sie sich ein Jahr in New York ein Loft geteilt hatten, gingen sie ihrer eigenen Wege.

1979 tat sich Laswell mit dem Synthesizer-Spieler Michael Beinhorn, dem

Schlagzeuger Fred Maher und dem Gitarristen Cliff Culteri zusammen, um die Band Material zu gründen. Sie sollten der Kern einer frei beweglichen Gruppierung von Musikern werden, die aus den Lagern des Free Jazz, der Improvisationsmusik und der Tanzmusik rekrutiert wurden. Durch die Verbindung zu dem französischen Celluloid-Label, das seinen Sitz in der Nähe vom Times Square hat, kamen Laswell und Beinhorn dazu, einen Haufen hauptsächlich elektronischer Rap-Platten zu produzieren. Bill erzählt:

»Es entstand durch dieses Label, das wir Celluloid nannten. Sie wollten Platten für Frankreich machen. Ich hatte zwar schon vorher diese Musik gekannt, aber ich hatte noch nie was mit ihrer Herstellung zu tun. Wir hatten allerdings Tanzplatten gemacht, die all die Kids, die HipHop-Platten machten, schon gehört oder gar selber aufgelegt hatten und die in den Clubs liefen. Dann hatte das Label plötzlich die Verpflichtung, möglichst schnell fünf Rap-Platten zu produzieren. Das war damals für mich keine allzu große Schwierigkeit, weil ich schon Funk-Platten produziert hatte, ich mußte es nur genauso machen, alles etwas minimialisieren und bestimmte Elemente stärker betonen. Ich dachte nicht, daß es irgendwas bedeuten würde. Es machte Spaß, das Zeug aufznehmen, aber ich glaube es machte mehr Spaß, die Dinger zu machen als sie zu hören.«

Von den fünf Platten wurde eine von The Clash produziert, eine schwache und amteurhafte Erzählung der Geschichte des Graffiti von Graffiti-Künstler Futura 2000; „Smurf For What It's Worth" von den Smurfs entstand unter Mitwirkung von den Peech Boys und ist lächerlich schlecht; „Une Sale Histoire" von Fab Five Freddy ist verzeihlich, aber wegen seiner B-Seite, auf der Beeside, eine weiße Kalifornierin, auf Französisch rappt; „The Roxy" von Phase II war stark in seinem Minimalismus und „Grandmixer Cuts It Up" von Grandmixer D.ST and the Infinity Rappers (KC Roc und Shahiem) schließlich stand im Zeichen der Video-Kriege: Sequencer-Fiepen, Vocoder-Stimmen, elektronisches Geballer und Detonationen von smarten Bomben. Das Spiel Defender auf deinem Plattenspieler.

Das Lieblingsvideospiel von Grandmixer D.ST ist Ms.Pacman, seine Lieblingsfernsehserie *Raumschiff Enterprise*. Die farbigen Cover für diese fünf Celluloid-Veröffentlichungen sind Ikonen der HipHop-Bewegung: Graffiti-Kunst auf der Rückseite und Personen-Porträts auf der Vorderseite. Der Grandmixer, der mit bürgerlichem Namen Derek Showard heißt und auf der Delancey Street in der Lower East Side wohnt, daher das Kürzel D.ST, posiert für das Foto in seinem Zimmer, wobei er eine Variante der B-Boy-Uniform mit weißen Handschuhen trägt. Hinter ihm erkennt man zwei Plattenspieler, Mischpult und Kopfhörer, farbige Schallplatten und eine 3-D-Brille. Zu seiner Rechten steht sein Fernsehgerät, seine Aktenkoffer und seine Sonnenbrille. B-Boy sein heißt cool sein.

Die Platten waren so schwach, weil keiner der beteiligten Künstler seine wahren Stärken einsetzen konnte. Fab Five Freddy, Futura und Phase II sind

Graffiti-Künstler und D.ST ist ein DJ und Scratcher. Freddy (Braithwaite) macht sich über seine Rolle in der Szene keine falschen Vorstellungen. Er verdirbt den romantischen Mythos, daß alle HipHopper aus halb-niedergebrannten Mietskasernen stammen. Der aus Brooklyn stammende Freddy gibt zu, daß er anfangs vor allem „ein Voyeur gewesen (sei), aber später habe ich als Katalysator gewirkt und damit auch die Szene erweitert..“ Seine Eltern waren Anwälte (sein Vater managte u.a. Jazzmusiker wie den Schlagzeuger Max Roach und den Trompeter Clifford Brown) und er studierte Logik, bevor er sich Graffiti zuwandte und dafür bekannt wurde, die IRT-U-Bahn mit seiner Version von Warhols Suppendosen zu schmücken. Neben Lee Quiñones gehörte er zu den Gründungsmitgliedern der Graffiti-Gruppe The Fabulous Five aus Brooklyn.

Wo Rap weltweit von einem Publikum gefräßig konsumiert wird, das in der Regel von der Geschichte schwarzer Musik keine Ahnung hat, ist es klar, daß wichtige Unterscheidungen durcheinandergeraten. In der Pop-Musik werden Stars in der Regel eher als Images repräsentiert, denn als menschliche Wesen mit spezifischen Fähigkeiten und Talenten. Da ist es kaum verwunderlich, daß Grandmaster Flash, Afrika Bambaataa und Fab Five Freddy als „Rapper“ bekannt sind. Erst nach und nach setzt sich die Auffassung durch, im HipHop eher eine Haltung zu sehen, die sich verschiedener Ausdrucksformen bemächtigt, die jede für sich schon länger bekannt sind: Tanz, Mode, Graffiti, DJ-Kultur und Schulhof-Rappen.

Die meisten Graffiti-Künstler sagen, daß ihre Bewegung von einem Teenager ausgelöst wurde, der sich TAKI 183 ab-

Spezifische Talente der Coolness: Grandmixer D.ST bei der Arbeit

kürzte, ein griechischer Junge namens Demetrios, der an der West 183sten Straße wohnte. TAKI war zwischen 1970 und 1972 der König der Magic Markers, doch Graffiti ist schon in den 60er Jahren Gegenstand von Studien gewesen. In R.Lincoln Keisers Buch über die Chicago Vice Lords gibt es einige Fotos von Wandinschriften, die Territorien markieren. Und Herbert Kohls Essay „Names, Graffiti and Culture“ analysiert sowohl die Gründe von Graffiti wie die Entstehung der Tags, der Abkürzungen, die Graffiti-Künstler anstelle ihrer bürgerlichen Namen verwenden. Kohl berichtet von den Veränderungen in der Graffiti-Kultur, die sich ergaben als Anti-Armuts-Programme in den 60er Jahren Wandmalereien unterstützten und sozial enagierte Künstler mit jungen Schwarzen und Puertorikanern zusammenbrachten. Die derart legalisierte Freiluft-Kunst entwickelte schnell feinere Formen, die aus dem Magic-Marker- und Kreide-Gekrickel hervorgingen. In jedem der New Yorker Boroughs entstand eine spezifische Kalligraphie: Blasen-Buchstaben in der Bronx, ein Manhattan Stil, ein Queens-Stil und ein Brooklyn-Stil namens Wildstyle. Die Künstler bildeten Clubs, praktisch Erweiterungen der alten, etablierten Gangs des jeweiligen Viertels. In Brooklyn hießen sie The Ex(perienced) Vandals, The Vanguards, Magic Inc, The Nod Squad, The A Last Survivors. Und ihr steigender Mut gestattete es ihnen, von nervös gekritzelten Tags zu riesigen detaillierten Wandmalereien oder ganzen Zügen sich zu entwikkeln, für die man schon eine ganze Nacht im Depot verbringen mußte.

In keiner anderen Stadt der Welt hat diese Volkskunst so stark provoziert wie in New York. Für mehr als anderthalb

Double Trouble, Charlie Ahearn und Fab Five Freddy treffen sich backstage in der Danceteria

Jahrzehnte hat die Stadt einen erbitterten Krieg gegen ihrer jugendliche Künstlergemeinde geführt. Herbert Kohl relativiert: »Graffitis sind keine besonders dauerhaften Ausdrucksformen. Das ist anders bei den Reichen und Mächtigen, die ihre Territorialansprüche und gesellschaftlichen Identitäten auf dauerhaftere Weise zum Ausdruck bringen. Eine Gang kann ihren Namen auf die Wände ihres Viertels malen, aber das ist nichts gegen das Unternehmen, das seinen Namen an seinen Geschäftsräumen anbringt oder den Club reicher Leute, der seinen Anspruch auf Ruhm und Gewicht in Stein meisseln läßt.«

Noch flüchtiger als Graffiti sind die Tanzstile, die zur HipHop-Subkultur gehören. Der South-Bronx-Tanz, den man Breaking nennt, wurde zurückgedrängt vom Freak-Tanz, als Chic 1978 „Le Freak" veröffentlichten. Und es ist traditionsbewußten Tänzern wie Crazy Legs (Ritchie Colon) und Frosty Freeze (Wayne Frost) zu danken, daß Breaking überlebte. Ursprünglich konzentrierte sich Breaking auf Beine und Füße (die Schlaghosen wurden hochgekrempelt, um den Blick auf weißbesockte Füße freizugeben, deren Bewegungen in den dunklen Clubs besser sichtbar waren), aber Crazy Legs, Frosty Freeze und die Rock Steady Crew erweiterten den Tanz um einige akrobatische Elemente. Man hatte sie auf den Sandplätzen des Central Parks erarbeitet, dann auf Gras und schließlich auf Betonboden perfektioniert. So war Breaking der entscheidende Wettbewerbstanz, aber gleichzeitig das

Papo, Miguel und Chris auf der Linie 6

perfekte Futter für die sensationshungrigen Medien geworden.

Durch die Rock Steady Crew und unzählige andere Tanztruppen wie die Incredible Breakers, Electric Force, The Magnificent Force, ABC und UTFO wurde Breaking zu einer verblüffenden Vorführung schmerzender Drehungen auf dem Rücken, den Schultern, dem Kopf und den Händen. Das kombinierte man mit Tänzen wie dem Electric Boogie (ein an der Westküste erfundener Tanz, bei dem imaginäre Elektroschocks verzögert durch die Glieder fahren), Moonwalking (bei dem man so tat als würde man schwerelos gleiten), Gruppenformen, eingefrorenen Bewegungen, Pantomime und Roboter-Imitation zu einer schließlich stilistisch freien Tanzform, in der alle Schlüsselelemente des Video-, Weltraum- und Computer-Zeitalters im Comic- und Superhelden-Amerika vorkamen.

Graffiti in einem Wagen der 6

Laut Afrika Bambaataa begann Breaking als ein Tanz zu James Browns „Get On The Good Food"

»I said the long hair hippies and the afro blacks,
They all get together across the tracks and they party
Ho – on the good foot
Ain't nothing going on – but the rent-a
A whole lotta bills and my money's spent
And that's on my bad foot«
[An die langharigen Hippies und die Schwarzen mit dem Afro: Sie sollen sich alle treffen für'ne Party / Und tanzen, mit dem Spielbein / Ja sonst geht nichts voran, außer Miete / Ein Haufen Rechnungen, aber mein Geld ist längst weg / Und das ist das Standbein]

Nach einem traditionellen Ritual, das mindestens aus dem alten Süden, wenn nicht aus Westafrika stammt, bildeten die Tänzer einen Kreis, in dessen Mitte der Solist seinen Auftritt hat. Das Wort „Break" oder „Breaking" ist ein Musik- und Tanzbegriff, der auch schon eine lange Geschichte hat. Manche Lieder wie „Buck Dancer's Lament" aus den frühen Tagen dieses Jahrhunderts, hatte eine zweitaktige Pause (=Break) nach jeweils acht Takten, für den Tanzbreak, bei dem ein Tänzer eine kleine Solo-Einlage aus improvisierten Schritten vorführte. Derselbe Begriff wurde für Instrumentaleinlagen verwendet. Eines der meist gepriesensten Bruchstücke aufgenommener Musik ist jener viertaktige Break, den Charlie Parker für sein unbegleitetes

Breaking zu dritt

Solo in Dizzy Gillespies „Night In Tunisia“ nutzt.

Viele der Tanzbewegungen, die heute im Freestyle benutzt werden, gehen zurück auf alte amerikanische Tänze. In Marshall und Jean Sterns *Jazz Dance* werden Pigmeat Markhams Erinnerungen an den Tänzer Jim Green aus AG Allen's Mighty Minstrel Show der frühen 20er zitiert: „Green hatte eine Spezialität, die ich nie vergessen werde. Er tanzte eine Weile und ließ sich plötzlich fallen und drehte sich auf seinem Rücken im Takt der Musik.“

Auch andere Tänzer der Vaudeville- und Minstrel-Szenen hatten Nummern drauf, die eine erstaunliche Kontinuität zu den „neusten“ Entwicklungen verraten. Ein weißer Tänzer namens Joe Bennett konnte sich über eine Bühne bewegen, ohne eine starre sitzende Position zu verlassen; der „Flash Dancer“ (auch kein neuer Begriff) Ananias Berry (von den Berry Brothers, die von 1921 bis 25 zusammen aufgetreten sind) konnte auf der Bühne Bewegungen „einfrieren und schmelzen lassen wie auf einem Filmstreifen“, wie es die Autoren von *Jazz*

Dance beschreiben; Albert „Pops" Whitman, von Pops und Louis drehte sich schon in den 40ern wie ein Kreisel; Tip Tap and Toe konnten in jeder Richtung gleiten; Jigsaw Jackson the Human Corkscrew (=der menschliche Korkenzieher) tanzte mit seinem Kinn auf der Bühne des Cotton Club zu der Musik von Duke Ellingtons Jungle Band. Er konnte auch Gesicht und Zehen in entgegengesetzte Richtungen zeigen lassen.

Auch viele ekzentrische oder komische Tänze wie Scratch oder Itch Dancing, Rubberlegs (=Gummibeine) oder Legomania und der Shake nehmen Breaking und Popping vorweg. Und das akrobatische Element des Breaking hat seine Wurzeln im 19. Jahrhundert. *Jazz Dance* über frühe Akrobaten: „Die frühesten und bekanntesten Neger-Akrobaten waren Parterreakrobaten und Bodenturner, sogenannte Tumblers, die auf dem Boden Salti, Purzelbäume, Handstände vorführten oder Räder schlugen … Tumbling ist eine Akrobatik, die keiner Gerätschaften bedarf und die jeder lernen kann. Außerdem geht sie leicht in Tanz über."

Akrobatik wird aber nicht einfach nur auf Tanz übertragen, sondern ausgesprochen dramatisch eingesetzt. Darüberhinaus wird dabei wieder einmal, wie bei sovielen Elementen von HipHop, aus den beschränktesten Quellen einer verarmten Umgebung geschöpft und ein Maximum an außergewöhnlicher Kreativität erzielt. Am Anfang lagen die Rapper, Tänzer, DJs und Graffiti-Künstler nachts wach, um sich Tricks auszudenken, mit denen man die Konkurrenz ausschalten könnte. Der Wettbewerb war gnadenlos, aber dafür wurde viel erfunden.

Aber die weniger versponnenen Tänze, die nicht zu Knochenbrüchen, Gehirnerschütterungen und Rammdösigkeit führten, waren noch da, sie werden ohnehin jedes Jahrzehnt recycled. Jetzt hießen sie Patty Duke, Webo oder Smurf. Und die letzten beiden sollten eine Musik mitbringen, die endgültig Kurs auf Hyperspace nehmen würde.

Junge Breaker nach Mitternacht: im Roxy

11. Wotupski, bug byte? Von den Schlümpfen bis Run DMC

Mit „Planet Rock“ ging ein Licht an. 1982 waren die Black Music Charts mit elektronischen Platten vollgestopft: Planet Patrols „Play At Your Own Risk“, „Nunk“ von Warp 9, Tyrone Brunsons „The Smurf“, „Message 2 (Survival)“ von Melle Mel and Duke Bootee, „Rockin It“ von der Fearless Four, „Hip Hop Be Bop Don't Stop“ von Man Parrish, George Clintons LP *Computer Games*, „Scorpio“ von Grandmaster Flash and the Furious Five, „Pack Jam“ von der Jonzun Crew und Whodinis „Magic's Wand“. Diese Platten hatten zwar einiges gemeinsam mit dem elektronischen Soul von D Train, Kashif, The Peech Boys, The System oder den Hi-Energy-Produktionen des verstorbenen Patrick Cowley für Sylvester (von Giorgio Moroders Sequencer-Disco-Musik abgeleitet), aber sie unterschieden sich dadurch, daß sie sich massiv an Jugendliche richteten. Elektro war eine Craze-Musik, in dem Sinne, daß ein Craze mehr als eine Mode ist, ein unerwarteter, letzter Schrei, etwas, wofür sich plötzlich Massen (von Jugendlichen) begeistern, ohne daß es eine Vorwarnung an die Erwachsenen gegeben hätte. Elektro war ein Soundtrack zum Ausleben von Phantasien, die von einem Science-Fiction-Revival (*Close Encounters of the Third Kind, Star Wars*) und dem Überangebot von Videospielen geprägt waren.

Man kann Defender oder Galaxian nicht lange spielen, ohne auf die Geräusche zu reagieren: nervendes Gerumpel und Summen, verzerrte Explosionen und geistlose Melodien. Und wenn Gorf und Gorgar zu reden beginnen, bekommt das Phänomen der interaktiven Spiele einen bedrohlichen Anstrich. Wissen sie, daß du gerade das letzte Geld deiner Mutter ausgegeben hast? Ahnen sie, daß in deinen Träumen nur noch tiefblaue Weltraumkriege und lila glühende elektronische Insekten vorkommen? Die Electro-Boogie-Platten, die nach „Planet Rock“ rauskamen, bezogen sich alle auf die Bilderwelt der Computerspiele, Videos, Cartoons, Science Fiction und der Hip-Hop-Sprache. So wie die Cuff Links in den 50ern eine Junge-Mädchen-Geschichte in Atomkrieg-Metaphern erzählen (in ihrer Doo-Wop-Nummer von 1950: „Guided Missiles“), singen Warp 9 „Girl, you're looking good on my video“ in ihrem „Nunk“, dieser Mischung aus Funk und New Wave mit seinem billigen Casio-Keyboard-Sound.

Das ganze Electro-Genre fiel noch in den Zuständigkeitsbereich von HipHop, obwohl es nur entfernt mit dem Bronx-Original verwandt war. Zeichentrickfilme aus dem Samstagsvormittagsprogramm wurden zu einer wichtigen Quelle für diese B-Boys und B-Girls. Der Tanz „The Smurf“ nannte sich beispielsweise nach der englischen Version der bei uns als Schlümpfe bekannten französischen Comics, die Hanna Barbera fürs Fernsehen bearbeitet hatten. Die Smurfs mit ihrer Schlumpf-Sprache waren sehr Hip-Hop: „Die Wirkung meines Zaubertranks läßt nach, wir schlumpfen besser hier weg.“ Tyrone Brunson, ein Bassist aus Washington, nahm ein Instrumental „The Smurf“ auf, ein klassisches „Dance Craze“-Stück: nur auf diesen einen Modetanz zugeschnitten. Die Copyright-Eigner der Schlümpfe waren nicht begeistert. Bald darauf erschien „Letzmurph Acrossdasurf“ von den Micronawts: die Micronauts waren Marvel-Comic-Figuren – „Helden, klein an Größe, aber mächtig ohne Maß!“ –, die aus einem subatomaren Sonnensystem kamen, das sich „The Micorverse“ nennt. Bei dieser Platte, die auf Tuff City erschien und von der Bambaataa einen Dub-Mix angefertigt hatte, waren sie aber das Alter ego von Barry Michael Cooper, einem Musikkritiker der *Village Voice*. Da aber nun die Micronauts sehr klein sind, haben sie Quietschestimmen. Kritiker warfen ihnen das als Zeichen von Schwäche vor und brandmarkten es als einen Rückfall zu David Sevilles Chipmunks. Sie vergassen, daß Tanzmusik schon immer kleine Gestalten mit hohen Stimmen geliebt hat: die Eltern der Micronauts wären dann die Chubukos, die 73 eine Hommage an Sevilles 58er Nummer eins „Witch Doctor“ aufnahmen: eine kaum verstellte Version von Manu Dibangos „Soul Makossa“ namens „Witch Doctor Bump“. Dann gab es noch „Salsa Smurf“, noch eine Schlumpf-Platte auf Tommy Boy, für die zwei 92KTU-Radio-DJs, Carlos DeJesus und Jose „Animal“ Diaz zusammenge-

Abhängen im Funhouse

Bally
PARAGON
999230

legt hatten. Diaz mixte auch die Elektro-Hi-Energy-Nummer „Angel Man" von Rhetta Hughes, eine Hymne an die Guardian Angels, die Freiwilligen-Truppe, die in New York dunkle Gassen und U-Bahn-Stationen bewacht; sowie „We Are The Jonzun Crew" von der Jonzun Crew. Es gab noch einen „Smerphies Dance" auf Telstar Cassettes von einem gewissen Spyder D, dahinter verbarg sich ein junger Mann namens Duane Hughes, der das alptraumhaft bedrohlich klingende „Get Into The Mix" von DJ Divine produziert hatte.

„Get Into The Mix" beruhte auf dem Soundtrack eines italiensichen Porno-Films *How Funny Can Sex Be* und dessen Song „Sesso Matto", der auf West End Records erschienen war. Wie schon bei „Cooley High" und „Willy Dynamite" gab es auch auf dem Soundtrack von *How Funny Sex Can Be* ein paar Beats, die DJs brauchen konnten. Mit „Get Into The Mix" und einigen wenigen anderen Platten entstand ein weiteres Sub-Genre: Porno-HipHop.

Neben dem Smurf gab es noch den Webo, was von Huevo kam, dem spanischen Wort für Ei. Auch dazu gab es ein Modetanz-Instrumental, das tyisch für die Irrenhaus-Mixes war, die man in der Saison 82/83 anfertigte. „Huevo Dancing" erschien auf Catawba und war eine Schöpfung des Soul-Produzenten-Veteranen George Kerr und des Gitarristen und Keyboarders Reggie Griffin. Beginnend mit einem latino-schwarzen Seifenoperndialog, dann von brachialen elektrischen Rhythmen übernommen und von ständigen, scheinbar wahllosen, nervösen Angriffen auf den Fader des Mischpults bestimmt, war es die Manifestation dessen, was in der Tanzmusik bis dahin vielleicht nur als Tendenz vorhanden war. Kerr und Griffin hatten beide mit dem Sugarhill-Imperium von Sylvia und Joe Robinson zu tun. Reggie nahm später noch seine eigene Electric-Boogie-Scheibe auf und brachte sie auf Sweet Mountain Records heraus, einer Unterfirma von Sugarhill.

Zu den Leuten, die als Session- und Studiomusiker für Sugarhill ihren anonymen Schichtdienst ableisteten, gehörte auch Michael Johnson, ein Multiinstrumentalist aus Florida, der mit seiner Rundum-Perücke zur treibenden Kraft hinter der Jonzun Crew werden solte. Die Jonzun Crew ergänzten elektronisches Schlagzeug, Keyboards und Vocoders mit dem Image eines schwarzen Komponisten, der im Europa der 18. Jahrhunderts frühe Multi-Media-Konzerte veranstaltete. „Pack Jam" (das eigentlich „Pac Man" hieß und zuerst auf dem Label Boston International erschienen war, das den Johnson Brothers gehörte) war ein Videospiel-Stück, wie es offensichtlicher nicht ging. Ebenso „Mirda Rock" („I am a computer") oder Tilts „Arkade Funk" („I am an arcade funk machine"). Da konnte man nicht um den heißen Brei herumreden: diese Platten animierten Kids dazu, wie in dem Film *Tron* in die Welt digitaler Simulation einzutauchen. Und wenn Erwachsene was dagegen haben, ist das ihr Problem: sie liefen ja nur vor der Realität einer neuen Technologie davon.

Viele Electro-Musiker erkennen in ihrer Musik die Fusion, die sie tatsächlich ist: eine Mischung aus Street Funk und HipHop mit britischer Synthesizer-Musik (Gary Numan, Human League, Thomas Dolby und Yazoo wurden alle auf WKTU, der Station, die 78 von Rock auf Disco umschaltete, und von Frankie Crocker auf WLBS gespielt), Latino, Kraftwerk und Jazz-Fusion, geprägt von der großen Break-, Robot-, Pop-, Wave- und Moonwalk-Schmelze. Die Musik von Miles Davis und Herbie Hancock war ein wichtiger Vorläufer. Bei Davis' *Filles De Kilimanjaro* hat man ein cooles, subtiles Vorgefühl von Elektro und mit *Bitches Brew, On The Corner* und Herbie Hancocks *Headhunters* entstand ein Begriff von der Kombination afrikanischer Stammeskultur mit Technologie auf dem höchsten Stand der Entwicklung. Hancock stahl sogar ein Stück authentischer Pygmäenmusik (die polyphonen Alternierungen beim Jodeln und die Ein-Ton-Flöte) für das Intro seines Remakes von „Watermelon Man". Das war genau ein Jahrzehnt vor seiner LP *Future Shock* mit der Single „Rockit". „Rockit" war von Material produziert worden, indirekt an *Headhunters* orientiert, und irgendwo zwischen all den Gerätschaften wie Fairlight, Chroma, Emulator und alpha-Syntauri, den Bata-Trommeln, dem DMX und den Led Zeppelin-Akkorden ist Grandmixer D.ST. und füllt die Löcher mit Scratch-Effekten, die er von einer Platte mit dem balinesischen Ketjak-Affentanz runterholt. *Plus ça change.*

Jede Musik hat eine Geschichte, sei sie brillant oder erbärmlich. Aber für den 14jährigen, der sich im Playland entspannt, in seinem weißen Nylon-Anorak mit eng verschnürter Kapuze und seinen weißen Nike-Schuhen mit heraushängender Lasche, ist an dem, was aus den Miniphones seines Walkmans kommt, nur der Post-NASA-Silicon-Valley-Atari-TV-Taito-Sony-Roland-Linn-Oberheim-Lucas-Spielberg-Groove von Interesse. Durch den Einsatz des Fairlight, eines sehr teuren Kleincomputer-Sampling-Systems, das Klänge speichert, die man dann entweder über ein Keyboard oder direkt mit einem Stift an einem VDU-Bildschirm einsetzen, bearbeiten und manipulieren kann, konnte der englische Produzent Trevor Horn seine unhippe Vergangenheit in dem Duo The Buggles und als Yes-Produzent vergessen machen und direkt die Techno-Krieger der Bronx erreichen.

Lotti Golden und Richard Scher, die Produzenten der Gruppe Warp9 sind eigentlich auch nicht die Typen, die man als Urheber dieses New-Wave-Funk vermutet hätte, aber ihre Begeisterung für ein Medium, das man sonst eher für Junkfood hält, ist entwaffnend. Sie sind das beste Beispiel für die gegenwärtigen Verästelungen im HipHop. Ihre zweite Platte, „Light Years Away" war eine Variante der Science-Fiction von die Erde besuchenden Göttern aus dem All, die teilweise von „The Message" inspiriert war. Das Ganze wurde von einem Team hergestellt, das typisch für die gegenwärtige Musikszene ist: Boe Brown, der vorher mit den Strikers gearbeitet hat; Chuck Wansley, der bei den Charades war; die Sängerin Ada Dyer, die in der Bühnenversion von *The Wiz* aufgetreten war; Mixer und Funhouse-DJ Jellybean Benitez; der Produzent und ehemalige Jazz/Fusion-Keyboarder Richard Scher und die Produzentin, Texterin und Sängerin Lotti Golden. Lotti sagt, wo sie herkommt:

»Erst war ich eine Künstlerin. Ich hatte mal eine Platte auf Atlantic vor geraumer Zeit (1969) und das war 'ne typische Straßen-Platte ihrer Zeit. Sie hieß „Motorcycle". Rappen, was einem durch den Kopf geht, über das Leben in New York singen. Heute ist sie ein Sammlerstück, aber man kann sie noch bekommen. Dann beschäftigte ich mich eine Weile mit Jazz. Ich wollte Jazz singen, das war für mich damals die Erfüllung. In den späten 70ern ging es zurück zum R&B. Vor Jahren nahmen Patti LaBelle und die Bluebelles einen Song von mir auf. Kennst du bestimmt nicht! Er hieß „Dance To the Rhythm of Love". Ein großer Hit auf den Bahamas.

Ich mache schon sehr lange Musik und ich mache das, was ich machen will zu der Zeit, wenn ich es machen will. Ich bleib bei dem, an das ich glaube. Und ich glaube an das, was Richard und ich machen.«

Ihre Zusammenarbeit begann damit, daß sie „I Specialise In Love" für Sharon Brown (auf Profile) schrieben. Seitdem produzierten sie einige Elektro-HipHop-Platten mit ähnlich prachtvollen Texturen und Schichten wie bei den Warp9-Produktionen: etwa Chilltowns „Rock The Beat" und „Girls Night Out" von Ladies Choice.

Durch ihre Musikalität unterscheiden sich ihre Produktionen stark von der anderen, harten, strengen und zunehmend verzerrten und verrückten Seite des Genre, wie es von Run D.M.C., The B Boys, DJ Divine, The Beat Box Boys, The Boogie Boys, The Disco Four, Pumpkin, Captain Rock und Davy DMX gehalten wird. Deren stark auf einen harten Beat zugeschnittene Aufnahmen sind der schwarze Heavy Metal der 80er: eine kantiger, häßlich/schöner Trance, so verzweifelt und stimulierend wie New York selbst.

Davy DMX wohnt in Queens Village. Sein Keller ist voll mit elektrischen Keyboards, einem Schlagzeug, Timbales, Gitarren, doppelten Plattenspielern, Bandmaschinen, Platten, Fotos seiner Familie und dem allgegenwärtigen Oberheim DMX. Alles Früchte seiner Arbeit als DJ für Kurtis Blow. Ein Engagement, über dessen Ende beide Seiten ein wenig verstimmt sind. Davy, der eigentlich ein Gitarrist ist und David Reeves heißt, fing mit 16 in einer Band an, die Rhythm and Creation hieß. Er sagt, wie und warum wirtschaftliche Faktoren auf seine musikalische Arbeit Einfluß nahmen.

»Wenn man zu acht in einer Band ist, wird es hart, Arbeit zu finden, das ist doch

Warp 9 mit Lotti Golden:
Von Jazz-Fusion zu New-Wave-Funk

klar. Wenn es mal was gab, blieb wenig für den Einzelnen übrig. Als es mit den DJs los ging, konnte man alleine losziehen, nur seine Plattenspieler mitbringen und den Platz einer Band einnehmen. Ich hab das zwei Jahre gemacht. Ich ging in die Bronx und sah den Leuten beim Scratchen zu. Damals nannten wir es nicht Scratching, wir nannten es Cutting und Mixing.

Ich war der erste DJ in Queens, der schnelles Mixing drauf hatte, von Plattenspieler zu Plattenspieler ganz schnell zu wechseln und auch nur Beats zu spielen. Erst mochten sie das nicht, weil ihnen Text und Melodie fehlte, nur Schlagzeug. Ich hab stundelang nur das Schlagzeug gespielt von den Platten. Ich war noch zu jung, um in Clubs zu spielen. Ich mußte mobil sein und spielen, wo immer sich eine Gelegenheit bot. Ich hatte schließlich eine DJ Organisation, die sich Solar Sound nannte. Aber wir trennten uns, bevor es überhaupt mit dem Plattenmachen losging, weil ich mit Kurtis Blow zu arbeiten begann. Ich hab dann fünf Jahre für ihn gearbeitet.«

Neben der DJ-Tätigkeit für Kurtis Blow spielte Davy noch Gitarre in einer Band namens Orange Krush, auf elektronischen Beats basierende Musik. Dabei war noch sein Co-Autor und Bassist Larry Smith und der Schlagzeuger Trevor Gale. Sowohl Davy DMX' Solo-Platte „One For The Treble (fresh)“ auf Tuff City wie die von Orange Krush besorgten Produktionen der Profile-Gruppe Run-D.M.C. spiegeln diesen neuen Sound: als hätte man Mississippi-Pfeifen-und-Trommel-Orchester elektronisch aufgepeppt und durch eine Schrotthandlung gejagt.

Bei Run D.M.C. ist Joseph Simmons Run und Darrel Mc Daniels ist D.M.C. Ihre Stücke „It's Like That“, „Sucker MCs“ (eines der besten Stücke des Jahres 83), „Hard Times“ und „Wake Up“ sind unmittelbar auf Platte gebrachte Knittelverse von der Straße, unerschütterlich gerappt zu einem unerschütterlichen Beat. Die geringen Ausschmückungen beschränken sich auf ein paar rhythmische Keyboard-Stiche, einen auf die Kick-Drums bezogenen Baß und ein paar Sound-Effekte und Scratch-Geräusche.

JUNO-60
Roland
OB-8

Aber trotz dieser auf den ersten Blick öden Oberfläche gibt es gerade in dieser Musik verblüffende rhythmische Figuren, Hooks, an denen man im wahrsten Sinne hängen bleibt: die allgemeine Tanzbarkeit, der Optimismus und Geist unterscheiden diese Platten von der veralteten Schule des Rock.

In dem Maße, in dem Sample-Keyboards wie der Emulator und der Fairlight und Scratch-Mixes in Mode kamen, wurden auch mehr und mehr Ideen und Fragmente aus anderer Leute Musik übernommen. Dieses kreative Plündern führte zu einer Krise der vor dem Computer-Zeitalter entstandenen Begriffen von Copyright und geistigem Eigentum. „Cuttin Herbie" von den B-Boys auf Vintertainment reitet Kamikaze-Überfälle auf Herbie Hancocks „Rockit", Howard Johnsons „So Fine" und eine Stimme, die James Brown gehören könnte. The Beat Boys klauen eine kreischende Rock-Gitarre für „Punch". Die Idee des *Hook* – eine rhythmische Phrase, die man sich leicht merkt – wird so bis zu einem einzelnen Geräusch reduziert, das plötzlich aufscheint wie ein englisches Wort in einem japanischen Text. Die Imperial Brothers setzen so ein einzelnes Husten auf ihrem „We Have Come To Rock" ein und die Boogie Boys einen Tarzan-Schrei und ein isoliertes Wort: „Certainly", in der New Yorker Aussprache „Soyt'n' ley", dazu kommen etwas Klassik und Heavy Metal im Dienste einer Ausgrabung der alten Rap-Begeisterung für Astrologie, „Zodiac/ Break Dancer/ Shake and Break". Auch die Awesome Foursome benutzen den Tarzan-Schrei auf „Funky Breakdown" und der Klassik-Effekt wird auch eingesetzt auf „Give Me My Money" von den Beat Box Boys. Was kommt als nächstes? Beethovens Fünfte? Soyt'n'ley: hier ist schon Vincent Davies' Vintertainment-Label mit „Beethoven's Fifth Street Symphony". Die Räuber sind unter uns.

Wer im Februar '84 bei Tommy Boy anrief, hatte Glück: während man darauf wartete, durchgestellt zu werden, bekam man den legendären „Payoff Mix" vorgespielt, den von Double D und Steinski gebastelten Mastermix von G.L.O.B.E. and Whiz Kids „Play That Beat, Mr. DJ". Wieder einmal wurden die Möglichkeiten des HipHop-Mixens ins Unendliche erweitert. Die unwiderstehliche Baß-Figur von „Play That Beat" bildete den Hintergrund für Fragmente aus „Adventures On the Wheels Of Steel", etwas James Brown, „Buffalo Gals", „That's the Joint" von Funky Four, West Street Mob, The Supreme Team, Culture Club, Starskis „Live At The Disco Fever", Little Richards „Tutti Frutti", Gymnastik-Anweisungen („Hacke-Zeh, Hacke-Zeh"), Humphrey Bogarts Stimme aus *Casablanca*, „Rockit", The Supremes mit „Stop In The Name Of Love", „Planet Rock", „Last Night a DJ Saved My Life" von Indeep und vieles mehr. Es war wie eine lange U-Bahn-Fahrt, bei der die Türen an jeder Station einen anderen Sound von draußen rein ließen, absolut passend zu G.L.O.B.E.s Text:

»Punk rock, new wave and soul
Pop music, salsa, rock & roll
Calypso, reggae, rhythm & blues
Master mix those number one tunes!«

Davy DMX bei der Arbeit im Kellerstudio

HipHop war die neue Musik, weil sie die Musik war, die alle anderen Musiken absorbieren konnte. I.R.T. (Interboro Rhythm Team – die Abkürzung spielt auf die gleichnamige U-Bahn-Linie an) fassen den New York Mix als unterirdische Reise durch die Stadt zusammen. Am Times Square tanzt Julio zu seinem Radio. Die Beats sind Electric Boogie, der Rest der Musik Piano-Salsa von großer Klasse, Hunde bellen und der Text bringt die Botschaft der Rap-Attack: „Watch the Closing Doors!“

Harte Zeiten, Kamerad: Run-D.M.C.

Achtung! Türen schließen selbsttätig!

12. Crush The Groove: Die New School beginnt mit der Def-Jam-Story

I don't really know, but somebody said some musical rhythms can mess with your head
Ich weiß es nicht genau, aber es geht das Gerücht / Manche Musik macht dich ganz schön verrückt

Aus 84 wird 85. Schreie. Lärmhiebe. Eine feiste 808 Rhythmus-Maschine mit einem Peitschen-Snare-Drum-Sound wummert in einem New Yorker Club namens Area. „It's Yours" von T La Rock und Jazzy Jay ist die erste Veröffentlichung, die das Logo von Rick Rubins Def Jam Label trägt. Rick selbst sitzt in der DJ-Kanzel und ist gespannt auf das Ergebnis.

Und das ist spektakulär. „Einer der Höhepunkte meines Lebens", meint Rick, ganz ohne jede Bescheidenheit: „Einer von Club kam zur Kanzel gerannt und rief nur: 'Mach es aus, mach es aus!' Sie haben da doch diese großen Richard-Long-Bass-Lautsprecher, diese riesigen Bodenmodelle. Na und eines von den Dingern hat Feuer gefangen. Sie mußten mit den Feuerlöschern ran. Das Größte."

Diese Freude am Feuer, dieser Wunsch einen Groove, so hart und schwer zu machen, daß er buchstäblich zermalmt und niederbrennt, was ihm im Weg steht, war das neue Schlüsselmotiv von Rap, nach Breakdance und der Erschöpfung der Old-School-Rapper. Spielfime wie *Breakin* und *Beat Street* erhöhten zwar das allgemeine Interesse an Rap, scheiterten aber daran, ihre eigene Genre-typische Hollywood-Kunstgewerblichkeit zu überschreiten. Breakdancing wurde zu dem Gimmick, der noch fehlte, um Hip-Hop endgültig in die Sphäre des Marktes zu ziehen; das gefiel den Kindern, egal welcher Hautfarbe, Klasse, Erziehung, wirtschaftlicher Status, Sprache, ja bis zu einem gewissen Punkt sogar, egal welchen Geschlechts. Und Breakin war unwiderstehlich für die Ideenreichen in den Werbe-Agenturen. Wenn man es von seinen Ursprüngen in schwarze und hispanoamerikanische Straßenkultur trennt, konnte man mit diesen Exotika Chips, Bier, Frühstücksflocken und Batterien verkaufen. Und für die Tänzer bedeutete es, daß sie auf ihren Fähigkeiten eine Hollywood-Karriere aufbauen konnten. In den Cafes von Los Angeles kann man immer noch die siginierten Fotos von Breakdancern finden, die längst vergessen sind.

Schon im Februar 85 aber war das Pendel in die andere Richtung ausgeschlagen, in Richtung einer harschen, schroffen, scheinbar unkommerziellen Musik. Manche Leute sahen darin den definitiven Soundtrack für das Leben junger Afro-Amerikaner. Aus dem Mund von Russell Simmons, in seinem Büro mit Blick auf den Broadway, sprudeln die Worte: über seine Geschichte, seine Philosophie, seinen Standpunkt: „Die kommerziellsten Rap-Platten, die, die die Radio-Sender so gerne spielen, verkaufen in Wahrheit am schlechtesten.

Russell Simmons im Jahre 89

Der Rap, der gut verkauft, ist in Wirklichkeit der lauteste und der rebellischste."

Rick und Russell wurden Partner in einem Unternehmen, das sich bald zu einem kleinen Imperium auswachsen sollte. Def Jam und Rush Productions erhöhten die finanziellen Einsätze der Rapper, lösten moralische Paniken aus, schufen Vermarktungslizenzen, über die Benutzung von Namen und Logos auf T-Shirts und anderen Merchandising-Produkten, die es vorher so nicht gab, eroberten die weißen Vorstädte für Rap – und trennten sich schließlich verstimmt und im Streit. Ende 88 jonglierte Russell mit einem stets komplizierter werdenden Rap-Reich in New York, während Rick sich mit seinem Teil des Kuchens nach Los Angeles abgesetzt hatte, wo er ein vorwiegend Rock-orientiertes Label namens Def American führte.

An diesem sonnigen Vorfrühlingstag im Jahre 85 arbeiten sie noch zusammen, in getrennten Hauptquartieren. Russel sitzt in seiner Management-Firma und kümmert sich um 16 Acts, darunter Kurtis Blow, Run D.M.C., Whodini, L.L.Cool J und den Veteranen Jimmy Spicer; Rick, der noch an der New York Universitiy studierte, nutzte sein kleines Zimmer im Studentenheim als eine Art Büro, in dem sich die DefJam-T-Shirts, Plattenkisten und Plattenspieler türmten, dazu fluoreszierende Poster für Go-Go-Shows in Washington D.C., diverse *Hustler*-Hefte und AC/DCs Lärmattacke *Back In Black*. Rick denkt, daß Musik grundsätzlich Hardcore sein muß. „Um zu wissen, was los ist," erklärt er, „muß man sich mit allem beschäftigen. Man kann nicht nur Musik hören. Profi-Ringer sind sehr wichtig. Filme. Einfach alles. Und du machst die Platten so, wie du lebst. Ich versuche, nie etwas zu machen, nur weil ich denke, jemand anderes könnte es mögen."

Wie sich später herausstellen sollte, lieferte er so eine Menge Material für die verschiedenen Fronten in dem immer noch eskalierenden Zensur-Krieg, der Amerika erschüttert. Sowohl die Speedmetal-Band Slayer („Sadist of the noblest blood/ destroying, without mercy/ to benefit the Aryan race" – Sadisten von feinstem Blut, zerstören ohne Gnade, zu Nutz und Fromm der arischen Rasse"),

Run-D.M.C.: On Broadway

ONE

wie der Komiker Andrew Dice Clay („Ich bin ein altmodischer Typ: ich finde Frauen sehen gut aus, wenn sie Toiletten schrubben“) und die Houston-Rapper Geto Boys („Play pussy get fucked“ – Spiel, Fotze, laß dich ficken!) hatten auf Def American veröffentlicht, um Anti-Zensur-Libertäre ebenso aufzuregen wie Pro-Zensur-Christen-Fundamentalisten. Die Spannung zwischen Ricks Urwunsch, harte Platten zu produzieren, die man nicht im Radio spielen kann und Russells weitergehende Ambitionen, harte Platten und große schwarze Filme zu produzieren, altmodischen R&B zu veröffentlichen und einen Keil in die Musikindustrie zu treiben, erhitzte die Temperatur ihrer Zusammenarbeit bis zum Siedepunkt.

Die Brücke zwischen der verwirrten Rap-Szene von 84 und ihrer harten, lebendigen Erneuerung im Jahre 85 bildete die Musik von Run-D.M.C. Als am Ende der Electro-Epoche „Sucker MCs“ und „Hard Times“ erschienen, wirkten sie karg, brutal und langsam; die nackte Schlagzeugmaschine und die geschrieenen Raps klangen zu seltsam und schön, vielleicht, um einen dauerhaften Eindruck zu hinterlassen. Doch genau das war der Sound, der Rap neu definierte.

Das Trio mit den beiden Rappern Darryl Mc Daniels und Russells Simmons jüngerem Bruder Joe und dem DJ Jam Master Jay kam aus Hollis in Queens. Daß eine so harte Musik aus einer so lieblich pittoresken Gegend kommen konnte, warf Fragen auf, die immer noch im Zentrum der Diskussion um den sogenannten Gangster Rap stehen. Nelson George schreibt in seinem *Village Voice*-Artikel über Russell Simmons: „Mich hat schon immer überrrascht, zumindest als ich sie auf der St.Jons University kennenlernte, daß die Kinder von Hollis so begeistert von Straßen-Kultur sind. Ich komme aus Brownsville, einer Gegend, die Melle Mels Vorbild für „The Message“ hätte sein können. Ich wußte, daß das Ghetto nichts Romantisches hat. Und hier kommen Kinder wie Russell, die in Eigenheimen aufgewachsen sind, mit eigenen Autos, möblierten Hobbykellern, beiden Eltern und mehr Geld als meine Freunde und ich je gesehen hatten, und benehmen sich, oder versuchen’s zumindest, so cool wie irgendein Kid von der Straße.“

Run D.M.C.s Kariere kam durch Russells erste Ambitionen als Unternehmer in die Gänge. Run erzählt: „Ich fing 77 als The Son of Kurtis Blow im Vorprogramm von Kurtis Blow an. An den Wochenden und im Sommer waren wir auf Tournee. Wir sind sogar mal mit den Commodores aufgetreten. Als ich dann schließlich mit der High School fertig war, machte ich alleine weiter. Damals gab es noch gar keine Schallplatten und Russell managte Kurtis, wenn er hier in der Gegend in den Clubs auftrat. Kurt schlief dann meist in meiner Wohnung und wenn er aufwachte, rappte ich ihm morgens was vor: Er mochte es ein wenig und bot mir an, als Nebenfigur aufzutreten, unter dem namen „The Son Of Kurtis Blow.““

Während Run den Auszubildenden im Lager von Kurtis Blow spielte, lernte Darryl das Handwerk des DJ. Basketball brachte die beiden zusammen und Run probierte ein paar Raps in Darryls Keller aus. „Dann schrieb ich meine ersten Reime und kannte ja auch schon seine Raps, also brauchten wir einen neuen DJ. Jay hatte schon immer all die Parties in

Run-D.M.C. live mit Whodini

den Hinterhöfen, Parks und Schulen gemacht."

„Sie kamen immer zu mir und fragten nach meinem Mikro", erklärt Jay. „Ich hatte immer die Ausrüstung, deswegen kamen sie zu mir, um für mich zu rappen." Ihre vielleicht wichtigste Erfindung und eine entscheidende, um junge Weiße für Rap zu begeistern, war die Benutzung von Rock-Breaks. „Rock-Box" von ihrem ersten Album ist noch ein bißchen zu glatt und berechenbar, um eine Rock/Rap-Fusion in die Wege zu leiten, aber auf ihrer zweiten LP, *King Of Rock* tritt das neue und kaum erwartete Genre mit aller Macht auf. „Wir haben immer schon zu Rock-Platten gerappt", sagt Run, „aber wir haben nie die Gitarre so weit in den Vordergrund treten lassen." Ihr Produzent Larry Smith trug einiges zu der Rock/Rap-Fusion bei, aber Smith, der auch die Whodini-LP produzierte, war eigentlich ein R&B-Mann. *King Of Rock* klingt auch heute noch rauh, wenn nicht schief, aber seine Mix-Schichten und die fette, sauber produzierte Rhythmusmaschine sind außer Mode und es wirkt etwas bemüht, über den Rock-Aspekt ein Image zu konstruieren. Das wahre B-Boy-Album von Run D.M.C. war ihr drittes, *Raising Hell*. Es erschien 1986 und neben Run und Jay, haben Russell und Rick produziert.

Raising Hell war die Demonstration des Selbstvertrauens, das die Rap-Industrie (was sie nun mittlerweile war) an sich entdeckte. Keyboard-Hooklines und andere Versuche, ein Massenpublikum zu gewinnen, wurden über Bord geworfen. Russell hatte sich an 82er und 83er Tracks wie „Action“ von Orange Krush und „The Bubble Bunch“, sowie „Money (Dollar Bill Y'all)“ von Jimmy Spicer, und bei der Arbeit mit Larry Smith und Jellybean Benitez seine Krallen geschärft. Das waren halbe Disco- und halbe HipHop-Singles, die zwar nicht die Welt veränderten, aber durchaus schon den Kern der billigen, aufrichtigen Produktion hatten, mit der Def Jam jetzt den Mainstream erobern wollte. Die erste Single aus *Raising Hell* brachte die neue Politik auf den Punkt: „My Adidas“ war eine Hymne an Turnschuhe, die, wie das in solchen Fällen eben läuft, zu einem Sponsor-Geschäft mit der gepriesenen Firma führte. Es gab in der Nummer einen neuen Swing und eine Grundspur, auf der nur Rhythmusmaschinen-Beats liefen und zerklüftete Geräuschbrocken, die von Jam Master Jays Plattentellern herabstürzten. Das andere Stück hieß „Peter Piper“ und war vermutlich der erste Fall, wo ein DJ einen Breakbeat von einer zerkratzten Platte heruntergesampelt hatte: Jay löst Breaks aus Bob James „Mardi Gras“ in meisterlicher Manier, während Run und D.M.C sich in Kinderreimen ergehen und man hört deutlich, daß das Vinyl nicht mehr das Allerneueste ist.

Dies mag trivial klingen, ein bloßes Produktionsdetail, aber Tausende von Platten, die auf verkratzten Samples beruhten, sollten dem „Peter Piper“ folgen und so aufhören, ein Hehl daraus zu machen, daß sie auf gestohlenem Material von uralten Platten beruhten. Und daß sie sich einen Dreck um Konventionen der Studios scheren. Indem sich diese Praktiken allgemein durchsetzten vergessen wir, wie revolutionär sie einst waren. Rap besann sich auf seine Ursprünge im Schweiß und gefährlichen Chaos der Live Jams, der Adrenalin-Aussschüttungen, wenn man einen scharfen, noch kurz festgehaltenen Breakbeat im richtigen Moment losläßt. Von nun an mußte Rap nicht mehr irgendwelche Musiker darum bitten, falsche HipHop-Musik einzuspielen. Wie Rick Rubin einmal bemerkte: „Wir stehen nicht darauf.“

Noch eine Nummer stand über dem ohnehin schon hohen Standard von *Raising Hell*, die sich gegen diesen Trend zu wenden schien, Musiker aus HipHop-Produktionen zu verbannen. Seit den frühesten Tagen von Run D.M.C. hatte Jay immer schon Aerosmiths „Walk This Way“ eingemischt, einen Rock-Klassiker der B-Boys. Und Rubin dachte durchaus auch daran, es MTV recht zu machen, als er ein Rap-Remake vorschlug, bei dem Steve Tyler und Joe Perry von Aerosmith miteinbezogen werden sollten. Beide waren nach einem langen Abstieg in die Höllen der Rock'n'Roll-Exzesse gerade wieder zurück im Geschäft. „Walk This Way“ war einer der großen Durchbrüche des Rap, die Metal-Gitarren-Riffs, der Rock-Refrain vermischten sich mit den harten Beats und Raps zu einem Nonplusultra rebellischer Musik, dem weder MTV noch Radio-Stationen oder weißes Rockpublikum lange widerstehen konnten.

Optimisten verstanden dies auch als eine Form von utopischer Rassenharmonie, aber in Wahrheit wurden die Rassenschranken höher und die Gewalt unter Schwarzen stieg in jener Zeit dramatisch an, teilweise auch besonders bei Rap-Ereignissen.

In den Medien verwischte man den Unterschied zwischen der Musik und der Gewalt, was auch immer deren Ursache war. Bei der „Krush Groove Christmas Party", die am 27. 12. 1985 im Madison Square Garden stattfand, schrie eine dichte und überschwengliche Menge von mehr als 20.000 Rap-Fans nach Doug E. Fresh, Slick Rick, Whodini, L.L.Cool J, Lovebug Starski, Dr.Jeckyll and Mr. Hyde und Kurtis Blow. Die Atmosphäre war überschwenglich, stürmisch, gelegentlich aggressiv, aber es war kein Problem, anschließend zu Fuß Richtung Harlem zu gehen, ohne angegriffen zu werden, wovon die Medien später das Gegenteil behaupten sollten. „Wir widmen die nächste Nummer Gott, egal was ...", kündigte die Bibel-lesende menschliche Rhythmusmaschine Doug E. Fresh seinen Set an. „Drogen, Motherfucker, widme sie Drogen", schrie jemand von links hinter mir.

Am nächsten Tag kläffte die *New York Post:* „GEWALT-MUSIK IM GARDEN: SCHON FÜNF OPFER." Neben anderen Vorkommnissen war im sechsten Stockwerk ein Mann in den Rücken geschossen worden, was zu einer steigenden Panik über die Zusammenhänge zwischen Rap, Waffen und Drogen und – unausgesprochen – jungen Schwarzen beitrug. Nachdem ich beim Konzert war, mußte ich natürlich auch den Spielfilm sehen, dessen Premiere beim Konzert gefeiert wurde, „Krush Groove". Unvermeidlicherweise war dieser Streifen natürlich ein ziemlicher Kompromiß, der vage auf der Lebensgeschichte von Russell Simmons und der Story von DefJam und den Rush Productions basierte. Run-D.M.C. spielen darin sich selbst, Blair Underwood spielt die Rolle von Russel, Sheila E wurde als romantische Rolle fehlbesetzt und die Fat Boys stahlen beinahe allen die Show, indem sie sich krank fraßen. In der Zukunft würde, wie schon bei den Rock'n'Roll-Filmen der 50er, der einzige Grund, sich den Film nochmal anzusehen, die kurzen Auftritte von L.L.Cool J, Run-D.M.C. und den Beastie Boys sein. An die 50er erinnerten auch die Unruhen, zu denen es während Aufführungen des Filmes immer wieder kam. In New York war man sehr besorgt und nachdem ich dieses trübe Werk mit insgesamt vier anderen Interessierten in einem Times Square-Kino gesehen habe, wurde ich am Ausgang von einem Fernsehreporter angesprochen, der eine Stimme aus dem Publikum brauchte, um den Zusammenhang zwischen Rap und Gewalt zu erklären.

Im drauffolgenden Jahr erzählte mir Russell Simmons, daß er einigermaßen überrascht war, einen ihm flüchtig bekannten englischen Journalisten plötzlich auf Channel 2 wiederzusehen, wie er Rap verteidigt. Rap-Filme und -Konzerte sind nunmal der Ort, an dem sich Leute treffen, die nicht besonders gut auf Autoritäten zu spechen sind, Leute zudem, deren Beziehung zu Drogen oder Gangs ihre Gewaltbereitschaft mitunter steigert, egal in welcher Umgebung sie sich aufhalten. Rap ist in diesem Zusammenhang der Soundtrack, nicht die Ursache, sagte ich dem Fernsehmann.

Im weiteren Verlauf der 80er konzentrierten sich die Medien jedoch zunehmend auf Themen wie Gang-Terror oder die Zunahme von Drogenproblemen. Dagegen wurden die anderen dazu gehörenden Themen wie Polizeiwillkür gegen junge Afro-Amerikaner, Zensur, untaugliche „politische“ Lösungen des Drogenproblems, mangelnde Waffengesetze nur darunter gemischt oder am Rande erwähnt.

Diese Probleme wurden dann teilweise Run-D.M.C. während ihrer Raising-Hell-Tournee aufgehalst. Zusammen mit L.L.Cool J überschritten sie den großen Graben, der zwischen Pop-Musik und schwarzer Straßenkultur liegt. Die Tour feierte diesen Erfolg mit einem starken Aufgebot von Künstlern, darunter die Beastie Boys, L.L. und Whodini. Obwohl die meisten Konzerte ohne Zwischenfälle verliefen, waren die Shows in Pittsburgh, New York und Long Beach, California entweder von Gruselgeschichten der Presse oder wirklicher Gewalt überschattet worden. Das Long-Beach-Konzert, das am 17, August 1986 stattfinden sollte, wurde zum Schlachtfeld für einen Kampf von L.A.-Gangs, was Run-D.M.C. daran hinderte aufzutreten. Gang-Gewalt in Los Angeles ist ein breit dokumentiertes Phänomen, das man seit den 40er Jahren kennt, besonders öffentlich wurde es vor den Olympischen Spielen von 1984. Warum mußten dann Rapper immer wieder erklären, daß es keine neue Erscheinung sei? Durch die Sichtbarkeit von Rap sind eben auch derart uralte Konfrontationen ans Tageslicht gezerrt worden.

Da manche unter ihnen Leute waren, die sich in das Land der Besitzenden geschleppt hatten, ohne all zu viel Kompromisse einzugehen, waren viele Rapper nicht geneigt, die Idee zu akzeptieren, daß es einen Zusammenhang zwischen zerstörerischen und selbstzerstörerischen Verhalten und dem Mangel an Möglichkeiten oder zunehmend flüchtigerem Charakter des American Dream gäbe. Als ich im Januar 1986 L.L. Cool J danach fragte, meinte er zum Beispiel: „Nicht unbedingt. War es ein junger schwarzer Arbeitsloser, der auf den Papst geschossen hat? Das hat nichts damit zu tun. Es liegt, glaube ich, nur daran, daß, wenn man einen Haufen Stadt-Kids in einem Raum zusammenbringt, jeder beweisen will, wie hart er drauf ist. Rap bedeutet nicht Gewalt. Wie könnte Rap Gewalt bedeuten? Das ist ziemlich dumm. Bei Rock-Konzerten werden Leute totgetrampelt und umgebracht, heißt das, daß Rock Gewalt bedeutet? Ich bezweifle, daß irgendein Kritiker das behaupten würde oder Rock Lärm nennen würde. Ist es die Schuld der Ärzte, wenn sich die Leute verstümmeln? Das ist alles nur Mediengeschwätz.

Man hört sich doch nicht eine Rap-Platte an und will daraufhin dringend jemanden umbringen. Eher hält es die Leute von dem fern, das mögen sie nicht. Sie wollen lieber, daß Schwarze ohne Geld sind, das sehen sie lieber, das sind alles diese Klischees. Es macht sie an, das Zeug. Man weiß doch wie die Presse ist. Irgendwas passiert und sie blasen es riesig auf und verfälschen alles, weil es um Schwarze geht und um Rap und sie von beidem keine Ahnung haben. Sie wollen lieber darüber reden, wie einer seine Turnschuhe trägt. Es interessiert sie nicht wirklich, was man macht. So ein Arschloch-Reporter in seinem Keller vor seiner Schreibmaschine. Es sind ja nur

Schwarze. Das weiß er. Es sind nur schwarze Teenager, die diese Probleme haben. Ich bin nichtmal ein Rassist. Schwarz sein, oh Mann! Sie wollen dich nicht mit Geld sehen. Geld würde dich ja gleich machen. Rap schafft Einheit. Es bringt eine Menge Schwarze zusammen an einem Punkt, zu einer Zeit. Sie wollen nicht, daß zu viele Schwarze zusammenkommen an einem Ort: sie könnten sich irgendwas ausdenken, auf Ideen kommen, jenseits von Rap. Das mögen die nicht. Verteil sie lieber, zerstreue sie und sorg dafür, daß sie sich nicht zu oft versammeln und zu viel denken. Eigentlich gehts nämlich nur darum. Darum, uns zu bremsen. Aber es funktioniert nicht; denn die Musik ist da und sie wird mehr und mehr geschätzt und geliebt."

Tatsächlich kann man sagen, daß Rap geliebt wurde. Und Barry Michael Cooper erklärt in seinem Aufsatz über die Drogen- und Waffen-inspirierte Realität junger Schwarzer in Baltimore, wie sehr: „Der Priester, Rabbi und Dalai Lama dieser Religion ist L.L.Cool J. Er benutzt seinen Mund und die Rhythmusmaschine wie Hammer und Amboß, bis diese Kinder zu feinem Staub zerfallen. Dieser Typ hat scharfe verbale Klauen und seine Reime sind Waffen. Wie der Kleine, der die Schießerei auf der Bühne des 4604-Club angefangen hat, muß LL etwas beweisen. Und man wird ihn immer respektieren. Seine Wut läßt die Wut des normalen schwarzen männlichen Teenagers zur Karikatur werden. Und neben ihr wirken die Haß-Anfälle der Punk-Rocker wie Szenen aus *Captain Kangaroo*. Durch LL schrumpfen Äther, Disco und Welt zu dem unsicheren, kleinen Zimmer seiner Generation, dem Zimmer

L.L.Cool J: Rap schafft Einheit

ohne Ausgang. Der einzige Weg, der raus führt, ist der des Kratzen, Scratchens und vielleicht Schießens." (In *Cold Blood, Spin,* 5/86)

Coopers Parallele zwischen der Vehemenz von L.L.s ersten Platten und der engen, wütenden Welt seiner Zuhörer läßt eine interessante Frage offen: Gehört Gewalt grundsätzlich zum Rap, weil die Wut nunmal in jedem jungen schwarzen Amerikaner kocht, egal, ob er mit Auto, Hobbykeller und beiden Eltern oder ohne all das augewachsen ist. Zumindest ist das ein Punkt, den auch L.L. vorbringt, wenn er das Klischee von der Ghetto-Musik zurückweist: „Sie sind so auf das Ghetto- und Straßen-Ding fixiert", sagt er genervt: „Ich komme nicht aus dem Ghetto, ich bin aus Queens. Der

Beat ist von der Straße. Die Härte. Einfach nur am Leben und hart zu sein reicht, dazu muß man nicht aus dem Ghetto stammen. Ich wohne bei meiner Großmutter.“

Jede Musik, sei es nun Honky Tonk, Hardcore, Disco, Rock'n'Roll, Bubblegum oder Strawinskys „Sacre du Printemps“ hatte schon immer die Funktion, neben anderen Stimulanzien, die wilde Seite der Leute hervorzubringen, sie über ihre Scham und Scheu triumphieren zu lassen, den Leuten zu helfen, durchdzudrehen und Aufstände anzustiften, wenn ihnen denn nach Aufständen zumute war. Genauso läuft es mit Besäufnissen, Sex, Randalieren in Konzerthallen und zu schnellem Autofahren. Ohne ein Bedürfnis nach solcher Musik, sässen wir allen im Schaukelstuhl und hörten Bing Crosby. L.L. entdeckte, wie wichtig die Härte, das Hardcore-mäßige an seiner Musik war, als er es auf seiner zweiten Platte mit einem weichen Track probierte, „I Need Love“. In London buhte ihn das Publikum aus, und übersah dabei, daß L.L.s Formel schon immer eine Mischung aus hart und und weich beinhaltete.

Seine erste Single, zugleich die erste offizielle DefJam-Platte (weil T La Rocks „It's Ours“ eine Kollaboration mit Streetwise war), „I Need A Beat“ hätte kaum Probleme, jeder Definition von Härte zu entsprechen, dagegen war die zweite, „I Want You“, schon eine niedliche, minimalistische Rap-Ballade. Der DMX-Beat schlug dir zwar noch immer in die Magengrube und ohrfeigte dich, aber L.L.s fließender Rap, den er an seine ehemalige Babysitterin richtet, verkörpert auch reine Teenager-Sehnsüchte.

Die 85er LP *Radio* mit ihren plastischen Darstellungen des Lebens der B-Boys wie „I Can't Live Without My Radio“ und „Rock the Bells“ wird immer ein Klassiker der B-Boy-Musik bleiben. Als ich L.L. das erste Mal traf, war er 17, prüfte gerade den Sitz seines Kangol-Hütchens und seines Hemdes im Umkleideraum des Madison Square Gardens, während

Gewann einen Brückenkopf: Roxanne Shanté

draußen 20.000 auf seinen Auftritt warteten. Er war cool bis an die Grenze der Arroganz. Russell Simmons hatte mich schon ein Jahr zuvor gewarnt: „Ich war im Flugzeug mit Jeckyll und Hyde und L.L. kommt rüber, um uns seinen Song vorzustellen. Ich glaube, es war Hyde, der sagte: 'Hau bloß ab, er redet zuviel Scheiße.' Die Texte waren zuviel für die beiden, diese gleitende Art, wie sie flutschen. Das war ein ganz anderer Stil zu rappen, eine neue Generation."

Die Arroganz blieb sein Problem. Seine zweite wie seine dritte LP waren holprig und schienen noch das Ohr eines Außenstehenden zu bedürfen, um auf den Punkt gebracht zu werden. Ein Teil des Problems lag sicher auch darin, daß die Texte eigentlich nur noch von einem Thema handelten: der vollkommenen Brillanz des L.L.Cool J. Die Stärke seines Rappens war aber gerade die Präzision gewesen, mit der er selbst komplexe Zeilen so vortrug, daß sie wirkten, als wären sie so natürlich strukturiert wie eine private Unterhaltung. Angeben und Dissing (von „Disrespecting", schlecht über andere reden, „heruntermachen") waren zwar wesentlich für seinen Stil, wurden aber als Elemente viel zu dominierend, seit er so berühmt war, wie er glaubte sein zu müssen. Die Zeit ist knapp im Rap und niemand, egal wie berühmt und erfolgreich, kann es sich leisten zu erwarten, er werde schon für immer respektiert werden. L.L. verlor den Respekt auf die demütigendste Art und Weise, indem einfach das Publikum ausblieb. Aber er erholte sich und brachte 1990 die von Marley Marl produzierte LP *Mama Said Knock You Out* heraus, die sowohl bei den Fans wie bei den Kritikern ankam. So schrieb Leser Tyrone Woods an die HipHop-Zeitschrift *The Source*: „Als ich das erstemal „Boomin System" hörte, konnte ich mir regelrecht vorstellen, wie L.L., genau wie im Video, die 125ste runterrollt und den Leuten auf der Straße oder in einem Club zeigt, was eine Harke ist." Der Aspekt des Dissings, das Niedermachen anderer Rapper, Feinde oder erfundener Haß-Objekte, das Auftrumpfen von Ego und Mißgunst war einer der belebendsten Momente des Rap der 80er. Nachdem L.L. über sein Markenzeichen, das monströse, weit über 10 aufgedrehte Radio gerapt hatte, antwortete ihm Steady B auf seinem Label Pop Art aus Philadelphia mit „I'll Take Your Radio": „Walking down the street, a JVC I see so I can snatch it up, throw it against the concrete." [Sehe auf der Straße ein Gerät von JVC, ich ergreif' es sogleich und schmeiß es auf den Bürgersteich.]

Auf Pop Art erschienen auch die Platten von Roxanne Shanté, die in den Queensbridge Projects in Long Island City groß geworden war. Als ihre erste Platte „Roxanne's Revenge" 1984 erschien, war sie erst 14. Sie stellte einerseits die erste Episode einer Vinyl-Serie dar, die an die alte Antwortschallplatten-Tradition anschloß und gab andrerseits einen Vorgeschmack auf die Rap-Schlachten zwischen den New Yorker Boroughs (z.B.:Brooklyn gegen Long Island) und Egos (L.L.Cool J gegen Kool Moe Dee).

Den ersten Schuß hatten UTFO aus Brooklyn mit „Roxanne Roxanne" abgefeuert. Darin wurde eine junge Dame, die die Avancen der Band zurückgewiesen hatte, mit Zeilen geschmäht wie: „Your mother her name is Mary, I heard everywhere that your father was a fairy."[Deine Mutter heißt Tallulah, dein Vater ist ein Schwulah]. Die Produzenten von UTFO, Full Force, waren schlau genug, daran zu denken, daß ein weibliches Publikum möglicherweise Freude an einer Antwort hätten und nahmen daher „The Real Roxanne" mit Joanne Martinez auf. Seit sie als Kellnerin in einem Diner in Brooklyn entdeckt wurde, firmiert sie unter diesem Namen. Ihre Platte war jedenfalls feiner und besser gearbeitet als die von Roxanne Shanté, die nur mit einer atemlosen Mäusestimme den einzelnen Mitgliedern von UTFO eines auswischte, während Marley Marl ein Höhlenecho auf eine Drum-Spur legte, die er von dem UTFO-Original gesamplet hatte.

Wie Raketenangriffe wurden nun Anzeigen gegen diese neue Praxis des Diebstahls kompletter Spuren abgefeuert. Die Beleidigungen wurden schärfer, die Musik wurde rauher, die Sprache stärker und die Beats wurden lauter. Roxanne Shanté gewannn einen Brükkenkopf. Von „Queen Of Rox", „Bite This" bis zu „What's On Your Mind" von 1989 und „Independent Woman" schlug sie ihre Gegner. Rap an sich war nicht gewalttätig, noch Gewalt auslösend, war aber immer giftiger, herausfordernder und räuberischer geworden. Jetzt lebte Rap die Tradition der Dozens und der Spott-Songs der Yoruba inmitten einer großstädtischen Klanglandschaft aus: Dies war die Musik einstürzender Gebäude, Nebelhörner und metallverarbeitender Industrie, versteckt in Microchips bahnte sie sich ihren Weg durch die Stadt: Bring den Lärm, bring the noise!

13. Bring the noise: Gangster, Moslems und Politiker

»Got kinda high, and, uhh, kinda drunk,
so i had to beat up this little punk,
Forgot my key had to ring the bell
my momma came down she said „Who the hell?"
„Wait momma, wait it's me, your little son"
Before I know it my ma pulled a gun.«

Scholly D, „Saturday Night"

War etwas high , tja, und auch besoffen / Mußte prügeln und hab den richtigen Trottel getroffen / Vergaß den Schlüssel, mußte schellen / Mein Mutter kommt runter: „Wer zur Hölle!" / „Warte Mama, ich bin's, dein Sohn" / Doch da hat sie abgefeuert, schon.

Mal wieder Samstag abend. An der Duvall Street in Key West riecht alles nach Frangipani, Bougainville und Hibiskus, als wär's ein neues tropisches Parfüm, aus den glänzenden, schwarzen Toyota-Jeeps und den teuflischen Crackmobilen, deren mattschwarzes Fensterglas in den Türrahmen vibriert, dringt der fette Baß und das Wummern der Musik, die sie Jeep-Sound nennen. Die Autos sind im Grunde genommen, von Stoßstange bis Stoßstange nichts anderes als gigantische Lautsprecheranlagen auf vier Rädern. Wummermaschinen. Autos mit Wumm.

Und die Musik? Im Frühjahr 88 hört man Miami Bass, Latin Freestyle, „The New Style" von den Beastie Boys: „Kick it over here baby pop and let all the fly skimmies feel the beat, mmmm, drop ... Coolin on the corner on a hot summer day, just me and my posse and MCA, a lotta beer, a lotta girls and a lot of cursing, 22 automatic on my person." [Schaff es mal hier rüber, laß es glühen, alle scharfen Weiber sollen den Beat fühlen ... Entspannt an der Ecke, an nem heißen Sommertag, nur ich, MCA und die Freunde, die ich mag, ein Haufen Bier, Mädchen und Alberei,die 22er Automatik ist immer dabei]

1990 erschien ein Bericht im *New England Journal Of Medicine*, aus dem hervorging, daß ein schwarzer Mann heute in Harlem eine geringere Chance hat, sein 65stes Lebensjahr zu erreichen als ein Mann aus Bangladesh. Louis Sullivan, Gesundheits- und Sozialminister, stellte fest: „Ich glaube, es ist keine Übertreibung zu sagen, daß der junge, schwarze, amerikanische Mann eine bedrohte Spezies ist."

Die Spannung läßt sich in manchen amerikanischen Städten mit Händen greifen. Man kann diese Intensität in Southcentral L.A., Overtown Miami, Cabrini Green in Chicago, Nord-Philadelphia, Südost-Washington, D.C. und diversen Gegenden von New York City und Detroit spüren, aber wenn man die Wahl hat, macht man sich dünne. Diejenigen, die diese Wahl nicht haben, die gefährdete Spezies, hören sich derweil nicht New Age Musik an, um sich zu beruhigen, sondern Ice Cube und Public Enemy. Sie brauchen Raps über das Leben auf der Straße, schwarzen Stolz und Schußwaffen. Sie haben eine an Paranoia grenzende Angst, daß Frauen es nur auf ihr Geld abgesehen haben. Sie wollen eine Musik, die dicht, unordentlich, scharf, diskontinuierlich, halluzinogen, hypnotisch, in ständiger Bewegung ist und einer Unruhe aus Schreien, Kreischen und dem Schlachtruf: „Fuck The Police" besteht.

Innerhalb dieser Musik mischen sich Buchstücke einer gesetzteren Vergangenheit (ein Geräuschmuseum mit digitalen Samples von alten Singles) mit einer zerfetzten Zukunft. Schoolly D hat sie B-Filme genannt. Diese Nummern auf den 12inches – auch dieses Format ist eine bedrohte Spezies: CDs und Tapes greifen von beiden Seiten an –, die aus dicken Schichten bestehen, fast nur noch archäologisch wahrnehmbaren Ecken und Krusten von Ideen und musikalischen Entwicklungen, die sich zu kleinen, pulsierenden, pochenden Kapseln von gewaltätiger Energie verdichten.

Immer wieder muß die Rap-Bewegung sich anhören, ihre Musik sei amoralisch in ihrem Feiern des Verbrechens, der Schußwaffen, in ihrer Frauenfeindlichkeit, Aggressivität und in ihrem Lärm. Dabei hat sich die Umgebung, aus der Rap entsteht ins Extreme und Surreale gewandelt: ihr Verfall, ihr Desinteresse an menschlicher Würde und menschlichem Leben. Sogenannte Mole People (Maulwurf-Menschen) leben in den Tunneln der nicht mehr benutzten Eisenbahn in Manhattan wie in Jack Womacks Science Fiction Roman *Ambient* und manch großstädtischer Bezirk sieht wesentlich schlimmer aus als das Chaos der Filme, die nach der Apokalypse spielen. Mike Davis schrieb in seiner schillernden Studie über Los Angeles *City Of Quartz*: „Die Pop-Apokalypsen und blutigen Science-Fiction-Szenarios aus Hollywood waren äußerst realistisch und politisch in ihrer Darstellung der programmierten Verschärfung der städtischen Oberfläche unter den Bedingungen der gesellschaftlichen Polarisierungen der Reagan-Ära. Die Bilder von Innenstädten als Gefängnissen (*Die Klapperschlange, Running Man*), der Polizei als hochtechnisiertem Todeschwadron (*Blade Runner*), fühlenden Gebäuden (*Stirb Langsam*), städtischen Bantu-Gebieten (*They Live!*) und Straßenkämpfen nach Vietnam-Vorbild (*Colors*) führen nur ein wenig weiter, was überall an existierenden Trends zu beobachten ist." Die vierte Welt der amerikanischen Städte hat aus Science-Fiction Science-Fakten werden lassen. Was zu einer Beantwortung von Vernon Reids Frage führt, warum es keine Schwarzen in Science-Fiction-Filmen gibt.

Kinder tragen automatische Waffen, etwa Uzis, und verkaufen Crack auf der Straße. Babies werden mit Aids geboren und Teenager erschossen, um ihnen ihre Schuhe wegzunehmen. Musik ist vielleicht sehr mächtig, aber keine Musik ist stark genug, diesen sozialen Verfall zu verursachen. Raps sind Fiktionen und ob diese Fiktionen ihre Grundlage in der Wirklichkeit haben oder in überladenen Einbildungen – die Welt, die sie wiederspiegeln, gerät sehr schnell außer Kontrolle, so schnell, daß man selbst mit einer Rap-Platte nicht mehr auskommt, wenn man sich darin zurecht finden will. Um

Public Enemy zu zitieren: „Black to the bone my home is your home, so welcome to the Terrordome." [Schwarz bis auf die Knochen, meine Heimat ist deine Heimat, willlkommen im Schreckenspalast].

Die brutalste Musik der mittleren 80er stammte von Schoolly-D und DJ Code Money. Auf „I Don't Like Rock'n'Roll" meint er: „Rock'n'Roll livin' is uh thing of the past so all you long haired faggots can kiss my ass" [Das Rock'n'Roll-Leben ist eine Sache der Vergangenheit und die ganzen langhaarigen Rock-Schwuchteln können mich mal]. Seine erste LP hatte keinen Titel und kam auf Schoolly-D-Records heraus, deren Telefonnummer praktischerweise auf das Label geschrieben war. Darauf fanden sich all die Arm/Reich-Gegensätze des schwarzen Straßenlebens, die sich anschickten, die Zeitungen der späten 80er zu füllen, als in Washington DC die Mordquote auf Einen-alle-16-Stunden stieg und die Drogenhändler sich goldbeschlagene Radkappen an ihre Autos anpassen ließen. Einerseits Zeilen wie „Put Your Filas On" und „Gucci Time", andrerseits „Sucker ass nigger I shoot you dead". Glamour oder Schnauze voll? Genau wie die Einwohner von Beverly Hills und das Personal von Jackie-Collins-Romanen, fingen nun auch die schwarzen Homeboys an, Markennamen wie „Gucci" mit Abstrakta wie „Zeit" zusammenzubringen. Wie alle anderen genossen auch sie das Ineinanderblenden von Phantasie und Realität.

Man war sich allgemein nicht sicher, ob Schoolly-D wirklich so hart drauf war, wie er tat oder ob er vielleicht eher die musikalische Entsprechung zu einem Kriminalautor der harten Schule darstellte. Alles an der Machart und Präsentation seiner Platten verriet einen feinen Sinn für Ironie. Hätte man diese abgezogen, wäre seine Musik vor allem grimmig, schwerfällig und nihilistisch gewesen, überflutet von stotternd zusammenkrachenden Becken, tranigen Trommeln und Schoollys scheinbar gefühllos unbewegten Reden. Der Extremismus dieser Musik machte sie natürlich aufregend. Nachdem dann Schoolly jedem, der es hören wollte, gesteckt hatte, er sein einst ein Mitglied einer Gang namens

Der brutalste Rock-Hasser der 80er: Schoolly-D

P.S.K. (= Parkside Killers) gewesen, scheiterte er daran, seinem selbst gefertigten asozialen Image zu entsprechen.

Mike D von den Beastie Boys bringt die allgemeine Bestürzung zum Ausdruck: „Ich war enttäuscht von Schoolly-D. Ich hätte so gern gehabt, daß er wirklich abgedreht ist, nicht im selben Flugzeug sitzt wie der Rest der Menschheit. Eben ein Typ mit einem violetten Isaac-Hayes-*Shaft*-Anzug und einem wirklich großen Kragen, aber Fehlanzeige: er ist ein echt netter Kerl." (aus *Hip-Hop* von Nick Smash). Ein ähnliches Gefühl konnte man auch bei den Beastie Boys selbst empfinden.

Nach einem wenig versprechenden Anfang mit „Egg Raid On Mojo" und „Cookie Puss" wurden die Beastie Boys Pop-Stars. Es half dabei, daß sie weiß waren. Rap zog immer mehr weiße Jugendliche an und brachte ihnen schwarze Musik nahe. Seine Heftigkeit, seine Propaganda für einen exklusiven, wenn auch nicht gehobenen Lebensstil erreichte sie mehr und mehr. Bob Sipchen, ein Autor der *Los Angeles Times* legt es so dar: „In der letzten Zeit haben junge Leute, die absolut nicht in der Gefahr sind, sich einer Gang anzuschließen, angefangen, das Benehmen von Gangs zu imitieren. Das mag, wie Sozialarbeiter vermuten, mit dem Film *Colors* zu tun haben und seiner deutlichen Darstellung des Lebens von Innenstadt-Gangs. Ein anderer Grund aber, so sagen sie, sei die wachsende Popularität von Rap-Musik.“ (*Los Angeles Times, Call Of The Wild*, 25. Juni 1989) Diese „jungen Leute“ sind die weißen Söhne der wohlhabenden Bürger von Agoura Hills und Westlake Village, die ihr gutes Geld dafür ausgeben, Bloods und Crips gar nicht erst in ihre Gegend kommen zu lassen. Über die Mode, genau wie die Drogenhändler in den Gangs, Piepser mit sich herumzuschleppen, meint der Hilfssheriff von L.A. County, John Cater: „Die werden doch nur angepiepst, wenn ihre Mutter sie zum Abendessen ruft.“

Denoch war das eine Herausforderung der Apartheid auf musikalischem Gebiet und auf dem der Haltungen, wenn nicht sogar auf geographischem. Die Beastie Boys waren mehr als irgendjemand anderes Vorreiter dieser Herausforderung gewesen. Michael Diamond (Mike D), Adam Yauch (MCA) und Adam Horowitz (AdRock) wuchsen in New York auf. Ihre Eltern waren u.a. Innenarchitekten, Architekten, Schulleiter und Theaterautor (Israel Horowitz), sie waren beileibe keine Ghetto-Kids, noch konnte man sie mit den Rappern aus Hollis, Queens, Run-D.M.C. und L.L. Cool J, vergleichen. Sie waren kleine Bohemiens, die getürkte Gangster-Musik machten, die so kalkuliert anstößig war, daß jeder liberaler Wert und jeder rechtsradikale Horror sich angegriffen fühlen mußte. Außerdem waren sie meistens auch ziemlich gut.

„Rock Hard“ erschien auf Def Jam direkt nach „I Need A Beat“ von L.L.Cool J und war einer der lärmigsten Songs in der Geschichte der Menschheit. Der etwas blöde Rap basierte auf den Akkorden von AC/DCs „Back In Black“, aber der Beat war gigantisch. Diese Platte überzeugte zum Beispiel The Cult, Rick Rubin zu fragen, ob er nicht ihr *Electric*-Album von 1987 produzieren würde. Damals erklärte Ian Astbury, der Sänger der Cult: „Wir hatten gar keine Ahnung, wer die Beastie Boys sind. Wir hatten keine Ahnung, wer Rick Rubin ist. Wir haben nur diesen Sound gehört: Buuuummmm/KKKchch/Buuuummmm/KKKch. Ein unglaublicher Schlagzeug-Sound, mit Led Zeppelin und AC/DC drüber gemixt und dann noch diese zusätzlichen Gitarren. Wir fanden einfach, daß das genau der grundsätzliche, rauhe Klang war, den wir gut finden, wirklich aufregend und anregend.“

Viele der Rock/Dance-Kreuzungen der frühen 90er lassen sich auf die Einflüsse von Def Jam und Run-D.M.C. zurückführen. Innerhalb der großen Plattenfirmen wurden die schwarzen Künstler als Tanzmusiker oder R&B geführt, während die weißen im Prinzip machen konnten, was sie wollten. In den späten 80ern begannen sich diese Kategorien aufzulösen. Und auch, wenn davon eher weiße Rapper und Tanzmusik-Combos profitiert haben als schwarze Rockbands, war der Trend dennoch insgesamt eher eine positive Erscheinung.

„Für mich ist es etwa dasselbe, wie wenn die Rolling Stones den Blues spielen“, meint Adam Yauch während der ersten Visite der Beastie Boys in London. „Oder wenn Led Zeppelin New-Orleans-Jazz spielen.“ Nach „Rock Hard“ erschienen die Platten der Beastie Boys auf

Def Jam/Columbia, nachdem es zu einem Deal gekommen war, bei dem CBS angeblich eine Million Dollar ausgegeben haben sollen. Wie dem auch sei: die erste LP der Beastie Boys *Licensed To Ill* war die schnellst verkaufende Platte in der Geschichte von Columbia. Die ebenso lustige wie schlaue wie blöde Platte enthielt neben Pop-Hits wie „Fight For Your Right Too Party", B-Boy-Numern wie „Hold It Now Hit It" oder „Slow And Low". Währenddessen war die Gruppe zur weltweiten Bedohung von Anstand und Sitte angewachsen und in den Medien der diversesten Vergehen gegen die Spielregeln der Gesellschaft beschuldigt worden. Die Panik fand ihren Abschluß damit, daß Horowitz sich vor einem englischen Gericht wiederfand, das ihn zuerst anklagte, einen Zuschauer mit einer Bierdose verletzt zu haben, und schließlich freisprach.

Ein zweite LP, *Pauls Boutique*, erschien 1989 auf Capitol, nachdem die Zusammenarbeit mit DefJam nach bitteren Auseinandersetzungen über nicht bezahlte Tantiemen zuende gegangen war. Die Beastie Boys hatten sich eine längere Pause gegönnt, zum einen wegen dieses Disputs, zum anderen wegen der Erschöpfung, die andauerndes Touren und ständige Kontroversen mit sich bringen. Horowitz hatte in einem Film gespielt und die Richtung der Band sich durch die Zusammenarbeit mit einem Produzenten-Duo aus LA, den Dust Brothers, geändert.

Mike D tigert in braunen Lederhosen, Zuhälter-Hütchen, ocker-gelber Weste und Adidas mit offenen Schuhbändern in Horowitz' Wohnung in Los Angeles herum und erklärt die Methoden, die bei der Platte ihre Anwendung gefunden haben: „Dies bringt uns zu einem Begriff, den wir schon früher benutzt haben: Bouillabaisse. Okay? Wenn du eine Bouillabaisse machst, kommen alle Fischer aus dem Dorf und bringen alle mögliche Fischsorten mit. Die Bauern bringen Tomaten mit, um die Brühe dikker zu machen. Klar?"

Die Texte von „Pauls Boutique" waren surreale Beatnik-Poeme, freie Assoziationen und dazu noch mehr Verbrechen, Sex und schmutzige Worte. Dichte kleine Geschichten irrer Großstadt-Begebenheiten, bevölkert von griechischen Burgerverkäufern, versoffenen Rockabilly-Sängern, turbantragenden Deli-Besitzern und zweifelhaften amerikanischen Berühmtheiten wie Bernard Goetz, David Berkowitz, dem Son Of Sam, Ed Koch, Bruce Willis und Geraldo Rivera. Darunter lagen brillante Breaks, Bässe, Banjos und Burundi-Trommeln. Eine höchst inspirierte Auferstehung für die Beastie Boys, aber niemand interessierte sich mehr dafür. Der Wettkampf war hart und ein neuer Lärm hatte die Initiative übernommen.

Zwei Jahre zuvor hatte sich Rap verändert. Trotz einer gewissen Unsicherheit hat es 1987 durchaus gute Platten gegeben. Etwa von Stetsasonic in Brooklyn, die Produktionen von Marley Marl auf Cold Chillin, von Boogie Down Productions, Eric B & Rakim, Fresh Gordon, Just-Ice, King Sun-D Moet, Sweet Tee & Jazzy Joyce, Ultra Magnetic MCs und anderen. Die Zukunft des R&B lag klar vor aller Augen. Vor allem für diejenigen, die auf Plattenhüllen auch das Kleingedruckte lesen. Teddy Riley ist der Stiefsohn von Gene Griffin, dem Mann, der eine der ersten Rap-Platten veröffentlichte, Trickerations „Rap, Bounce & Rockskate". Auf Rap-Platten konnte Teddy Riley ein wenig üben und lernen, um seine eigene Vision von einer neuen, hyperbeweglichen, swingenden Soul-Musik zu schärfen, die als Jack Swing oder Swingbeat in die Geschichte eingehen sollte. Vorher war es schon Riley gewesen, der die Go-Go-Musik aus Washington D.C. durch ein paar Handgriffe für „The Show" von Doug E. Fresh, für die er nie einen Credit bekommen hatte, in die HipHop-Welt eingeführt hatte. Nachdem er seine Swingbeat-Techniken später verfeinert und durchgesetzt hatte, sollte er noch die amerikanischen R&B-Charts gemeinsam mit Kool Moe Dee dominieren.

Kool Moe Dee, einst Mitglied der Treacherous Three, war einer der letzten der Old School, der noch im Geschäft war. Grandmaster Flash hatte Comebacks mit verschiedenen, zunehmend richtungslosen Alben versucht, bevor er in sporadischer Produktionsarbeit verschwand. Melle Mel verfiel den Drogen und der Kleinkriminalität, bis ihn Quincey Jones für sein „Back On the Block"-Projekt „rettete". Afrika Bambaataas Zusammenarbeit mit Leuten wie James Brown, John Lydon und anderen auf dem Papier interessant wirkenden, unerwarteten Partnern, blieben weit hinter ihren Möglichkeiten zurück. Spoonie Gee brachte eine superbe Single namens „The Godfather" heraus, litt aber anschließend an persönlichen Problemen. Jimmy Spicer und Lovebug Starski, ungerühmte Pioniere der frühen Tage, hatten ihre 15 Minuten Ruhm mit Singles gehabt, bevor die Vergessenheit mit der Brutalität einer Guillotine sie sich zurückholte. Kurtis Blow verschwand aus dem Blickfeld in dem Maße, in dem sein kommerzieller Stil alt und überflüssig wirkte. Die Cold Crush Brothers haben auf Elite, Smokin', Tuff City und B-Boy-Records veröffentlicht, ohne irgendeine Wirkung. Das Gerücht, daß sie auf Def-Jam veröffentlichen würden, erwies sich als eben solches. Singles wie „Fresh, Wild, Fly And Bold" waren eigentlich ziemlich stark, aber der Rap-Stil klang zu anbiedernd, zu fröhlich und zu sehr auf eine Epoche der Unschuld fixiert.

Daß Rap 1987 eine zentrale Richtung fehlte, war vermutlich unvermeidbar gewesen. Texte, die sich in endlosen Selbstbeweihräucherungen oder Beschimpfungen anderer verloren, wie Just-Ices schreckliches „Cold Gettin' Dumb" („So try to convince me to believe of all your stupid nonsense" – Na, dann versuch mich doch mal von all deinem dummen Unsinn zu überzeugen) oder die endlose Parade der Antwort-Platten, wie sie von „Roxanne Roxanne" in Gang gesetzt worden war, entsprachen nur zu sehr Barry Michael Coopers Beschreibungen von der Klaustrophobie einer Generation. Die Beleidigungen und Beschimpfungen streckten sich wie ein langer dunkler Tunnel und verhinderten jede kreative, sprachliche Entwicklung, verhinderten den Blick auf die größeren Zusammenhänge, in denen Rap spielte.

Jenseits der inneren musikalischen Entwicklungen war das Rap-Publikum aber auch gewachsen und hatte sich aufgesplittert. Es gab jetzt diverse lokale Varianten, nicht nur in den Städten des Nordens, sondern auch in den sonnigen Regionen von Miami und Los Angeles;

Professor Griff und seine Band, The Last Asiatic Disciples

die meisten waren eher von Run-D.M.C. als von den Innovatoren der Old School beeinflußt worden. Aber auch die afroamerikanischen und die hispano-amerikanischen Fans hatten sich gespalten. Die Hispanics blieben dem alten Electro-Sound von „Planet Rock" treu, dem sie etwas Latin Percussion und Teenager-Romantik hinzufügten. Sie interessierten sich nun mehr für junge Sängerinnen und zeitweilig hatten Girl Groups wie Expose oder The Cover Girls Hits mit Mischungen aus HipHop, Pop, Disco und Salsa. Die Elektro-Epoche des HipHop trug auch zur Geburt des neuen House Sounds bei, der in Chicago entstand, und an dessen Wiege New Yorker Tracks wie „Set It Off" von Strafe standen. Ähnliches gilt für die Techno-Musik aus Detroit und den Einfluß von Cybotron und für die Miami Bass Musik und Maggatron. Mit anderen Worten: es gab jetzt Pop-Rap, Hardcore-Rap, Reggae-Rap, Soul-Rap, schwarzen Rap, weißen Rap, regionalen Rap, multinationalen Rap, Latin HipHop und die diversen Mutationen von Disco. Der Markt hatte sich aufgespalten und der Rap vorübergehend die Orientierung verloren: sei es nun die Suche nach einer Marktnische, der Versuch der Verbindung, des Crossover in dem von Run-D.M.C. geöffneten Feld, sei es die Rück-

Bring The Noise: Public Enemy

kehr in den Underground, um sich ernsthafterer Dinge annzunehmen und die Süßstoffe aus der Küche zu verbannen.

„Wenn eine Radio-Sendung die Errungenschaften der Westlichen Zivilisation und ihre Überlegenheit über andere rühmt, greift niemand zur Feder und schreibt Protestbriefe, egal ob Anarchist oder Republikaner Marke Calvin Cooolidge“

Ishmael Reed, „Mumbo Jumbo“

Die Muzak im Hotel blubbert mit ihrer unaufhaltsamen Fröhlichkeit vor sich hin, während Richard Griffin, den Rap Fans gleichermaßen wie jüdische Aktivisten, schwarze Nationalisten, weiße Liberale und weiße Rassisten als Professor Griff kennen, der Stimmung ein Statement entgegensetzt: „Wenn heute“, meint der adrett gekleidete, höfliche Griff, der von zwei schweigenden Begleitern umgeben ist, „ein Schwarzer in Amerika rumläuft und blind, taub und blöd ist, dann ist das seine Schuld. Es gab genügend Lehrer und zuviele Warnungen Gottes an die Leute. Nun müssen die Hiebe kommen. Tut mir leid, wieviele Leher wollt ihr denn noch? Die Welt hat die besten umgebracht. Nein, tut mir leid, es kommt mir so vor, als würde Gott sagen, speziell zu den Unterhaltungskünstlern: 'Ich schicke Lehrer auf Lehrer, ich wecke sogar noch ein paar Tote auf wie KRS One'. Der kam von *Criminal Minded* schließlich zu *Edutainment*. Das finde ich wunderbar, aber Gott mußte ihn aufwecken von dem kriminellen Geist, dem kriminellen Bewußtseinszustand, um ihn zu einem erzieherischen Bewußtsein zu verhelfen, von wo aus er Leute unterrichten und lehren konnte. Aber wieviele Lehrer und Warnungen braucht die Musik-Industrie noch? Sie müssen achtsam werden und auf den Ruf achten, bevor es zu spät ist."

Die Gruppe, die Rap 1987 eine Richtung und Orientierung zurückgab, war Public Enemy. Sie boten eine Vision an, die viel weiter ging als irgendwelche Ambitionen innerhalb der Musikindustrie. Ihre LP *Yo! Bum Rush The Show* erschien zwar wieder auf Def Jam, wurde aber von einem Team zusammengestellt, zu dem Bill Stephney, Hank Shocklee, Chuck D und Eric „Vietnam" Sadler gehörten und kein Rick Rubin. Stephney und Shocklee und ein Design- und Komunikationswissenschafts-Student namens Carlton Ridenhour (Chuck D) begegneten einander an der Adelphi-Universität in Long Island, wo sie ihre Talente zusammenschmissen, um eine Rap-Gruppe in die Welt zu setzen, die sie umgebenden Alpträume aus Materialismus und richtungsloser Feindseligkeit durch Agitation und Propaganda zu einem Funky Beat verschmelzen sollte.

In einer Zeit als die anderen Rapper unter dem Gewicht ihrer Goldketten schon gebückt gingen, setzten Public Enemy dem Trend einfache und billige Kleidung entgegen. Was die Gruppe vom Rest der Szene unterschied, war die Militanz in Image wie in ihren Botschaften, verbunden mit einem wilden, dicht und voll beladenen Sound, dominiert von bewegten Beats und geloopten, digitalen Samples von 70er Jahre Funk, Rock-Riffs und archaischen Synthesizer-Quietschen. In dem Bandnamen Public Enemy verband sich eine Referenz an James Browns Anti-Heroin Song „Public Enemy #1" und die Vorstellung von jungen Schwarzen als Staatsfeinden, die sich im Fadenkreuz der Präzisionswaffen befinden.

Manchmal sah es so aus, als könnte aus dem Image der Band unangenehme Wirklichkeit werden. Im Jahre 1989 wurden die beiden Rapper Chuck D. und Flavor Flav, DJ Terminator X und der inzwischen gefeuerte, so genannte Informationsminister Professor Griff von Protesten jüdischer Organisationen überschüttet, von panischen Großhändlern gewarnt, sie würden sich weigern, Public-Enemy-Material auszuliefern, von CBS zensiert und sogar mit dem Tod bedroht und einmal von einem Heckenschützen angegriffen. Dem Szenario war ein Interview mit der *Washington Times* vorangegangen, in dem Griff die Juden für die Mehrzahl der Übel dieser Welt verantwortlich macht. Nachdem er wegen dieses Interviews schließlich gefeuert wurde, erzählt er seine Version von der Entstehung der Gruppe:

„Chuck und Flav machten ein College-Radioprogramm auf WBAU, wo der Mann von der Straße sein Tape einschikken konnte, das dann auch gespielt wurde. Auf diese Weise waren sie in der Lage, junge Talente zu begutachten. Die Idee zu Public Enemy kam von Hank Shocklee. Sie wollten etwas grundsätzlich anderes in der Musikindustrie veranstalten. Er war mein Partner. Wir hatten eine mobile DJ-Ausrüstung, mit der wir umherzogen und in Clubs, bei Parties, Banketten und Bar Mitzvahs auftraten, in Schulen und bei Block Parties, in Roosevelt, Hampstead, Freeport, Long Island. Wir nannten uns Strong Island. Hank und ich waren Partner und Chuck und Flav waren Partner. Terminator war ein DJ aus der Gegend. Wie ich schon sagte, kam die Idee für Public Enemy von Hank und Chuck. Man hatte Chuck einen Deal mit Def Jam angeboten, den er zweimal abgelehnt hatte, weil er keine „Hier-komm-ich"-Platten machen wollte. Ich schätze ihn dafür. Als wir uns auf ein Konzept einigten, meinte er, das Konzept werde länger halten als die Individuen, die daran beteiligt waren. Und das scheint sich zu bewahrheiten, denn Public Enemy ist größer als Griff. Verstehst du, auch größer als Chuck. Mittlerweile ist es eine Institution der Black Community."

Auf der einen Seite regten Public Enemy eine neue Welle von schwarzen Nationalismus und Afrozentrismus an, zum anderen stürzte die Gruppe aber auch viele Beobachter (schwarzer, weißer und anderer Hautfarben) in tiefe Abgründe der Verwirrung, Unsicherheit und Ablehnung: manches entstand bei der mikroskopischen Exegese von Chucks Texten, manches aus dem offensichtlichen Antisemitismus von Griff, manches war eine Reaktion auf die Wiederbelebung des Black-Panther-Stils, den die Gruppe betrieb, mit allem was dazu gehört: Barette, Tarnanzüge und militärische Exerzierschritte auf der Bühne, die die sogenannte Security of The First World aufführte.

Waren Stücke wie „Miuzi Weighs A Ton" gewaltverherrlichend, war „Sophisticated Bitch" frauenfeindlich? Wenn man sie aus dem Zusammenhang riß, konnten viele Public-Enemy-Raps als Beweis für innere Wiedersprüche gewertet werden, aber diese entstanden nicht aus Inkohärenz, sondern aus dem Flirt mit gefährlichen Nebenbedeutungen. Man kann auch ihre Musik auf verschiedene Weise anschneiden. Die dröhnenden Loops, die Schreie und Wortfetzen der zweiten LP *It Takes A Nation Of Millions To Hold Us Back* brachten die Kunst des Rap auf ein Niveau, das im gleichen Maße abschreckend wie verführerisch war. Das Gewebe aus Lärm, vieldeutigen labyrinthischen Bildwelten war unbarmherzig. Ständige Bewegung, Sirenen, Slang, immer an der Grenze des Surrealen, Wut, Verwirrtheit und Paranoia, rückwärts laufende Tapes und hohe, kreischende Altsaxophone, Bruchstücke von Platten der Meters, James Brown, der JBs, Kool and the Gang und was sonst das Funk-Archiv zu bieten hatte; Party-Konversation und revolutionäre Rhetorik wurden zu einem verwikkelten Sound-Netz verwoben, dessen Absicht darin bestand, aufzurütteln, zu erziehen, aufzuwecken, mit Energie zu versorgen, kathartische Effekte zu erzielen oder einfach nur zu sprechen.

Wer weiß schon, wovon Flavour Flav redet: „Live lyrics from the bank of reality, I kick da flyest dope manouver technicality, To a dope track, yo wanna hike git out ya backpack, Um in my Flav-mobile cole lampin, I took dis G upstate cole campin, to a poke-a-nose, we call da hide-a-ways, A pack of franks and a big bag of frito lays" Etwa dieselben Zeilen tauchen wieder auf, als Chuck D und Flavour Flav als Gäste bei George Clintons „Tweakin" auftreten. „Hey yo Chuck!" sagt Flav: „They don't know what I'm sayin, you know what I'm saying" Eine Transkription wäre vielleicht möglich, aber wie Chuck D gemeinsam mit „Media Assassin" und Griff-Nachfolger Harry Allen in *Spin* schreibt: „Mir geht es auf den Nerv, daß viele Schwarze und erst recht die weißen Liberalen so verdammt *schriftlich* drauf sind, daß sie gar nicht mehr den Weg zur Praxis finden." (*Spin, Black II Black*, 10/90)

Dieses Thema kehrt wieder, nochmal auf „Tweakin", wo es heißt: „Remember the livin', Remember the dead, Speakin' in drum, Drummin'it into a tweak, drowning out the voices in my head. Follow follow, (do you) follow follow" [Gedenke der Lebenden, gedenke der Toten, rede in Trommeln, trommel bis es zwickt, trockne die Stimmen in meinem Kopf aus. Folgen, folgen (kannst du) folgen, folgen]. Public Enemy machen eine Musik, die wie solche Stimmen im Kopf ist, vielfache Persönlichkeiten, die nicht verschmelzen, werden Sprache, die sich nicht beruhigt, ein schreiender Wahnsinn.

„Die Dunkelheit war in den Abend eingedrungen und hüllte Figuren in Schatten. Die Straßen wurden weniger bevölkert und die Älteren beeilten sich, Schutz in ihren kleinen Zimmern, oder in günstigeren Fällen, ihren kleinen Häusern zu suchen. Gegenden wo Kinder glücklich gespielt hatten, wurden nun zu dunklen, verdächtigen Orten, wo Frauen ihre Schritten beschleunigten."

Donald Goines, *Street Players*

Als William Burroughs 1964 in *Nova Express* über seinen Charakter Subliminal Kid schrieb, er bringe „Straßenlärm, -Gerede, -Musik zurück und überschütte damit seine Phalanx von Aufnahmegeräten, um Wellen und Wirbel und Tornados von Klang und Geräusch durch alle Straßen und bis an die Flüsse der Sprache zu jagen – Wortstaub trieb durch Straßen zerbrochener Musik, Autohupen und Preßlufthämmer. Das Wort, zerbrochen, zerstampft, zerbarst in Rauch ...“ mag er etwas in seinem Inneren gehört haben, das wie Public Enemys *Fear Of A Black Planet*, Ice Cubes *AmeriKKKas Most Wanted* oder sogar die Anthrax/Chuck D.-Thrash-Metal-Version von „Bring The Noise“ klang. Burroughs sah eine Zukunft voraus, in der sich Bilder verbreiteten und verfielfältigten wie Viren, sich Sprachen mischten, Bilder von der Wirklichkeit mit der Wirklichkeit verschmolzen, während die Spaltungen eskalierten, die die Propaganda und die Gegen-Propaganda in die Welt setzten.

Als ein Phänomen von Propaganda-Rückkoppelung waren N.W.A. unschlagbar. Hier waren Leute aus Compton, einem Viertel von L.A., die die Meinung vertraten, daß in den späten 80ern Vietnam auf den Straßen von Los Angeles ausgetragen wird, um dann dem Rest von Amerika via gewalttätiger, atmosphärischer Berichterstattung zurückgeschickt zu werden. „Wir sind wie Reporter“, hat Ice Cube gesagt und die erste Platte, die Rapper Eazy-E und Produzent Dr. Dre 1986 auf Ruthless rausbrachten, war wie ein Boulevard-

Public Enemy live

Blatt, das man durch einen Reißwolf gejagt hatte. Die zerhackten Vignetten aus dem Leben der Gangster und Vergewaltiger auf ihrer ersten Single „Boyz-N-The-Hood" schwammen auf der Welle, die Schoolly D ausgelöst hatte: „Take him up the street to call a truce, the silly motherfucker pulls out a deuce deuce, little did he know I had a loaded twelve gauge, one sucker dead L.A.Times front page" [Bringe ihn auf die Straße, um einen Waffenstillstand zu vereinbaren, da zieht der Idiot eine 22er, der wußte aber nicht daß ich eine geladene 12er dabei hatte. Wieder ein toter Trottel, Titelseite für die L.A.Times].

N.W.A. schlossen sich im folgenden Jahr zusammen, mit Eazy-E, Dr.Dre, Ice Cube, Yella und MC Ren und ihre Single „Dope Play" verkaufte sich auch, ohne im Radio zu laufen, gut. Die logische Methode, die Karriere von N.W.A. zu schildern, ist, ihren Konfrontationen mit den Medien nachzuspüren, da diese für ihre Bekanntheit entscheidend sind. Entscheidend auch für die Ausnutzung ihres Medien-Images durch sich selbst. Vor-Ort-Berichte von Sendern wie CNN häuften sich, nachdem MTV sich weigerte, ihr Video für „Straight Outta Compton" zu zeigen, weil es gegen deren Grundsatz verstieß, „Videos zu zeigen, die Gewalt verherrlichen und/oder Gewalt zeigen, die nicht bestraft wird." Auf Channel 4 wiederholte Dr.Dre die schon erwähnte Position: „Wir sind weder die Guten noch die Bösen im Bezug auf Gewalt, wir sind in der Mitte". Und auf Channel 7 KABC TV fragt ein Nachrichtenmoderator seinen Kollegen, ob „man denn auch ein Buch über diese Dinge aus der Bücherei verbannen würde."

Das Problem an der N.W.A.-Selbsteinschätzung als objektive Reporter war, daß ihre Musik, zumindest manchmal, erfrischend und amüsant sein konnte. Sollen Verbrechens-Reportagen, dein Herz zum Schlagen bringen, dich zum Tanzen animieren? Der Grat zwischen Nachrichten als Information und dem Kitzel des Voyeurismus war schon immer schmal. Es geschieht ja öfters, daß Journalisten zu Romanciers werden. Seit Truman Capotes *Kaltblütig*, Weegees Kriminalphotographie und Jules Dassins Film *The Naked City* gilt echt geflossenes Blut als wünschenswertes Element sowohl von fiktionaler wie dokumentarischer Darstellung. Selbst Barry Michael Cooper, dessen *Spin*-Artikel „In Cold Blood" (nach dem Originaltitel von Capotes *Kaltblütig*) und „Crack" die unkontrollierte Ausbreitung von Waffen und Drogen in Amerika dokumentieren, stellt seine Erfahrungen in den Dienst fiktionaler und kommerzieller Verwertung, wenn er am Drehbuch des Hollywood-Films *New Jack City* mitarbeitet. Als der 19jährige Gabriel Williams bei einer Aufführung des Films in einer Schießerei ums Leben kommt, wird Cooper nach dem Anti-Feedback-Knopf gesucht haben. Um noch einmal *Nova Express* zu zitieren: „... keiner wußte, ob er sich in einem Western, in Hongkong, im alten Rom, im Aztekenreich oder einer amerikanischen Vorstadt befand, ob er Bandit, Pendler, Wagenführer war, ob er echte Waffen abfeuerte oder in einem Film saß."

Die moralistische Panik, die N.W.A. entzündeten, mag auch damit zu tun haben, daß es nun möglich war, daß große Mengen von Teenagern sich Platten anhörten, die von einer kleinen unabhängigen schwarzen Firma rausgebracht wurden, ohne daß Plattenindustrie oder Radio daran mitgewirkt hatten. Am Anfang waren N.W.A ein Underground- und Mundpropaganda-Erfolg. Die LP *Straight Outta Compton* wurde nach sechs Wochen vergoldet, aber nicht durch den Einsatz des ängstlichen schwarzen Radios noch durch MTVs Zensur. Unvermeidlich aber, daß die ganze Auseinandersetzung den Verkauf förderte und die allgemeine Ahnung von dem Zusammenhang zwischen Rap und Gewalt anzuheben schien.

N.W.A. haben ein paar aufregende Platten gemacht. Aber so wie man ihre kleinen autobiographischen Geschichten aus der Welt des Drogenhandels, Autodiebstahls und Massen-Vergewaltigung glauben konnte, waren ihre Beweggründe so söldnerhaft wie bei normalen Reportern. Mit Rap konnte man mittlerweile eine hübsche Stange Geld verdienen, was einem auch erlaubte, die Klischees von Härte hinter sich zu lassen. Ruthless Records sammelten hocherfreut alle Skandalberichte über N.W.A. und veröffentlichten derweil Platten des kokettniedlichen Pop/HipHop-Frauentrios J.J. Fad.

N.W.A.s Stück „Fuck The Police" wurde gar von einem Protestbrief durch Milt Aehrlich, dem Direktor der Öffentlichkeitsarbeit des F.B.I. beantwortet, der der Gruppe vorwarf, „Gewalt und Respektlosigkeit gegenüber der Polizei" zu fördern. Polzeireviere im ganzen Lande schickten sich Faxe, um sich gegenseitig vor bevorstehenden Besuchen von N.W.A. zu warnen. Doch auch hier half neue Technologie, das von den Medien übertriebene Thema zurechtzurükken. Als ein Zufallsbeobachter, der seine neue Videokamera testete, filmte, wie vier weiße Polizisten den 25jährigen schwarzen Verkehrsünder Rodney King nach einer Verfolgungsjagd brutal verprügelten, wurden die Bilder wiederholt im Fernsehen gezeigt. Dagegen waren N.W.A.-Videos nun wirklich zahm. Für ihr nächstes Album, *Efil4zaggin*, mußten N.W.A. daher noch kontroverseres Material auffahren, was ihnen mit davoneilenden Verkaufszahlen gedankt wurde und in England zur Beschlagnahmung der gesamten Auflage führte. Zensur von Rap ist immer noch ein Thema.

Das talentierteste Mitglied der Gruppe, Ice Cube, verließ die Band nach finanziellen Unstimmigkeiten mit Manager Jerry Heller. Wenn man von seiner Solo-LP *AmeriKKKa's Most Wanted* ausgeht, geht seine Einschätzung der fernsehhaften Qualitäten des postmodernen Lebens wesentlich weiter als bei N.W.A.. An der Ostküste und mit der Hilfe der Bomb Squad aus Long Island (Hank Shocklee, Keith Shocklee, Chuck D. und Eric „Vietnam" Sadler) produzierte er eine LP voller Spannung und Intensität, eine Art *Naked City* der 90er: Tapes mit Radio-DJs, die sich weigern, Rap zu spielen, weißen Rassisten, die pöbeln: „Du Goldzähne und Goldketten tragender Hühner- und Biskuit-Fresser", Polizei-Razzien, Höreranrufe, Nachrichtensprecher, Drive-By-Shootings, Fetzen aus *Familie Feuerstein*, eine Kurzgeschichte über ein Treffen mit der Freundin in einem Crack-House, ein häßlicher Streit zwischen Mann und Frau, Songtitel wie „The Nigga Ya Love To Hate" und „Endangered Species (Tales From The Darkside)".

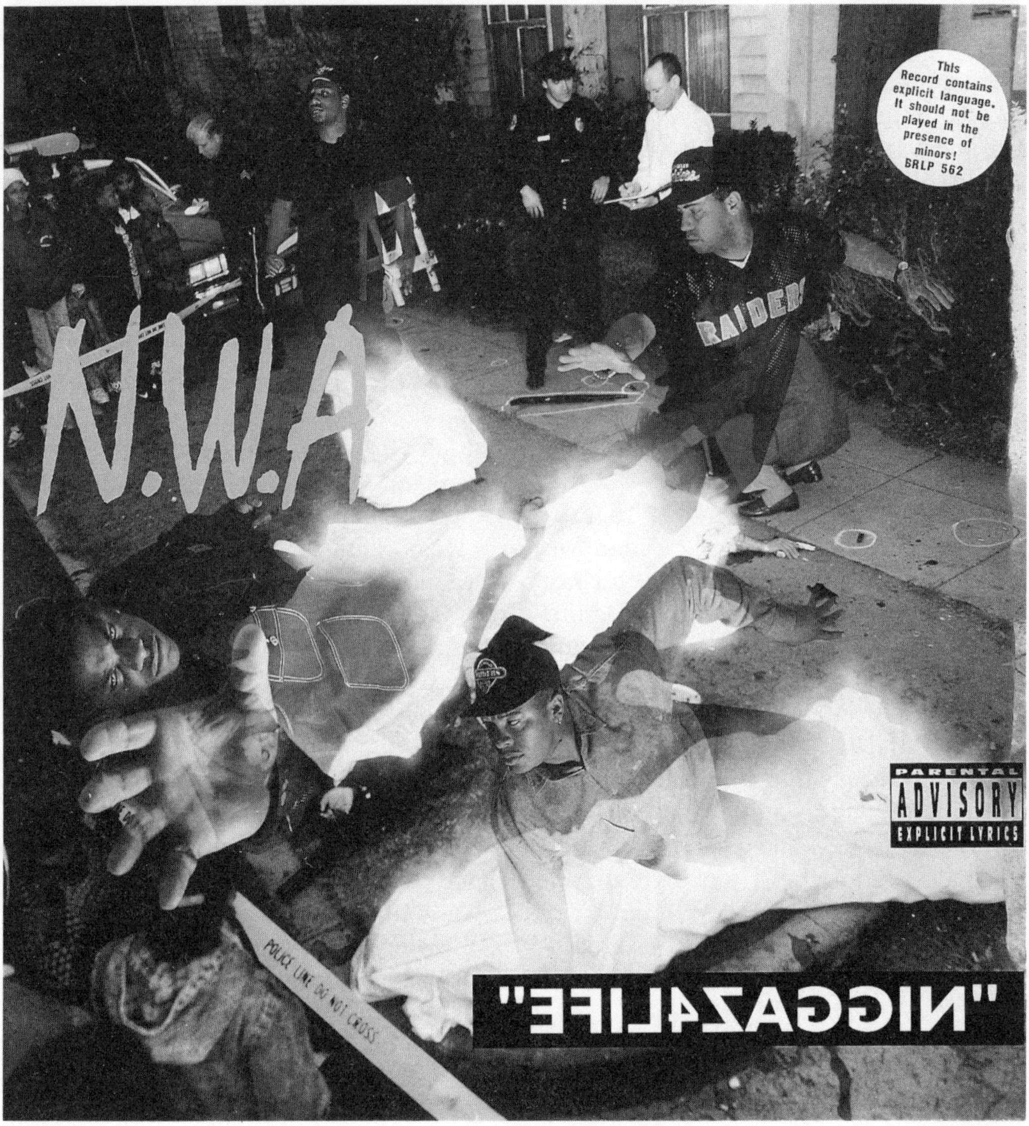

Was sollen Eltern da erklären: N.W.A.-Cover

Manche Stücke verpuffen unerwartet in Explosionen oder wechseln die Musik, lösen sich in Rauschen auf, als säße Ice Cube auf der Couch mit der Fernbedienung. Dies war Fernseh-Musik, sowohl von der Boulevard-Präsentation von Nachrichten im Fernsehen geprägt wie von der ständigen Unterbrechung durch Werbeeinspielungen.

Auf der Bühne ist Ice Cube einer der beeindruckendsten Performer der Rap-Welt. Sein Co-Rapper T-Bone macht gerade eine Pause, DJ Sir Jinx geht ein wenig mit der Geschwindigkeit der hyperenergischen Show runter, um Ice einen vernichtenden Rap über Leichtgläubigkeit und Ausbeutung zu einem coolen Break aus dem Soundtrack eines Blaxploitation-Films vortragen zu lassen: „You knew the game and you still ended up on your back, now ax yourself, who's the mack? Mackin'is a game and everybody's playin' an' as long as you believe what they sayin', consider them a M.A.C.K. and with no delay they gonna get off the play, but when it comes to me sayin'a drama for ya mind, it'seIce Cube and you know that I'm a mack in my own right, when it comes to rhymin rap 'cause all I do is kick facts, I'm like Iceberg Slim and all of them be claimin P.I.M.P., no, I'm not goin' out that way, I'm just a straight up N.I.G.G.A." [Du kennst das Spiel und landest trotzdem immer wieder auf dem Boden, frag dich doch mal selbst, wer hier der Lude ist? Luden spielen ein Spiel und solang du ihnen glaubst, hältst du sie für L.U.D.E.N. und ohne Verspätung werden sie sich absetzen. Aber bei dem kleinen Stück hier für euren Kopf, wißt ihr daß ich Ice Cube bin, ein Lude auf seine Weise, denn wenn es um Reime geht, halte ich mich an Fakten. Ich bin wie Iceberg Slim und all die, die sich Zuhälter nennen, nein so werde ich mich nicht drücken, ich bin nur ein aufrichtiger N.I.G.G.A.!]

„Es besteht die starke Wahrscheinlichkeit, daß die neuen, jungen schwarzen Helden, die jetzt zur Bühnenmitte drängen, die Liebe und Zustimmung des weißen Amerikas weder suchen noch begrüßen werden."

Robert Beck (Iceberg Slim), *The Naked Soul of Iceberg Slim*

Iceberg Slim, Autor von *Pimp* oder *Death Wish* und ähnlichen Büchern, ist ein Name, der im Zusammenhang des sogenannten Gangster-Rap immer häufiger genannt wird. Als Ice T in South-

Geschichten aus der Schattenwelt: Ice Cube

central L.A. zur Schule ging, benutzte er Worte, die er von den Büchern Iceberg Slims gelernt hatte. So bekam er einen Spitznamen, der sich aus dem Ice von Iceberg und dem Initial seines eigenen Vornamens zusammensetzte. Ice-T verfaßte, angeregt von Beck und Donald Goines, einem Autor, der Bücher wie *Dopefiend*, *Black Gangster* und *Daddy Cool* über schwarzes Straßenleben geschrieben hatte und von zwei weißen Männern ermordet wurde, bevor er 40 Jahre alt war, wie auch von schwarzen Komikern wie Rudy Ray Moore und Redd Foxx, seine eigenen Geschichten über das Leben in Los Angeles für seine LPs *Freedom of Speech ... Just Watch What You Say*, *Rhyme Pays*, *Power* und *O.G.* von 1991.

Eine davon war „I'm Your Pusher", ein Song, der auf Curtis Mayfields „Pusherman" von dem Soundtrack für *Superfly* beruhte. Die Referenz zu Blaxploitation-Filmen ist ein entscheidendes Element in der Arbeit von Ice-T. Sein erster Kontakt zu Filmen war die Mitarbeit am allerschlechtesten Rap-Film *Breakin*. Dem folgte Dennis Hoppers Film *Colors*, für den er den brodelnden Titelsong schrieb und schließlich seriöse Rollen in *New Jack City* von Mario Van Peebles und *Ricochet* mit Denzel Washington.

1989 sprach ich mit Isaac Hayes, einem Veteranen als Komponist für und Schauspieler in Blackxploitation-Filmen. Seine Einstellung gegenüber dem ganzen Genre war zwiespältig, auch wenn seine Musik für *Shaft* legendär geworden war und einige seiner Schauspielerleistungen, vor allem in John Carpenters *Die Klapperschlange* und dem Blaxploitation-Revival-Scherz „I'm Gonna Git You Sucka" hervorragend waren. „Das Hauptproblem, das ich mit diesen Filmen zu ihrer Zeit hatte, war, daß es nur dieses Filme gab, nur die eine Sorte," meint Hayes: „Wenn es eine größere Auswahl gegeben hätte, um einige der Klischees aufzulösen, wären auch diese okay gewesen. Wir Schwarzen wollten endlich mal andere Bilder sehen. Wir brauchten dringend Filme, die andere Seiten unseres Lebens zeigen, aber da hatten wir damals nicht viel mitzureden. Wie sagt man doch, 'wes Brot ich es, des Lied ich sing'."

Seit dem Erfolg einiger neuer schwarzer Regisseure und dem Massenerfolg von HipHop sind sich die Inhaber des Brotes nicht mehr so sicher, welches Lied sie denn gerne hören wollen. Da draußen scheint es neue Märkte zu geben und um sie zu erschließen, scheint man HipHop zu brauchen. Sicher, die Klischees bleiben erhalten, aber man sollte Ice-Ts Raps über Gangster, Zuhälter und Drogen nicht mit Ice-T dem Menschen verwechseln: ein artikulierter, geistreicher und ehrgeiziger Geschäftsmann. Einem Rap-Video-Magazin erzählte er: „Ich habe ein Telefon, Anrufbeantworter, Fernseher, Computer, Handgranaten – alles, was man zum Leben in Los Angeles braucht."

Viele Hollywood-Geschäftsleute würden möglicherweise die Unverzichtbarkeit von Handgranaten leugnen, solange sie mit einem Vertrag viel mehr ausrichten können. Filme wie *Lethal Weapon* oder *Stirb Langsam* häufen sich und auch im Rap gibt es etwas, das die Zeitschrift *The Source* eine „musikalische Verbechenswelle" nennt, wozu sie Too Short, Mob Style, Comptons Most Wan-

Ice-T: Daddy Cool

ted, Kool G Rap and DJ Polo, King Tee, Poison Clan, Above The Law und als prominentestes Beispiel Boo-Yah T.R.I.B.E nennen.

Los Angeles ist irreführend. Die Sonne scheint und vor der Dämmmerung können die Schlachtfelder aussehen wie der Traum von der amerikanischen Vorstadt. In Carson, einem ruhigen, von Compton durch den Artesia Freeway abgetrennten Viertel, lebt der furchteinflößende samoanische Funk/Rap-Clan Boo-Yah T.R.I.B.E. und ihr Keller ist voller Waffen, ihr Alltag fast ein einziger Alarm-Zustand. Fast alle von ihnen gehörten Gangs an, ihre Raps sind in einer Hardcore-Gefängnis-Sprache geschrieben, in denen Freude und Genuß, Identität und Stärke in Metaphern des Todes, der Gewalt, Einkerkerung, Angst und Verletzung ausgedrückt werden.

Wie die Nebenbedeutungen, mit denen Public Enemy flirten, sind auch diese Bilder häufig fehlgedeutet worden. „Wir können nicht einfach über Mädchen reden", sagt eines der Boo-Yah-T.R.I.B.E-Mitglieder zu mir, als wir vor ihrem Haus sitzen und beobachten, wie die Dämmerung sich senkt und die Weihnachtsbeleuchtung Carson in ein Disneyland verwandelt. „Wir können nicht über glückliche Dinge reden. Unser Leben war nie glücklich. Eigentlich war es nur Enttäuschung. Wir haben auf der Schattenseite gelebt. Das ist verrückt. Wir wollen nicht, daß unsere Kinder so leben wie wir."

14. Native Tongues – Sampler, Sisters und Spiritualisten

»Weißt du, daß die Ägypter ihre Geschichten auf den Mauern der Pyramiden erzählt haben? Daß die Chinesen ihren Kindern Geschichten durch Karate und Kung Fu erzählen? Indem jede Bewegung eine andere Geschichte erzählt. Diese Bewegung benutzte dein Ur-Ur-Großvater, als er gegen jene Leute kämpfte, während der und der Epoche. So erzählen sie die Geschichte. Wenn du 50 Bewegungen zusammenstellst, kannst du die Lebensgeschichte eines Menschen erzählen. Für die Schwarzen tut das der Rap. Er steht für die Schrift auf der Mauer oder für die Kung-Fu-Bewegungen.«

Professor Griff
im Interview, 11.10.1990

HipHop hat sicher gigantische Schritte gemacht, seit Mitte der 80er. Seine Protagonisten können sich Status-Symbole aller Art und kühne finanzielle Unternehmungen leisten, aber der Aufstieg von Rap zur inoffiziellen Sprache von Jesse Jacksons „Rainbow Coalition" oder des „prächtigen Mosaiks" des New Yorker Bürgermeisters David Dinkins hatte doch ein paar beunruhigende Aspekte. War Rap zur musikalischen Entsprechung von Boxen geworden? Zum Fluchtweg aus der Unterschichts-Wirklichkeit amerikanischer (und britischer) Städte, der den Erfolgreichen eine schwierige Form von Ruhm, fette Schecks in unregelmäßigen Abständen und eine kurze Karriere versprach?

Unsere Kinder sollen es einmal besser haben: Boo-Yah T.R.I.B.E.

Zu Beginn der 90er gab es im Amerika samoanische, kubanische, mexikanische, koreanische, haitianische, dominikanische, jamaikanische, vietnamesische, puertoricanische. ecuadorianische, chinesische, indische und britische Rapper und Professor Griff, einer der Extremsten unter den neuen schwarzen Nationalisten, war selbst halb schwarz und halb Schwarzfuß-Indianer. Immer mehr Frauen rappten. Es gab jüdische Rapper wie die Beastie Boys und 3rd Bass und sogar eine weiße Rap-Gruppe, die sich Young Black Teenagers nannte.

All die utopischen Metaphern, die Amerikas multi-rassischen Charakter beschreiben sollten, von Schmelztiegel bis Prachtmosaik wurden von Entwicklungen überflügelt, die niemand so recht verstand. Jetzt schon hörte man auf den Straßen dieses aus *Blade Runner* bekannte Sprachengemisch, das von Spanisch zu Englisch flutschte, zu schwarzem Englisch und in alle möglichen regionale Slangs. Chicano-Rapper Kid Frost wechselte zwischen Spanisch und Englisch auf Stücken wie „La Raza" und „Ya Estuvo", wobei er weitere Hispano-Rapper erwähnte. Mellow Man Aces „Mas Pingon" war wie eine tödliche Lowrider-Tour durch East-L.A. und der L.A.-Kubaner Skatemaster Tate vermischte Jazz, Reggae, GoGo und Salsa-Breakbeats in die urbane Bouillabaisse. Hank Shocklee erzählt der Londoner-Zeitung *The Voice:* „New York und L.A. sind grundverschieden. Ich brauchte zwei Wochen, um die Bedeutung von 'smoked' oder 'gafflin' zu lernen." In Miami ist Rap stark von der Nähe zu Cuba und Jamaika beeinflußt; in Orange County gründen junge vietnamesisch-amerikanische Mädchen Gangs wie die Dirty Punks, womit sie sich in die uralte Tradition neuer Einwanderer einreihen, sich aber einer Form bedienen, die für Hollywood ausschließlich schwarz oder hispanic ist. Der Rap-Autor, Archivist und Publizist Bill Adler hat einmal geschrieben, daß „die heutigen kulturellen Nationalisten des HipHop behaupten, daß 'Schwarzheit' ebenso eine Frage kultureller Selbsteinschätzung wie eine der Hautfarbe sei und daß, so gesehen, Millionen von verdächtig hellhäutigen jungen Schwarzen da draußen rumlaufen, unerkannt und unüberwacht."

Dies ist die vierte Welt und sie macht Fortschritte. Einige ihrer Einwohner wollen Rassentrennung, andere wollen sich ihrer Rasse entledigen und sich einer anderen anschließen, einige suchen noch nach einer Rassenzugehörigkeit und nach Wurzeln, einige begrüßen die Vermischungen, die in einer Welt allgegenwärtiger Hochgeschwindigkeitskommunikation unvermeidlich sind. Und einige, wie die weißen, rassistischen Fans von Andrew Dice Clay können mit all dem nicht zurechtkommen und fragen sich, wer all diese „pissfarbenen Menschen sind".

Die gegenwärtige Breite von Rap, so wie sie von den entflammten, aber gebrochenen Angriffen von Public Enemy auf den Punkt gebracht wird, die Gleichzeitigkeit einer Nach-Bildschirm-Kultur, ihr Verständnis neuer Technologien wurde von einem Kollektiv mehrerer Rap-Gruppen vorangetrieben, die sich unter der Bezeichnung Native Tongues zusammenfanden. Auf der einen Seite ist Rap eben eine gesprochene Zeitung, ein Fax vom Plattenteller, zum anderen gehört es in die Geschichtenerzähler-Tradition der oralen Überlieferung und symbolischen Erziehung.

Im April 88, der überschattet war von den Debatten über Dennis Hoppers umstrittenen L.A.-Bandenkriegs-Film *Colors*, erschienen zwei Platten, die zukunftsweisend waren. Auf dem Idlers Label in Brooklyn war das „Because I

Kid Frost: This is for La Raza

Got It Like That" von den Jungle Brothers und die Ruhe, die sich inzwischen über Tommy Boy gelegt hatte, störte das Erscheinen von „Plug Tunin" von DeLa Soul aus Long Island.

Der Orgel-Sample und der entspannte, Mitsing-Rap verlieh „Because I Got It Like That" eine gewisse Karnevalsatmosphäre, während sich „Plug Tunin" über alte R&B-Breaks zu einem Rock-Steady-Schlurfer verlangsamte. Mit Zeilen wie „wind vocal flow brings it all down in ruins" oder „words are sent to the vents of humans then converted to face called talk" wurden sie ihren Anspruch gerecht, eine neue Sprache erfunden zu haben.

Beide Gruppen schufen neue Trends in allen Aspekten von Rap: Gesangssound, Themen, Art der Samples, Beats, Kleidung, Haare und Philosophie. Im Oktober 88 sitze ich mit Posdnous und Trugoy the Dove im Tommy-Boy-Büro an der First Avenue. Die Öffentlichkeitssprecher von De La Soul tragen weite Kleider aus schwarzen und blumengemusterten Stoffen, ihre Frisuren sind radikal zerklüftet und ein Peace-Zeichen ist eingeschnitten in das dichte Gestrüpp über Posdnous Ohren. „Wir bringen das Zeitalter des Gänseblümchens, das Daisy Age", sagt Pos: „Daisy liest man so: Da steht für The, I steht für Inner, S steht für Sound und Y ist Y'all: The inner Sound y'all. Euer aller innerer Klang. Alles kommt aus unserem Inneren. Es ist endlich an der Zeit, die Fassaden einzureissen und aufzuhören, jemand anders sein zu wollen. Mach das, was aus dir selbst kommt."

Wir hören uns die Musik ihrer ersten LP, 3 *Feet High And Rising*, an, von ihrem DJ Pasemaster Mase und Prince Paul von Stetsasonic zusammengestellt. Beim ersten Hören bietet sich als erste Parallele der frühe Lee Perry an, eng zusammenhängende Collagen mit rauhen Kanten und dunklen Bedeutungen, dafür meisterhafte Hooks und Rhythmen: Stücke wie „The Magic Number", „Transmitting Live From Mars", „Eye Know" und „Dela Orgee" werden angetrieben von flüchtig vorüberziehenden Eindrücken vage bekannter Lieder von den Detroit Emeralds, Sly Stone, Johnny Cash, Cymande, The Turtles, Otis Redding und sogar Tommy Roe; easy listening, eine Gospel-Orgel, Sixties-Soul, Doo Wop, Reggae und früher Rap, zusammengehalten von einer Struktur, die an Fernsehspielshows orientiert ist.

Posdnous und Trugoy von De La Soul

„Unsere Musik ist so geworden, so anders als alle anderen", meint Trugoy: „weil unser Background uns geformt hat. Pos' Vater hört viel alten Jazz, meine Eltern hören eher viel Calypso und Reggae und Mase' Mutter hört R&B." Als Gäste treten auf der LP auch die Jungle Brothers und Q-Tip von A Tribe Called Quest aus Queens auf. Dieses Zusammentreffen von Verwandten im Geiste hat eine Wende im Rap hervorgerufen: Das Aus für Goldketten, goldene Zähne, große goldene Ringe. Nach einer Epoche der extravaganten Kleidung, auf die Spitze getrieben von Eric B & Rakim mit ihren kollosalen, tellergroßen Goldketten und persönlich für sie angefertigten Goldjacken mit ihren Namen, tauschten nun viele Rapper ihre Goldketten gegen lederne Afrika-Amulette, afrikanische Perlen, Haarbänder und afrikanische Stoffe und weite Kleidung. Der KISS FM-DJ Red Alert, ein alter Kollege Bambaataas aus den Old-School-Tagen, übernahm das Management der Kerngruppe mit seinen Red Alert-Produktionen. Und neben De La Soul, den Jungle Brothers und A Tribe Called Quest gelten Queen Latifah, die englische Rapperin Monie Love, DJ Mark the 45 King und der schon lange hochangesehene KRS One mit seinen Boogie Down Productions als Gegensatz zur gewalttätigen Gangster-Rap-Haltung und Ergänzung der Schock-Pädagogik von Public Enemy.

Anderswo in New York gab es die Blackwatch-Organisation mit X-Clan und Isis, sowie die mit der Nation Of Is-

Die Dream Warriors aus Kanada

lam und der Five Percent Nation verbundenen Rapper wie Brand Nubians, Poor Righteous Teachers, Rakim und Lakim Shabazz. In San Francisco bezeichnete sich Paris als neuer Black Panther, in Oakland, California, hatten Digital Underground ihr bizarres, an Clinton erinnerndes, eigenes Sex-Universum bezogen, und der zwischen Brooklyn und Los Angeles pendelnde Divine Styler schrieb gewundene Zeilen wie „Chuck a 'flip copy cat try to jock watch your back when you buck up on Cokni Dreadlocks who live under Selassie I orthodox." In Toronto wurden die Dream Warriors aktiv und in England MC Buzz B, Black Radical Mk II, Red Ninja und andere, die nach neuen Wegen suchten, mit dem gesprochenen Wort umzugehen. Einige Künstler wie X-Clan und Paris stellten ihre Musik in den Dienst eines schwarzen Nationalismus. Andere wie Downtown Science suchten einfach nach Möglichkeiten, Rap in eine persönlichere Ausdrucksform umzuwandeln, auf den Spuren des Standards, den Rammelzee schon 1983 mit „Beat Bop" gesetzt hatte.

Das war eindeutig auch die Absicht von De La Soul, obwohlsie nach dem weltweiten Verkauf von 2 Millionen Exemplaren ihrer ersten LP *3 Feet High and Rising* so oft mißverstanden worden sind, daß sie ihre nächste LP *De La Soul Is Dead* nannten. „Die Leute haben nicht genügend zugehört, um rauszufinden, was Daisy Age bedeutet", beschwerte sich Posdnous im März 91: „Sie haben es nur betrachtet, aber nicht gefühlt. Wir sind gestorben und nun wieder am Leben, verjüngt zu einer neuen Lebensform." Die neue LP war glatter und beim ersten Hören auch etwas pessimistischer. Drei Jahre im Musikgeschäft können auch den begeistertsten Gemütern einen Dämpfer versetzen..

Ein weiterer wichtiger Unterschied an *De La Soul Is Dead* war die saubere Auflistung aller Breaks und Samples, die in der Musik verwendet worden waren. Sie allen waren auf dem Cover versammelt, die Nachahmer brauchten nur noch zuzugreifen: Serge Gainsbourg, Bob Marley, Brother Bones, Parliament, Frankie Valli, Wayne Fontana, The El Dorados, Taana Gardner und die Drei Kleinen Schweinchen.

Tommy Boy Records und De La Soul waren mit der lockeren Auffassung, daß Sampling allenfalls ein Kavaliersdelikt sei, in große Schwierigkeiten geraten. The Turtles verklagten sie über 1,1 Millionen Dollar wegen der unerlaubten Verwendung einer geloopten Passage ihres 69er Tracks „You Showed Me". Man einigte sich außergerichtlich auf eine Summe „im unteren fünfstelligen Bereich", doch hatten von nun an diese und andere Firmen keine große Lust, es nochmal drauf ankommen zu lassen.

Posdnous war nicht ganz glücklich über diesen Schritt in die Legalität: „Das Geheimnis ist jetzt immer gleich gelüftet", meint er: „die Konkurrenz kennt jetzt unsere Kaufgewohnheiten." Diese Gewohnheiten hatten sich dramatisch erweitert, als De La Soul auf Welttour gegangen waren, aber die allgemeine Aufmerksamkeit dem Sampeln gegenüber war zu groß geworden, um sich noch allzuviel leisten zu können. Musikanwälte rieten ihren älteren Klienten, sich Rap-Platten anzuhören und zu prüfen, ob nicht Material von ihnen verwendet worden sei.

Der Grund, warum Rap sich in der zweiten Hälfte der 80er so drastisch änderte, war vor allem, daß erschwingliche digitale Sampler auf den Markt kamen, die genügend Speicherkapazität hatten, um ein paar Takte Musik aufzunehmen. In den 90ern konnten diese Sampler bereits verschiedene Loops mit Musik unterschiedlicher Länge gleichzeitig speichern, dazu Schlagzeug und andere Geräusche, die man dann auf einer Diskette sichern konnte, als persönliche Sample-othek des Produzenten. Das war natürlich eine bedeutende Weiterentwicklung der Art, wie Grandmaster Flash seine „Adventures on the Wheels of Steel“ im Studio zusamengemixt oder wie Jam Master Jay eine Passage aus Bob James' „Mardi Gras“ unter einen Rhythmusmaschinenbeat gelegt hat.

Jetzt kann man Schichten aufbauen, von sagen wir James Browns „Funky Drummer“, ergänzt von neuen Drumbeats, die man von einer Rhythmusmaschine runterholt, einer Baßlinie von einer Funkadelic-Platte, ein paar athmosphärischen Streichern von einem Blaxploitation-Soundtrack, sagen wir von *Cotton Comes To Harlem*, und Synthesizer-Spritzern von einer Funk-Nummer der J.B.s. Die Sampler der frühen 80er waren teure Maschinen, wie der Fairlight, bei denen es vor allem um hohe Klangqualität ging, aber Rap brauchte mehr die Qualität von Fotokopien. DJ Mark zur Zeitschrift *Music Technology:* „Ich benutze nicht gerade viele Synthesizer-Sounds, sie klingen mir zu glatt und sauber und irgendwie falsch.“ Die neuen Sampler konnten auch Qualität bieten, aber sie gestatteten vor allem Produzenten wie Prince Paul, Mark the 45 King und Eric B, die verschiedenen Gewebe und Texturen ihrer riesigen Plattensammlungen zu mischen: manchmal wurde ein Fragment gesäubert, um ihm größere Kraft zu geben, ein anderes Mal blieb seine benutzte Oberfläche voller Kratzer erhalten, manchmal wurde auch der Übergang von einem Rhythmus, der auf einem Loop basierte, zu einem Füller-Rhythmus deutlich und absichtlich hörbar. Schmerzhafte, die Geduld auf die Probe stellende Stunden konnte man damit verbringen, mit Hilfe allerneuester Technologie ein neues Stück authentisch alt klingen zu lassen. Im dem Gebrabbel über Fragen der Moral und des Gesetzes, die im Zusammenhang mit diesem Thema erhoben wurden, vergaß man, daß man es hier mit einer völlig neuen, außergewöhnlichen Art, Musik zu komponieren zu tun hatte.

»Erfahren Sie die alte Welt, ohne hingehen zu müssen“

(Disneyworld-Fernseh-Werbung)

Fetischismus war bei diesem Aspekt von HipHop immer schon wichtig. Das Cover von DJ Mark the 45 Kings Tuff-City-Album *45 Kingdom* zeigte die Labels all der raren Singles der Funky Four Corners, Rimshots und Honey Drippers vor einem Disney-mäßigen Kastell. Marks bekanntestes Stück, „The 900 Number“, war nach dem Sampler-Modell benannt worden, dem AKAI 900, der all die Veränderungen in Gang gesetzt hatte und war ein einfacher Loop aus zwei Takten Bariton-Saxophon und Schlagzeug (mit einer hinzugefügten Rhythmusmaschine) aus Marva Whitneys Single „Unwind Yourself“ von 1968.

James-Brown-Produktionen wie „Unwind Yourself" oder „Funky Drummer" sind auch unter den Singles auf dem Cover von *45 Kingdom* zu sehen: sie sind der Kern aller Break-Sammlungen von DJs und Produzenten. Eines der ersten Stükke, das James Browns Klassiker wie „Funky Drummer" und „Sex Machine", dazu Aretha Franklins „Rock Steady" ausbeutete, war ein Bootleg auf T.D. Records, der sich „Feeling James" nannte. Später brachte ihn Tommy Boy Records in einer gesäuberten „sicheren" Fassung heraus mit einem Bild seines Urhebers Fresh Gordon auf dem Label. Das Original folgte dem gleichen künstlerischen Pfad, den „The Adventures of Grandmaster Flash on the Wheels of Steel", „Death Mix" und „Fusin Beats" begonnen hatten.

Seit „Feelin James" mußte man sich vorsehen. Niemand hatte ein Ahnung, was wirklich erlaubt oder verboten war, wer kannte schon die genauen Regelungen des Copyrights. Für eine kurze Zeit hatte man Spaß an Zitat-Platten. Doug E. Fresh und Slick Rick zitierten „Michelle" von den Beatles auf „La-Di-Da-Di", MC Craig G bearbeitete „Shout" von Tears For Fears, The Kartoon Krew bearbeitete Doug E. Freshs Bearbeitung der Titelmelodie von *Inspector Gadget*, Joeski Love machte eine „Tequila"-Version für „Pee Wee Dance" als Hommage an den Tanzstil von Pee Wee Herman und The Real Roxanne zitierte „For The Love Of You" von den Isley Brothers auf „Bang Zoom! Let's Go Go!". Die Dissing-Kriege schlugen sich ebenfalls aufs Sampling nieder, wenn etwa Pretty Rick & Boo-Ski die Beats von „It's Yours" klauten und das Ergebnis „It's Mine" nannten.

Ja und wer hatte denn nun die Besitzrechte? Die Mantronik/Tricky Tee-Version mit dem Thin-Lizzy-Break aus „Johhny The Fox" von 1985 oder Marley Marls Produktion von „Eric B For President" mit seinen James-Brown-Teilen entkamen beide unbehelligt dem Copyright, aber das sollte sich drastisch ändern, als die Platten immer besser verkauften. Mit den Led-Zeppelin-Samples auf „Licensed To Ill" von den Beastie Boys begann es, und danach zogen die Copyright-Anwälte los wie Sheriffs im Wilden Westen, die die Stadt säubern wollen.

Der illegale und geheimgehaltene Hintergrund des Sampelns hatte etwas von Film Noir-Atmosphäre. New Yorker Typen wie Bootleg Lenny gingen in Lager, wo gestrichene, aus dem Programm genommene, sogenannte Cutout-Platten verschleudert wurden oder auf ihre Einstampfung warteten, kaufte sie in großen Mengen und verkaufte sie dann an DJs auf der Straße als Rarität. In der Music Factory auf dem Times Square wacht der 50jährige, weiße Stanley Platzer über ein gigantisches Nachschlagewerk der Breaks und ihrer Herkunft. Für einen *Face*-Artikel im März 88 erklärt er John Leland und Steinski den Handel mit Break-Beats: „Jede Woche gibt es Hunderte neuer DJs. Also wird immerzu gekauft. Und sie müsssen sie alle haben. Dann gibt es Leute, die glauben, 'Break beats' seien Tanzplatten, das stimmt nicht ganz, zu manchen kann man schon tanzen. Wir haben noch keinen Sinatra als Breakstück gefunden, aber ein Fausto Papetti aus Italien hat einen Break. Das „Mickey Mouse Club Theme" auch und „C Is For Cookie", eine frühe Sesamstraßen-Platte."

Double D und Steinski

Die Breaks, die die frühen HipHop-DJs versorgten, gehörten für die jungen DJs nun schon zur fernen Vergangenheit. Auf Bootlegs wurden die klassischen Breaks zusammengefaßt. Illegale Platten wie *Hardcore Break Beats* oder *Break Beats* mit einer gezeichneten Krake auf dem Cover bildeten zusammen mit legalen Veröffentlichungen wie *Drum Drops* (Schlagzeug-Vorführ-Platte) oder den drei Platten mit Fernseherkennungsmelodien (*Televisions Greatest Hits* auf TeeVee Tooon) die Grundlage vieler neuer Rap-Stücke.

Ernsthafte Sammler wie Eric B empfanden solche Enthüllungen der geheimen Platten als ein Geschenk an die Faulen, als Verfall der Detektivkünste guter DJs, auf der anderen Seite verbesserte die allgemeine Zugänglichkeit rarer Rillen das allgemeine Niveau im Hiphop. Die scheppernden Rhtyhmusmaschinen-Beats wurden durch einen funky und lebendig klingenden Beat ersetzt. Zwar war die Musik nicht live eingespielt worden, denn der Beat kam ja von alten Platten, aber der Effekt war derselbe. „HipHop ist so eine Beat-orientierte Musik“, meinte DJ Jazzy Joyce zu mir schon 1987, „nur Beats und eine Baß-Figur, wenn du dann noch was dazutust wie ein Keyboard oder eine Gitarre, wird es richtige Musik!“ „It's My Beat“, das sie mit Sweet Tee zusammen aufgenommen hat, bildete mit weiteren ansteckenden Nummern wie Big Lady Ks „Don't Get Me Started“, Traedonyas „The Boogaloo“ und DJ Jazzy Jeff & the Fresh Princes „Touch of Jazz“ mit ihrem lockeren R&B-Ton eine willlkommene Abwechslung nach all der schweren Hammermusik der Run-D.M.C.-Schule.

„Der Konsens ist erschüttert. Auf der persönlichen Ebene werden wir alle von Bruchstücken einer Bildwelt, von wiedersprüchlichen oder nicht auf einander bezogenen Details belagert und bombardiert, so daß unsere Ideen zerrüttet werden und zurückkommen als kleine, zerbrochene oder körperlose Klicks. Tatsächlich leben wir in einer Klick-Kultur.“

Alvin Toffler, *The Third Wave*

Sample- und Scratch-Platten konnten auch ihre Nachteile haben. Von den vollständigen Ausmalungen unserer kannibalistischen, selbstbezogene Kultur durch postmoderne Theoretiker, in der „all die unterschiedlichen Orte der Welt nacht für nacht als Bildercollage auf dem Fernsehschirm erscheinen „(David Harvey, *The Condition Of Postmodernity*) und dem tatsächlichen Umgebensein von einem elektronischen Gewitter aus Klicks und Fiepen von Zeichentrick-Stimmen, Werbung, kleinen Ausbrüchen von Kino- und Fernseh-Dialogen, Scratches, Funk-Bruchstücken, Power-Akkorden, Bläser-Stichen, überdrehten Perkusssions-Breaks und vage vertrauten zweitaktigen Passagen alter Platten konnte einem schon schlecht werden. Nach Double D & Steinskis „The Payoff Mix" und „History Of HipHop", „Scratchin To the Funk" von Doctor Funkenstein & DJ Cash Money, „We'll Be Right Back" von Steinski, „Pump Up The Volume" von M/A/R/R/S, Coldcuts „Say Kids What Time It Is", dem Coldcut-Remix von Eric B & Rakims „Paid In Full", „Put The Needle On The Record" vom Criminal Element Orchestra und „Just Give The DJ a Break" von Dynamix II hatte sich das Genre in den Hyperraum katapultiert. „Drop The Bass (Lower the Boom)" von DJ Extraordinaire and the Bassadelic Boom Patrol war vielleicht der Höhepunkt dieser Desintegrations-Ästhetik: das Stück bestand aus nichts weiter als einem schnellen Beat und unsortierten Info-Stückchen aller Art. Schließlich brauchte Sampling dringend eine Rahmenkonstruktion, um nicht in seiner Inflation unterzugehen.

Eric B & Rakim bauten diesen Rahmen bei Stücken wie „I Know You Got Soul", „In The Ghetto" und „Follow The Leader". Auf der Bühne war ihre Musik ein einziger Wumms: Rakims bedrohliche Stimme wird von den Hauern des Bass verschlungen. Auf Platten gestaltete Eric B stimmungsvolle Klangräume, die den hypnotischen Monologen von Rakim den dramatischen Hintergrund lieferten, während drängende Trommeln aus fernen Landschaften vorübergehend in das Gesamtbild eindrangen. Er benutzte Samples wie Fenster, die man öffnet und schließt, um begleitenden benachbarten Klangwelten Eintritt zu gestatten. Besonders „Follow The Leader" von 1988 war eine Platte, die einem den Atem nahm und mit seinem grummelnden Baß und wirbelnden Flöten und Geigen anders war als alles, was man im Rap je zuvor gehört hatte.

Dies war eine Musik, die wie Kino funktionierte. Eine stotternde Wah-Wah-Gitarre, drohende Trommeln und ein Funkadelic-Refrain schufen denselben, beunruhigenden, brillanten Effekt ein Jahr später bei EPMDs „So Wat Cha Sayin'". Der Inhalt war mal wieder typisch für die manchmal etwas spießige Neigung von Rap, von sich selbst zu sprechen, wie ein Gemeindebrief oder ein hausinternes Memo am schwarzen Brett. Eric & Parrish nutzten ihre Platte, um sich über die Leute lustig zu machen, die nicht an sie geglaubt hatten und prahlten damit, daß ihre LP vergoldet worden war. War dies nun ein Beispiel für die schwarze *Oral History,* von der Professor Griff spricht, oder nur Geldgeilheit? Wenn man bedenkt, daß die Buchstaben EPMD für Eric & Parrish Making Dollars stehen, dann möglicherweise für beides.

Der Mann, der zwischen allen verschiedenen Rap-Fangemeinden eine

Brücke bauen konnte, war KRS-One. Die erste Crew, der er angehört hatte, war 12:41, deren einzige Single, „Success Is the Word“ sich ausschließlich mit rosa Champagner und Kaviar beschäftigte. Sein wirklicher Lebensstil unterschied sich allerdings davon: Mit 13 hatte er sein Zuhause verlassen und lebte seitdem auf der Straße.

1990 sagte er zu mir, daß diese Jahre „so von 13 bis 19, 20 die besten Jahres meines Lebens waren. Auf der Staße zu wohnen, allein zu leben, für mich zu sein – das war das Beste. Das war was anderes als heute, aber ich hab jede Minute genosssen. Wenn ich zurückschaue, sag ich mir manchmal, du hast wirklich eine verdammt harte Kindheit gehabt. Aber als ich sie durchlebte, fühlte sich das nicht so an. Es war eigentlich sehr entspannt..“ Als Gründe für seine frühe Nestflucht gibt er an: „Metaphysik studieren, mich selbst finden, ein Rap-Künstler werden.“ Seine Mutter hat ihm und seinem Bruder schon afrikanische Geschichte beigebracht, als sie beide noch ziemlich klein waren: „Und mit 13 wußte ich genau, wo ich hin wollte.“

Diese frühreife Entschiedenheit wurde noch von seinem Berater und DJ Scott La Rock unterstützt, den er in einem Obdachlosenheim für Männer an der Franklin Avenue, Ecke 166ste Straße in der Bronx kennengelernt hatte. 1987 nahmen die beiden unter dem Namen Boogie Down Productions das umstrittene Album „Criminal Minded“ auf, das sich schon durch sein Cover als Produkt der Waffen-Kultur zu erkennen gab. Kurz darauf, noch im selben Jahr, wurde Scott La Rock Opfer genau dieser Kultur. Er wurde in der South Bronx erschossen, als er versuchte, einen Streit zu schlichten. Die Widersprüche sind auch danach nicht abgerissen. Für das Cover der zweiten LP stellte KRS-One das berühmte Foto von Malcom X nach, wie dieser durch einen Spalt im Vorhang aus dem Fenster späht, in der anderen Hand eine schußbereite Waffe. Dann lancierte er die „Stop-The-Violence“-Bewegung, die Rap-Fans dazu bewegen sollte, mit Schießereien und Messerstechereien bei Konzerten aufzuhören. „In Kalifornien gibt es Gangs, die aus dem fahrenden Auto schießen, während diese Platte läuft“, gibt er zu. Wieviel von der Botschaft kommt denn durch? „Vielleicht zehn oder zwanzig Prozent. Zwanzig Prozent ist schon viel. Wäre schön, wenn es eine höhere Zahl wäre, aber das ist kein Lebensziel von mir. Man will immer, daß alle das Richtige tun, aber in der Welt, in der wir leben, ist es nunmal nicht so.“ Neben Raps über Gewalt, Fleisch essen, Schwarze, die weiß sein wollen, Obdachlosigkeit und Drogenhandel, alles an potentiell desinteressierte Zuhörer gerichtet, hat KRS-One auch an amerikanischen Colleges Vorlesungen gehalten, aus denen er Ausschnitte benutzt, um die Stücke auf seinem Album *Edutainment* zu unterstützen.

„Rap-Musik ist das letzte Sprachrohr der Schwarzen“, heißt es in einer dieser Vorlesungen. Von den neuen *Educated Science Rap*-Künstlern, dem spirituell-revolutionären Flügel von HipHop, seien viele nur Trittbrettfahrter, meint KRS-One. Dennoch schafften es die Besten,

Anders als alles, was man je zuvor gehört hatte: Eric B & Rakim

kommerzielle Musik mit einer Aussage zu verbinden, die sich gegen die Ideologien materieller Werte richtet, ohne ein allzu großes Paradox zu stiften. Diese Musik forcierte und reflektierte ein neues Interesse an politischer Aktion, einer Wiedergeburt schwarzen Nationalismus und ein neues Interesse an den afrikanischen Wurzeln der schwarz-amerikanischen Kultur. Wenn die Jungle Brothers vom tausendjährigen Reich sprachen, zu Gesängen, Congas, Gospel, Wah-Wah-Gitarren und Affenschreien, formulierten sie das, etwa auf einem Track ihres vielschichtigen zweiten Albums „Done By The Forces Of Nature“ so: „Good news everyone, the Last Day is right around the corner. Down the block and up the boulevard. The oppressed will be saved from oppression. The ghetto will be TransAfriKanedExpressed to the heavens, the ‘Righteous Playgrounds’“ [Gute Nachrichten für alle. Die letzten Tage sind nahe, sie sind schon an der Ecke angekommen, ob den Block runter oder den Boulevard hinauf. Die Unterdrückten werden von der Unterdrückung befreit werden, das Ghetto wird per TransAfrikaExpress in den Himmel verfrachtet, zu den Spielplätzen der Rechtschaffenen.]

Die Avantgarde der spirituellen Welle distanzierte sich ganz von der Unterhaltung. Für den X-Clan (Professor X, Brother J, Sugar Shaft und Paradise), Isis und Queen Mother Rage hieß Rap „sprachliche Milch“ und Textzeilen wie „Sweet tongue grand vital scrolls, now behold let the legend unfold, born in the cosmos, where no time and space do exist, vibeing the mist of chaos“ [Die süßen Worte der großen lebendigen Schriftrollen, betrachte sie nun, laß die Sage entstehen, geboren im All, wo weder Zeit noch Raum besteht, klingend im Nebel des Chaos] sind von Malcolm X, Marcus Garvey, H. Rap Brown, Adam Clayton Powell ebenso beeinflußt wie inspiriert von diversen ägyptischen Göttern und näherliegenden Quellen wie der Zulu Nation, Afrika Bambaataa und Lumumba Carsons (so Professor X’ bürgerlicher Name) Vater Sonny Carson, einem schwarzen politischen Aktivsten der 60er Jahre. Mystik mischt sich bei ihnen unvermittelt mit Praxis, wenn der X-Clan Veranstaltungen organsierte wie „The Taking Of The Brooklyn Bridge“, als Protest gegen die Ermordung von Yusef Hawkins, oder Anti-Crack-Versammlungen in Schulen oder aufrief, sich als Wähler registrieren zu lassen.

Beendet die Gewalt: KRS-One posiert als Malcolm X für das Cover seiner zweiten LP

Diese Mischung aus Basispolitik und musikalischer Seltsamkeit erinnerte sehr an die 60er Jahre. Überall brachen Ende der 80er Experimente und Eklektizismen aus. MC 900 Feet Jesus und DJ Zero benutzten vorbehandelte oder flüsternde Stimmen und verbanden das mit einer, an Industrial-Musik erinnernden HipHop-Variante. Laquan sampelte den Blues-Sänger Robert Johnson und trat live mit einer Band auf statt mit Samples, während Son Of Bazerk aus Long Island das Klick-Kultur-Syndrom auf die Spitze trieben, indem sie Funk, Dancehall-Reggae und Thrash-Metal in einem kurzatmigen, ruhelosen Wahn einander abwechseln ließen. Leierige Collagen wie „Tune From the Missing Channel" von Dream Warriors oder die Jazz-Samples in „Jazz Thing" von Gang Starr sind nur zwei gegensätzliche Beispiele für die Vielfalt, die HipHop in den frühen 90ern erlebt.

Die Extreme dieser Verschiedenheit sind nicht schwer zu finden. Auf der einen Seite gab es Sachen wie den weichen, zarten Rap „Bonita Applebum" von A Tribe Called Quest mit Sitar-Samples und Gitarren-Oktaven: „Do I love You? Do I lust for you? Am I a sinner because I do the two? Can you let me know? Right now please?" [Liebe ich dich? Bin ich scharf auf dich? Bin ich ein Sünder, weil beides stimmt? Kannst du mir das sagen? Und zwar jetzt?] fragen Quest durch psychedelische 60er-Jahre-Phaser-Effekte hindurch. Und unten in Miami meldete sich die 2 Live Crew mit solchen Sätzen: „It's the only way to give her more than she wants, like the doggy style you get all the cunt, 'cause all men try real hard to do it, to have her walkin funny we try to abuse it." [Nur so gibst du ihr mehr als sie will, nur von hinten kriegst du die ganze Fotze, denn alle Männer versuchen es, und damit sie komisch geht, mißbrauchen wir sie.]

Bevor im April 1987 die 18jährige Laura Ragsdale, eine Aushilfskraft bei Starship Records & Tapes in Callaway, Florida verhaftet wurde, hatte das Album *2 Live Crew Is What We Are* von 2 Live Crew 250.000 Exemplare für das Skywalker-Label verkauft. Diese Zahlen bezogen sich vor allem auf Florida, die beiden Carolinas und Georgia. Auch deswegen muß sich Fräulein Ragsdale ziemlich gewundert haben, daß es plötzlich ein Verbrechen darstellte, diese Platte zu verkaufen.

1990 fand sich Luther Campbell, der Besitzer von Luke Records (das war der neue Name, nachdem George Lucas einen Prozess gewonnen hatte, der es Campbell verbot, weiterhin den Skywalker-Namen aus *Star Wars* zu verwenden) im Zentrum einer internationalen Debatte über Zensur wieder und sah sich heftigen Angriffen von Tipper Gores Parents Music Resource Center (PMRC), von Anwalt Jack Thompson aus Miami und Floridas Gouverneur Bob Martinez, von Großhändlern, die sich weigerten seine Produkte zu verkaufen, Politikern und diversen Polizei- und Unterhaltungsindustrie-Bürokraten ausgesetzt. Im Juni 1990 befand ein Bundesgerichtshof, daß die LP *As Nasty As They Wanna Be* nicht in Südost-Florida verkauft werden könne, da sie die Standards der Gemeinschaft verletze, aber im Oktober desselben Jahres sprachen Geschworene eines Gerichtes in Florida die Gruppe vom Vorwurf frei, obszöne

X-Clan mit Isis und Sonny Carson

Lieder gesungen zu haben. Der Verband der amerikanischen Schallplattenindustrie erklärte dazu: „Dieses Urteil sollte allen, die versuchen, Musik obszön zu finden, klar machen, daß wir Amerikaner stark an unser erstes Grundrecht glauben. Auch wenn sie irgendetwas vulgär, abstoßend oder widerlich finden, heißt das noch lange nicht, daß es obszön im Sinne eines Verbrechens ist."

Während dieser Aufregung bildeten sich seltsame Koalitionen zur Verteidigung der freien Meinungsäußerung und der Freiheit der Kunst, dabei war auch Atlantic Records: sie brachten ein Album von Luke heraus, das unter dem Namen „Banned In The U.S.A." unter anderem eine Version der 2 Live Crew von Bruce Springsteens *Born In the U.S.A.* enthielt. Die ganze Sache bereitete eigentlich jedermann Unbehagen, außer der 2 Live Crew, die sich plötzlich in der Funktion der bekanntesten Rap-Gruppe der Welt wiederfand: Martha Frankel schrieb ganz richtig in *Spin:* „Wir unterstützen zwar die 2 Live Crew in dieser Sache mit aller Kraft, aber das heißt noch lange nicht, daß uns das gefällt, was sie machen."

Eine Rap-Karriere war für Frauen auch ohne die üblen Reime der 2 Live Crew und Ice Cubes Sprüchen wie „Get Off My Dick and Tell Yo Bitch To Come Here" immer noch schwer genug. Und während Frauen sich gegen die vorherrschende Frauenfeindlichkeit im Rap immer wieder aussprachen, gab es eine Andeutung einer Besserung. Nach sechs Jahren brachte Def Jam mit Nikki Ds „Daddy's Little Girl" endlich ihre erste Platte mit einer weiblichen Rapperin heraus und Public

A Tribe Called Quest

2 Live Crew

Enemy rekrutierte Sister Souljah als Band-Mitglied. Ice Cube stetzte sich in Los Angeles für die Rapperin Yo Yo ein und produzierte gemeinsam mit Sir Jinx ihr Album *Make Way For The Motherlode.* YoYo gründete, nachdem sie ihre Fähigkeit, sich zu wehren, schon auf Ice Cubes „It's A Man's World" gezeigt hatte, die Intelligent Black Woman's Coalititon, in der Hoffnung, den geringen Status und das Selbstbewußtsein von Frauen zu heben, die ganz offensichtlich unter dem planmäßigen Ausschluß durch die Männer zu leiden hatten.

All diese Stücke, wie auch die von X-Clan produzierte Platte von Isis trugen aber noch immer deutliche Zeichen von Männer-Produktion. Dazu kam, daß man Frauen meistens dazu anhielt, weichere und kommerziellere Formen von Rap zu bevorzugen, was die Vorurteile der Männer dann wiederum bestätigte. Die Casting Couch war immer noch ein Faktor unter den Zufälligkeiten einer Karriere als Rapperin. Sweet Tee beschreibt als Gegenbeispiel Hurby Love Bug, der auch die treibende Kraft hinter den Rapperinnen von Salt'n'Pepa darstellt: „Er macht es gut mit den weiblichen Künstlerinnen. Ich hab Leute getroffen, die meinen, sie könnten sexuelle Gefälligkeiten erwarten, wenn sie helfen, 'ne Platte auf den Markt zu bringen. Sowas würde Hurby nie machen, er ist ein Guter."

Es gab Ausnahmen von dem Catch-22-Syndrom, aber für jede stand sofort eine Gruppe wie Hoes With Attitude oder Bitches With Problems auf dem Tapet. Die Situation war ähnlich wie im Reggae, wo man auch traditionellerweise von den

Männern erwartet, daß sie harte Reime über Waffen, Sex und *Culture* zu rauhen Rhythmen rappen, während die Frauen das romantische Material singen. Ragga-Star Shabba Ranks bestätigte das noch im Frühjahr 1991: „Die Ladies können nicht Ragga sein, sich mit dem rauhen Kram beschäftigen, einfach weil sie keine Männer sind. Sie sind Frauen, klar?" Sweet Tee beschreibt's von der anderen Seite: „Alle sind lärmig", beschwert sie sich: „Ich finde, man sollte es ruhig angehen lassen."

Neben der Langlebigkeit von Roxanne Shanté im Geschäft war es vor allem eine Frau, die über ein paar vereinzelte Singles hinausgekommen ist: Queen Latifah. Latifah ist ein arabischer Name, der soviel heißt wie delikat oder sensibel, was unter Rap-Maßstäben auch auf ihren Stil zutrifft. Sie wohnt in East Orange, New Jersey und arbeitete lange mit Mark the 45 King zusammen. Und ihre Stücke, etwa „Dance For Me" oder „Inside Out", waren hart ohne unelegant zu wirken, leicht ohne leichtgewichtig zu sein. Sie mischt einen warmen Reggae-Ansatz mit geradlinigem Rap, der die Klischees des Dissing ausläßt. Auf „Inside Out" formuliert sie, um was es geht: „Rhymin is not a question of ones superiority but rather how you delegate your use of authority" [Reimen ist keine Frage von Überlegenheit, sondern eher, wie du den Einsatz deiner Autorität gestaltest]. Autorität zu gewinnen, wär eindeutig der nächste Schritt.

(Don't play with my) Yo Yo

Queen Latifah

15. How ya like me now? – Kommerz, Christen und Raggamuffin

P.J. O'Rourke entdeckte bei einem Besuch in Jim und Tammy Bakkers christlichem Vergnügungspark christliche Rap-Cassetten. Er schreibt: „Ich wurde Zeuge eines Wunders. Es gab hier etwas, das noch schlimmer klang, als richtiger Rap.“ (aus seinem Buch *Holidays In Hell*)

Anfang 1990 entdeckte auch eine nicht geringe Menge Konsumenten eine Form von Rap, die ihnen wesentlich besser gefiel als richtiger Rap. Nach all den Jahren auf der Außenbahn überholte Rap plötzlich das Feld. Und da wir von Christen reden, M.C. Hammer verkaufte Massen von seinem *Please Hammer Don't Hurt 'Em*-Album. Und wenn wir von gefälschten Gangstern reden wollen: Vanilla Ice brachte mit *To The Extreme* die angeblich schnellst verkaufende Platte der Rap-Geschichte auf den Markt.

Was auch immer daran ist an den Statistiken, die die Schallplattenfirmen einem anbieten, Hammer und Ice beherrschten die Charts der Zeitschrift *Billboard*, dem wichtigsten Branchenblatt. Die Musik mag dünn gewesen sein, aber die Images waren perfekt für die MTV-Generation. Obwohl Horden von Pop-Rap-Fans die beiden Stars leichter verdaulich fanden als Public Enemy oder gar De La Soul, neigte die Rap-Industrie zur Abgrenzung: „Sie sind sie und wir sind wir“, schrieb Kim Green in *The Source*. Mit anderen Worten: Rap hatte sich in einen authentischen und in einen Show-Business-Flügel gespalten.

Dabei hatte es sie schon immer gegeben, die Rap-Entertainer. Wenn man mal vom Show-Aspekt, den es auch bei Ice Cube oder Public Enemy gibt, absieht, waren da Gruppen wie die Fat Boys, Salt'n'Pepa, Mantronix, DJ Jazzy Jeff & Fresh Prince, Kid'n'PLay, L'Trimm, 2 In A Room, J.J.Fad und Heavy D. & The Boyz. Dazu kamen diverse Solo-Künstler wie Redhead Kingpin, Tone Loc, Young M.C., Doug Lazy, Gerardo und Candyman. In England gab es noch die Cookie Crew, Kiss AMC, die Wee Papa Girl Rappers, She Rockers und M.C.Tunes. Dazu kamen noch die diversen anonymen HipHouse-Crews und die abenteuerlustigeren Acts wie Massive Attack, Definition Of Sound, Krispy Three und First Offence, die einen exzentrisch britischen Eintopf aus Rare Groove, Soul, Reggae und House zusammenköchelten. In Deutschland ist Snap zu nennen und von Schweden bis Japan, Paris bis Bangkok, Mailand bis Hong Kong gab es Möchtegern-Rapper, die ihre Mischungen aus Pop, House, Techno, Soul und HipHop fabrizierten.

Sowohl die Fat Boys als auch Salt'n'Pepa fingen härter an, als sie aufhörten. *Fat Boys* war die zweite Platte der Disco 3 und erschien 1984, produziert von Kurtis Blow, auf Sutra. Sie klang ein wenig nach Larry Smiths Whodini-Sound. Der Gegenstand war allerdings etwas ganz Spezielles: „Now it started off when I was very small, I devoured chocolate cakes, plates, candles, all“ [Es fing schon an als ich noch klein war, ich verschlang Schoko-Torten, samt Teller und Kerzen]. Der schlaue Manager, mit dem die Gruppe arbeitete, Charles Stettler, überzeugte sie, sich zu einem wandelnden Witz zu machen und ihren Namen von Disco 3 in Fat Boys zu ändern.

Von da an war ihre Karriere klar. Ihre erste LP erreichte nach 10 Wochen Gold und, nachdem sie Werbefilme für Swatch gedreht hatten, folgte eine Reihe von Alben, die von Platte zu Platte uninteressanter wurden, Kollaborationen mit Chubby Checker und den Beach Boys, die Freß-Orgie in *Krush Groove*, eine Rolle in *Miami Vice* und schließlich ihr eigener Beitrag zum Genre des Slapstick-Rap-Films *Disorderlies*. Die Fat Boys waren es übrigens auch, die damit anfingen, bei Live-Konzerten mit einem Tape aufzutreten statt mit einem DJ, was leider heute ziemlich üblich ist. 1991 hatte man die Gruppe eigentlich vergessen, bis Darren „Human Beatbox“ Robinson, der fetteste der Fat Boys, wegen sexuellen Mißbrauchs Minderjähriger in Pennsylvania vor Gericht mußte.

Auf der Rückseite von Salt'n'Pepas LP von 1986, *Hot, Cool & Vicious* hatte man die Geschichte der Band zusammengefaßt. Cheryl „Salt“ James und Sandy „Pepa“ Denton hatten sich am Queens Borough College getroffen, wo sie eine Krankenschwesterausbildung absolvierten. Ihr DJ, Spinderella, pflegte auf derselben Eiskunstlaufbahn in Long Island zu verkehren und wurde Mitglied der

Die Fatty Arbuckles des Rap: Fat Boys

T BOYS

Band, als Hurby „Luv Bug“ Azor sie für die geeignetste Kandidatin befand. Wie schon Roxanne Shanté fingen sie mit einem Antwort-Stück an; diesmal auf Doug E.Freshs „The Show“ und er hieß „Showstopper“. Auf Platte konnten sie gewitzt und geradeheraus sein und sich gegen den vorherrschenden Trend wehren, Frauen als Sluts, Bitches, Skeezers, also als Schlampen, Huren, leichte Mädchen herabzusetzen.. „Push It“ und „Shake Your Thang“ waren sowohl clevere wie erfolgreiche Pop-Platten, bei denen sich Break-Beats und GoGo-Elemente auf einer sanften HipHop-Basis trafen. Um 1990 müssen sie den Sinn für solche Leistungen dann veloren haben. Auf *Black's Magic* gab es zwar ein paar ambitiöse Texte, aber die Platte klang zu poliert und uninspiriert, so als wäre die natürliche Entwicklung der Band gerade von den Pop-Hits aus der Bahn geworfen worden.

Nachdem sich Salt'n'Pepa und Jazzy Jeff & Fresh Prince als die konsensfähigen, MTV-fähigen Gesichter des Rap etabliert hatten, war die Tür für ähnlich gelagerte Fälle natürlich weit offen. Redhead Kingpin schaffte es mit einer Teddy-Riley-Swingbeat-Version von seinem „Do The Right Thing“, aber erst Tone Loc sahnte richtig ab mit seinem „Wild Thing“. Die Single erschien auf Delicious Vinyl, einem Label aus Los Angeles, das seinen Sitz mitten zwischen den Thai-Restaurants, Postkarten-Läden, Biker-Juwelieren und Kitsch-Möbelgeschäften auf der Melrose Avenue hatte. Die beiden Besitzer, Matt Dike und Michael Ross, hatten „Wild Thing“ produziert. Das wichtigste Merkmal dieser dumpf-hämmernden, leicht verschlissen klingenden Nummer mit einem Van-Halen-Riff und einem charakteristischen Schlagzeug-Wirbel war Tone Locs grunzende Stimme. Für eine so einfache Platte waren die Ergebnisse verblüffend. Mit weltweit über 2 Millionen verkauften Exemplaren war „Wild Thing“ vorübergehend die bestverkaufte Rap-Single aller Zeiten.

Sie hatte noch auf andere Weise Berühmtheit erreicht. Nach der bekannten Vergewaltigung einer Joggerin im Central Park durch eine Gang, entdeckten die Medien ein neues Phänomen, das sie Wilding nannten und das seinen Namen angeblich dem Tone-Loc-Hit verdankte. Wilding meinte Gangs von jungen (schwarzen) Männern, die auf der Suche nach Vergewaltigung und Plünderung die Straße unsicher machen, möglicherweise auch zum Mord bereit. Die MTV-Begeisterung für Tone-Locs Video, einer 500-Dollar-Kopie von Robert Palmers „Addicted-To-Love“-Video, paßte ganz hervorragend zu dieser ganz besonders lächerlichen, moralischen Hysterie. Je mehr das Mainstream-Amnerika Informationen über Rap via Pop-Hits bekam, desto besser schien sich das gesamte Genre zu eignen, die Schuld für den Zusammenbruch der amerikanischen Städte zu übernehmen.

Vielleicht konnten das Filme wie *House Party* mit Kid'n'Play oder die von Quincy Jones unterstützte NBC-Komödien-Serie *Fresh Prince Of Bel Air* mit dem Rapper Fresh Prince wieder zurecht rücken, indem sie so nett waren, daß sie jedem gefallen mußten. Vielleicht half auch das LP/Buch/Film-Projekt von Quincy Jones, *Back On The Block*. Nachdem er schon einen jungen Schwarzen erfolgreich dem Rest der Welt verkauft hatte, nämlich

Michael Jackson, versuchte Quincy Jones jetzt, Rap als Bestandteil afrikanisch-amerikanischer Musik kulturell zu adeln: Big Daddy Kane, Melle Mel, Ice T und Kool Moe Dee traten neben Ella Fitzgerald, Miles Davis, Ray Charles, Sarah Vaughan und Dionne Warwick auf. Leider wurde dieses Zusammentreffen so wichtiger und unterschiedlicher schwarzer Stimmen von einer überverfeinerten Produktion und langweiligen Kompositionen begraben, aber über 3 Millionen verkaufte Einheiten und diverse Ehrenpreise der Musikindustrie zeigten an, daß die Welt auf Quincys hohe Ziele durchaus vorbereitet war.

Die ursprünglichen Ziele des M.C. Hammer waren dagegen ziemlich bescheiden. „Let's Get It Started" nannte er sein erstes Album, aber nachdem er dann gestartet war, konnte ihn keiner mehr aufhalten. Niemand nahm ihn als Rapper besonders ernst, aber aufmerksame Beobachter wie Nelson George konnten schon früh voraussagen, daß sein überbeweglicher Tanzstil und sein videogeeignetes Image besondere Erfolge einspielen könnten."Dieser Mann hat ein Underground-Video draußen", schrieb George in seiner *Billboard*-Kolumne von Februar 1989: „Dieses 'Pump It Up' zeigt, daß dieser super-gewandte Tänzer, den noch ein Team von Tänzern und Tänzerinnen unterstützt, tatsächlich neue Ideen hat, was HipHop-Auftritte betrifft. Hammer nimmt einfach das Reservoir an New-Jack-Schritten und fügt noch ein Paar eigene Dreh-Bewegungen hinzu. Das 'Pump It Up'-Video half, seine LP so

Wilde Sache: Tone Loc

gut zu verkaufen, daß sie die Top 10 erreichte."

Das junge Amerika war durch Stars wie Bobby Brown durchaus schon vorbereitet gewesen, die Zahl der Sänger nahm zu, die mit einem Gemisch aus R&B und Rap ein breites Publikum erreichten. Die großen Plattenfirmen, die sogenannten Majors – dazu gehört in Amerika: CBS (heute Sony), Atlantic, MCA, Warner Brothers, Capitol, Island/ Polygram – hatten sich Rap zugelegt und den Independents mehr und mehr das Wasser abgegraben. Für wichtige Künstler wie Eric B & Rakim gab es Vorschüsse in der Gegend von 700.000 Dollar. Einige dieser Beziehungen waren schwierig, bekanntermaßen etwa die zwischen DefJam und CBS, die irgendwann die Geduld von Rick Rubin überstrapazierte. Daß Rap von der multinationalen Musikindustrie eingekauft worden war, war an sich nicht so überraschend; viel überraschender war, daß immer noch relativ geringe Niveau, auf dem sich die Industrie engagierte. Schließlich ging es um einen immensen und wachsenden, weltweiten Markt. Der aber eben immer noch als kontrovers galt.

Obwohl die Independents immer noch da waren, um die Extreme dieser Musik zu veröffentlichen, die sonst niemand anfassen wollte, waren die Majors nur zu bereit, alles außer den extremen Sachen zu absorbieren. Sie konnten ja einen viel größeren Markt schaffen, als ihn die Independents je bedienen könnten. Mit Kabelfernseh-Shows wie „Yo!MTV Raps" wurde das riesige MTV-Publikum erreicht und die Mischgenres vervielfältigten sich täglich. Künstler wie En Vogue, Bell Biv Devoe oder Soul II Soul wären vor fünf Jahren noch reine R&B-Acts gewesen, heute wurden daraus Crossover zu HipHop.

Die künstlerische Zukunft von Rap schien auf der anderen Seite auch dadurch gesichert, daß die Zusammenarbeit von HipHop und Reggae nun wirklich florierte. Shabba Ranks trieb sich mit Big Daddy Kane, Rob Base und Slick Rick herum und nahm mit KRS-One Platten auf. Und die Reggae-Sängerin J.C.Lodge, die mit Shabba ihr „Hardcore Loving" als Duett aufgenommen hatte, unterschrieb einen Vertrag bei Tommy Boy. Wie Shabba einmal im März 91 meinte: „Rap und mein Stil, das sind Brüder. Wenn du dich unter den Rappern umhörst, dann kennen sie alle Shabba, sie kennen mich ebenso wie ich sie kenne. Es ist ähnlich. Der Unterschied ist nur, daß sie einen funky Beat benutzen, ich dagegen einen Reggae-Beat. Ich mache nicht ganz so viele Worte wie sie, aber was ich mache, ist definitiv Rappen."

Trotz all dieser Entwicklungen wäre Rap nicht mehr als eine weitere Nische gewesen, wenn es nicht seine eigenen Megastars gehabt hätte. Obwohl das beschränkte musikalische Talent und der verdächtige Erfolg von M.C. Hammer und Vanilla Ice so manchen in der Rap-Welt verärgerten, waren andere ganz zufrieden, daß Rap so große Erfolge verbuchen konnte. Die Unterhaltungsindustrie war doch nun einmal genau das: eine Industrie. Und Hammer nahm sich aller Möglichkeiten an, so wie er auch allen Bedürfnissen nachkam. Er glaubte

Bitte, tu ihnen nicht weh: M.C. Hammer

eindeutig, daß der amerikanische Traum mehr sei als ein Mythos.

Hammer wuchs in einer kinderreichen Familie in Oakland auf, er versuchte sich am College und dann als Basketball-Profi, schließlich blieb er eine Weile in der Navy. Sein Eintritt in die Musik war ein Rap-Duo, das sich Holy Ghost Boys nannte, aber nachdem er damit Schiffbruch erlitt, bürdete er sich das mörderisch disziplinierte Arbeitspensum auf, das ihm seinen Erfolg einbrachte. Hammer stand eher in der schauspielerischen als in der musikalischen Tradition von James Brown, Rick James, Cameo, Michael Jackson und Prince. Wie all diese Leute hatte er begriffen, daß es in der Pop-Musik um mehr geht als nur um Musik.

Stücke wie „U Can't Touch This" oder „Pray" waren zwar schwach, wenn man sie mit gutem Rap vergleicht, aber das war gar nicht der Punkt. Durch seine schlabbrigen Harems-Hosen und seinen einmaligen Tanzstil war Hammer sofort als sein eigenes Markenzeichen erkennbar. Diese Verkäuflichkeit trug ihm einen angeblich 8 Millionen Dollar schweren Vertrag mit Pepsi ein, dazu kamen zwei Hammer-Puppen, die Mattel rausbrachte, und die Einkünfte aus dem Verkauf der Hammer-Rechte an diverse Videospiele, die als Vorläufer einer integrierten Multi-Media-Bildschirm-Zukunft gerechnet werden können. Eine Pop-Welt integrierter elektronischer Produkte. Zehn Jahre zuvor hatte HipHop afrikanische Wurzeln und Videospiel-Ästhetik in einem Akt surrealer Einbildungskraft miteinander verschmolzen. Nun kamen dieselben Elemente im Dienste des Marketing zusammen.

**Shabba Ranks:
Ragga und Rap sind Brüder**

Wie schwierig und verstörend auch immer die Impliaktionen eines digitalisierten M.C.Hammer gewesen sein mögen, die Wirklichkeit des Vanilla Ice verursachte sehr viel drückendere Magenschmerzen. Dieser große weiße Mann mit eckigen Wangenknochen, einem Hemd mit der amerikanischen Flagge und dem Gesichtsausdruck von Captain America schien das Elvis-Presley-Syndrom wiederzubeleben, auch wenn ihm Elvis' Talent und Charisma fehlten. Während es Hammer offensichtlich darum ging, positive Lebensmodelle vorzuführen, indem er sich für Gebet, harte Arbeit, geradliniges Leben und Hingabe aussprach, versuchte Vanilla Ice, sich als hartgesottener Gansgter zu geben, der sich für Waffen, Brüste, Peitschen und Ketten begeisterte und sich nach einer

Droge nannte. Er schien schwärzer als schwarz werden zu wollen.

Seine autobiographischen Erfindungen konnten zwar niemanden in der Rap-Community überzeugen, daß er in Wirklichkeit vielleicht doch Stagger Lee wäre, aber seinen diversen jungen Fans war es ziemlich egal, wo er aufgewachsen und mit welchen Angehörigen welcher Rasse er als Kind gespielt hatte. Vielleicht waren sie selbst Weiße, die Schwarze sein wollten, und nun in Vanilla Ice ihr Vorbild fanden. Insofern war es nur eine Frage der Zeit, bis ein kaukasischer Amerikaner etwas Profit aus ihren Phantasien schlagen würde. Schließlich hatte Vanilla Ice es selbst gesagt: „Life Is A Fantasy" hieß eines seiner schlechteren Stücke. Am erträglichsten war noch „Ice Ice Baby", eine gut gemachte Single, die auf einer Baßfigur aufbaute, die er dem Queen/David-Bowie-Hit „Under Pressure" entwendet hatte. Der Rest seiner auf SBK erschienenen Platte *To The Extreme* war schwach, aber Ice war weiß, er tanzte, er hatte die richtige Sorte Videos und er war mit M.C.Hammer auf Tournee gewesen. Als Hammers *Please Hamer Don't Hurt 'Em* schließlich nach 21 Wochen die Nummer Eins frei machte, wurde sie von Vanilla Ice eingenommen. Und wie immer in solchen Fällen versuchte die Plattenindustrie, für Nachschub zu sorgen. Die Reihe der Imitatoren glänzte durchn bezeichnende Namen wie Icy Blue, Fred Astaire und 4PM (four pale males = vier blasse Männer).

Das Leben ein Traum: Vanilla Ice

Vielleicht war das eine ziemlich harte Geschichte für all die schwarzen Rap-Künstler, die dafür gekämpft hatte, das Genre zu etablieren. Aber es gibt keine Gerechtigkeit in der populären Musik. Der Aufstieg des Vanilla Ice war die letzte Stufe zur kompletten Eingliederung von Rap in die Musikindustrie. Ein neuer Tag, ein neuer Dollar. Junge Amerikaner erheben sich ja ohnehin immer wieder aufs Neue aus dem Nichts in den elektronischen Äther des späten 20sten Jahrhunderts, für lauter vergängliche Belohnungen. Wie Professor Griff mit gewohnter Strenge mahnte: „Wenn du dem amerikanischen Traum bis zum Schluß nachgejagt bist, wirst du herausfinden, daß er gar nicht für dich bestimmt war."

Anderswo erzitterten die Radio-, Fernseh- und Tonband-Lautsprecher vor Botschaften, die nie zuvor so direkt zur Musik ausgesprochen worden waren. Ein Sound großstädtischer Vermischungen, der selten so genau und artikuliert zu hören gewesen war. „Ich denke, daß viele Kulturen eines verstehen müssen", meint Griff: „Wenn man uns unterdrückt und unter diesen Bedingungen zu leben zwingt und unsere Sprache stiehlt, dann werden wir eine eigene Sprache entwicklen, um miteinander zu kommunizieren."

Während ein Teil Amerikas sich darum bemüht, die Werte der 50er zurückzubringen und die Illusion einer einzigen, einheitlichen Kultur aufrechtzuerhalten und die Flut entgegengesetzter Informationen um jeden Preis einzudämmen, nimmt die Aufweichung der alten Wahrheiten, die Rap angegriffen hat und seine ständige Neugruppierung der Bruchstücke des elektropnsichen Zeitalters mit einer Geschwindigkeit zu, die einem den Atem nimmt. Bis zu den Knien in einer unberührbaren Welt aus Gegenwart, Vergangenheit und Zukunft. Gesättigt und vollgesogen von vibrierenden Bässen. Im Kopf hämmern die Stimmen, sprechen in fremden Zungen, swingen, pendeln und suchen einen Ort. Klink dich ein, klink dich ein.

Blitzende Schwerter des Todes

Einhundert Rap-Attacken. All diese Platten sind 12-Inch Maxi-Singles. Wenn möglich, wurde ihr amerikanisches Label in Klammern dahinter gesetzt (wenn sinnvoll, ein deutscher Vertrieb, der diese Platten, die vor 1984 erschienen sind, irgendwann einmal im Programm hatte. Die meisten dieser Tracks waren in Deutschland allenfalls ein paar Wochen in geringer Stückzahl erhältlich. Aber selbst die bekannteren sind heute, wenn überhaupt, fast nur noch auf den einschlägigen Old-School-Samplern zu bekommen – d. Übers.). Manche stehen hier wegen ihrer historischen Bedeutung, andere, weil ich sie mag. Die Anordnung ist alphabetisch und hat nichts mit Vorlieben zu tun.

1. Afrika Bambaataa, „Death Mix“ (Winley)
2. Afrika Bambaataa and Cosmic Force, „Zulu Nation Throwdown“ (Winley)
3. Afrika Bambaata and the Soul Sonic Force, „Looking For The Perfect Beat“ (Tommy Boy)
4. Afrika Bambaataa and the Soul Sonic Force, „Planet Rock“ (Tommy Boy)
5. Afrika Bambaataa and the Soul Sonic Force, „Renegades Of Funk“ (Tommy Boy/deutsch: Metronome)
6. Beastie Boys, „Cookie Puss“ (Ratcage/deutsch in anderer Zusammenstellung: EfA)
7. Beat Box Boys, „Give Me My Money“, „Einstein“, „Yum Yum-Eat ‘Em Up“ (Memo)
8. Bobby Gilliom, „Give Me A Break“ (Clappers)
9. Bon Rock and Cotton Candy, „Junior Wants to Play“ (Tommy Boy)
10. Bon Rock and the Rhythem Rebellion,“Searchin Rap“ (Reelin and Rockin)
11. Brother D, „How We Gonna Make the Black Nation Rise“ (Clappers)
12. Captain Rapp, „Bad Times(I Can’t Stand It)“ (Becket)
13. Captain Rock, „Cosmic Glide“ (Nia)
14. Captain Sky, „Soap Opera City“(Jamtu)
15. CC Crew, „CC Crew Rap“ (Golden Flamingo)
16. Community People, „Education Wrap“ (Delmar International Inc)
17. Count Coolout, „Here To Stay (Me and My Double R.R,)“ (WMOT)
18. Crash Crew, „Breaking Bells (Take Me To The Mardi Gras)“ (Sugarhill)
19. Davy DMX, „One For The Treble (Fresh)“ (Tuff City)
20. Dimples D., „Sucker DJs (I Will, Survive)“, (Party Time)
21. Disco Four, „Whip Rap“ (Profile)
22. DJ Divine, „Get Into The Mix“ (West End)
23. Dr Jeckyl and Mr Hyde, „Genius Rap“ (Profile)
24. Fab Five Freddy, „Une Sale Histoire“ (Celluloid/deutsch:Aris)
25. Fantasy 3, „Biters iIn the City“ (CCL)
26. Fatback Band, „King Tim III (Personality Jock)“; (Spring)
27. Fresh Face, „Huevo Dancing“ (Catawba)
28. Fresh 3 M.C.s, „Fresh“ (Profile)
29. Funky Four Plus One, „That’s The Joint“ (Sugarhill/deutsch seinerzeit: Teldec)
30. Funky Four Plus One More, „Rappin and Rockin the House“ (Enjoy/deutsch seinerzeit:CBS)
31. Gary Byrd and the G.B. Expereience, „The Crown“ (Motown/deutsch seinerzeit: Bellaphon)
32. George Clinton, „Nubian Nut“ (Capitol/deutsch: EMI)
33. G.L.O.B.E. and Whiz Kid, „Play That Beat Mr D.J.“ (Tommy Boy)

34. Grandmaster Flash and Melle Mel, „Jesse“ (Sugarhill/d.szt.:Teldec)
35. Grandmaster Flash, „Advebntures of Grandmaster Flash on the Wheels of Steel“ (Sugarhill)
36. Grandmaster Flash and the Furious Fibve, „Flash To the Beat“ (Bozo Meko Bootleg)
37. Grandmaster Flash and the Furious Five, „Flash To the Beat“ (Sugarhill)
38. Grandmaster Flash and the Furious Five, „Superrappin'“ (Enjoy(d.szt.:CBS)
39. Grandmaster Flash and the Furious Five, „The Message“ (Sugarhill/d.szt.:Teldec)
40. Grandmixere D.St., „Crazy Cuts“ (Island/Aris)
41. Grandmixer D.St. and the Infinity Rappers, „Grandmixer Cuts It Up“ (Celluloid/Aris)
42. Hurt 'Em Bad and the S.C.Band, „Martin Luther“(Profile)
43. Hurt 'Em Bad and the S.C.Band, „The Boxing Game“ (Profile)
44. I.R.T., „Watch The Closing Doors“ (RCA)
45. Jazzy Five/Kryptic Krew, „Jazzy Sensation“ (Tommy Boy)
46. King Tim III, „Charlie Says (Roller Boogie Baby)“ (Spring)
47. K9Corp featuring Pretty C, „Dog Talk“ (Capitol)
48. Kurtis Blow, „Party Time“ (Mercury/d:Phonogram)
49. Kurtis Blow, „The Breaks“ (Mercury/d:Phonogram)
50. Lady B, „To The Beat Y'all“ (Tec)
51. Lady D, „Lady D“ (Reflection)
52. Love Bug Starski, „You've Gotta Believe“ (The Fever)
53. Malcolm X/Keith LebLanc, „No Sell Out“ (Tommy Boy)
54. Men at Play, „Dr Jam (In the Slam)“ (Sunshine)
55. Nairobi, „Soul Makossa Rap“ (Streetwise)
56. Naomi Peterson, „Sweet Naomi Rap“ (Heavenly Star)
57. Nice and Nasty Three, „The Ultimate Rap“ (Holiday)
58. Paulette and Tanya Winley, „Rhymin' and Rappin'(Winley)
59. Pee Wee Mel and Barry B, „Life On the Planet Earth“ (12 Star)
60. Phase II, „The Roxy“ (Celluloid/d:Aris)
61. Planet Patrol, „Play At Your Own Risk“ (Tommy Boy)
62. Pumpkin, „King Of The Beat“ (Profile)
63. Rammelzee Vs. K-Rob, „Beat Bop“ (Profile)
64. Reggie Griffen and Techno Rock, „Mirda Rock“ (Sweet Mountain)
65. Rockers Revenge, „Sunshine, Partytime Rap“ (Streetwise/d.szt:Ariola)
66. Rock Master Scott and the Dynamic 3, „It's Life (You Gotta Think Twice)“ (Profile)
67. Ronnie Gee, „Raptivity“ (Reflection)
68. Sequence, „Funk You Up“ (Sugarhill)
69. Shango, „Shango Message“ (Celluloid/Aris)
70. She, „Ms D.J.Rap It Up!“ (Clappers)
71. Slim, „It's In the Mix“ (D.E.T.T.)
72. South Bronx, „The Bottom Line“ (Rissa Chrissa)
73. Special Request, „Salsa Smurf“ (Tommy Boy)
74. Spoonie Gee, „Spoonin Rap“ (Sugarhill)
75. Spoonie Gee, „The Big Beat“ (Tuff City)
76. Sponnie Gee/The Treacherous Three, „The New Rap Laguage“/“Love-Rap“ (Enjoy/d.szt.:CBS)
77. Spyder-D, „Smerphies Dance“ (Telestar Cassettes)
78. Sugarhill Gang, „Rapper's Delight“ (Sugarhill/d:Teldec u. Metronome)79. Sula, „Jungle Rap“ (Starwave)
80. Sweet G, „A Heartbeat Rap“ (West End)
81. Tany Sweet Tee Winley, „Vicious Rap“ (Winley)
82. The B Boys, „Two Three Break“ (Vintertainment)
83. The Beat Boys, „Be Bop Rock“ (Sugarscoop)
84. The Boogie Boys, „Zodiac/ Break Dancer/ Shake and Break“ (Capitol)
85. The Cold Crush Brothers, „Punk Rock Rap“ (Tuff City)

86. The Disco Four, „Country Rock Rap“ (Tuff City)
87. The Fearless Four, „Problems of the World“ (Elektra)
88. The Fearless Four, „Rockin It“ (Enjoy/ d.szt.:CBS)
89. The Force MDs, „Let Me Love You“ (Tommy Boy)
90. The Last Poets, „Long Enough“ (Kee Wee)
91. The Rake, „Street Justice“ (Profile)
92. The Treacherous Three, „Feel The Heartbeat“ (Enjoy/d.szt.:CBS)
93. The Younger Generation, „We Rap More Mellow“ (Brass)
94. Tilt, „Arkade Funk“ (D.E.T.T.)
95. Time Zone, „Wildtsyle“ (Celluloid/Aris)
96. Trickeration, „Rap Bounce Rockskate“ (Sound Of New York)
97. Trouble Funk, „Pump Me Up“ (Jam)
98. T-Ski Valley, „Catch The Beat“ (Grand Groove)
99. Wayne and Charlie, „Check It Out“ (Sugarhill)
100. Whodini, „Magic's Wand“ (Jive/Teldec)

Sugarhill hatte während seiner Existenz einen Vertriebsdeal mit der Teldec (heute Eastwest), die aber nicht alle Platten veröffentlichte. Auch die Metronome hatte mal mit Sugarhill zusammengearbeitet. Die hatte auch ziemlich lange Tommy Boy im Vertrieb und einige Platten selber gepreßt, heute ist Tommy Boy bei der WEA. Enjoy-Maxis wurden von der CBS (heute Sony) mit eigenen Cover gepreßt und stellen wohl die einzigen Maxis der Geschichte mit Liner Notes dar. Mercury gehört in Deutschland zur Phonogram (die Kurtis Blows Karriere aber auch höchstens bis zur dritten LP mit deutschen Pressungen folgte), wie Capitol zur EMI und RCA zu BMG. Jive war einst bei Teldec ist heute auch bei BMG, Island war lange bei der BMG, gehört heute zur Polygram, wird aber immer noch von BMG/Ariola vertrieben. Die Besitzverhältnisse sind oft nicht identisch mit den Vertriebsrechten, die bei Desinteresse der europäischen Vertragsfirma oft anderen gegeben werden. Profilewurden einst von der Metronome und heute vom Intercord Record Service vertrieben, Celluloid-Platten werden immer noch von der ARIS, dem Ariola Import Service vertrieben. Trotz allem dürfte es schwer sein, irgendeine dieser Platten heute noch in ihrer ursprünglichen Form zu bekommen, höchstens auf Old-School-Samplern (etwa Brother D., T-Ski Valley etc.) oder den dazugehörigen LPs der einzelnen Künstler, so vorhanden (d. Übers.).

Die folgenden Old-School-LPs kann man auch empfehlen, obwohl Rap eigentlich einmal eine Musik für 12-Inch-Maxis war.
Run-D.M.C. (Profile/d:Metronome), Crash Crew Meets Funky Four (Sugarhill/Vogue, französische Veröffentlichung), Warp 9, „It's A Beat“ (Prism); „Wildstyle“-Soundtrack (Animal, früher im Ariola-Vertrieb);Jonzun Crew, „Lost In Space“ (21 Records/Tommy Boy/d:Metronome); „Genius Of Rap“, Sampler (Island/d:Ariola); „The Perfect Beat“, Sampler (Tommy Boy/Polydor UK); „Live Convention“, Vol. 1 & 2, Sampler (Soul On Wax); „Rapped Uptight“,Vol 1. & 2 , Sampler(Sugarhill/PRT); „Electro“, Sampler, von Volume 1 an (Street Sounds, UK); „The Big Break Rapper Party, Vol.1“, Sampler (Soud Of New York, USA/Queen Constance); Grandmaster Flash & the Furious Five, „The Message“ (Sugarhill/d:Teldec); „Enjoy“ (New York Conexion UK-Sampler, in Deutschland als Maxi-Serie auf CBS), „Super Brakes“, Vols 1 bis 4, Sampler (Winley). – auch diese Platten sind sämtlich vergriffen, so sie einmal in Deutschland erschienen sind, ist der damalige Vertragspartner angegeben (d. Übers.).

Noch mehr funkelnde Schwerter des Todes

Noch mal 100 absolut tödliche Singles, wieder in alphabetischer Reihenfolge, entweder wegen historischer Bedeutung, künstlerischem Verdienst oder persönlicher Begeisterung aufgenommen (deutsche Vertragspartner, so vorhanden angegeben – nicht alle Platten, die er veröffentlichen könnte, hat der Vertragspartner veröffentlicht, manche nur vertrieben, an den firmeneigenen Importdienst verwiesen oder ganz liegen gelassen. Viele dieser Platten sind aber noch zu bekommen):

101. A Tribe Called Quest, „Bonita Applebum“ (Jive/BMG)
102. Above The Law, „Untouchable“ (Epic/CBS/Sony)
103. B Fats, „B Fats“ (Rooftop/Champion)
104. Beastie Boys, „Hold It Now, Hit It“ (Def Jam/CBS/Sony)
105. Beastie Boys, „Rock Hard (Def Jam/CBS/Sony)
106. Big Daddy Kane, „Raw“ (Cold Chillin'/WEA)
107. Big Lady K, „Don't Get Me Started“ (B/Ware Records)
108. Biz Markie, „Pickin' Boogers“ (Cold Chillin'/WEA)
109. Boogie Down Productions, „My Philosophy“ (Jive/Teldec, später: BMG)
110. Boo-Yaa T.R.I.B.E., „One Time“ (Villain/BMG)
111. Brand Nubians, „Wake Up“ (Elektra/WEA)
112. Busy Bee, „Busy bee's Groove“ (Sugarhill)
113. Kurtis Blow, „I'm Chillin'(Polygram)
114. Choice M.C.s, „Beat Of The Street“ (Tommy Boy)
115. Chris „The Glove“ Taylor, „Ichiban Scratch“ (Electrobeat)
116. Chubb Rock, „Ya bad Chubbs“ (Select/Champion/SPV)
117. Cold Crush Brothers, „Fresh, Wild, Fly and Bold“ (Smokin')
118. DDS, „History Of HipHop“ (RPM)
119. Def Jef, „Droppin' Rhymes On Drums“ (Delicious Vinyl/Island/BMG)
120. De La Soul, „Plug Tunin'“ (Tommy Boy/damals BCM, heute EastWest)
121. Digital Underground, „Underwater Rimes“ (T.N.T./Maacola/Intercord)
122. Dosco 3, „Fat Boys“ (Sutra)
123. DJ Extraordinaire, „Drop The Bass (Lower The Boom)“ (Jamarc)
124. DJ Jazzy Jeff & Fresh Prince, „Girls Ain't Nothing but Trouble“ (World Up/Champion/Teldec)
125. DJ Scott La Rock, Blastamster KRS-One & D-Nice, „South Bronx“ (B-Boy Records/Rap – Minor)
126. Dream Warriors, „Wash Your Face In My Sink“ (Island/BMG)
127. Drum, „Bite-It“ (Jamar)
128. EPEE MD, It's My Thing“ (Chrysalis)
129. EPMD, „So What Cha Sayin'“ (Fresh/BCM)
130. Eric B, „I Know You Got Soul“ (Zakia/Chrysalis)
131. Eric B & Rakim, „Follow The Leader“ (MCA)
132. Eze „T“, „Kickin' Butts“ (Force Groove)
133. Fat Lawrence, „Tina Tina (Have You Seen Her)“ (Fourth Floor)
134. Feelin' James, „Feelin'James“ (T.D.Records, Inc.)
135. KC Flightt, „Planet E“ (RCA)
136. The 45 King, „THe 900 Number“ (Tuff City/BCM)
137. Doug E. Fresh, „The Show“ (Reality)
138. Dougé Fresh, „Just Having Fun“ (Enjoy)
139. Dougy Fresh, „The Original Human Beat Box“ (Vintertainment)
140. Gang Starr, „Jazz Thing“ (CBS/Sony)

141. Professor Griff, „Pawns In the Game" (Luke Skyywalker/BMG)
142. Heavy D. & the Boyz, „We Got Our Own Thang" (MCA)
143.Hollis Crew, „It's the Beat" (Def Jam)
144. Ice Cube, „AmeriKKKa's Most Wanted" (Priority/Island/BMG)
145. Ice-T, „I'm Your Pusher (Rhyme Syndicate/Sire/WEA)
146. Jazzy Jay, „Def Jam" (Def Jam)
147. Joeski Love, „Pee-Wee's dance" (Vintertainment/Chrysalis)
148. Jungle Brothers, „Because I Got It Like That" (Idlers/BCM)
149. Just-Ice, „Cold Gettin Dumb" (Sleeping Bag)
150. J.V.C Force, „Strong Island"(B Boy/ Rap – Minor)
151. Kid Frost, „La Raza" (Virgin)
152. Kid'n'Play, „Last Night" (Select/Chrysalis)
153. King Sun D-Moet, „Hey Love" (Zakia)
154. Kool Moe Dee, „Go See The Doctor" (Jive/Teldec)
155. Lifers Group, „The Real Deal" (Hollywood Basic)
156. L.L.Cool J, „I Want You" (Def Jam)
157. L.L.Cool J, „Going Back To Cali" (Def Jam/CBS/Sony)
158. Mantronix, „Bassline" (Sleeping Bag/10/ Virgin)
159. Massive Attack, „Daydreaming" (Circa/ BMG)
160. The Masters Of Ceremony, „Sexy" (Strong City/London)
161. MCA and Burzootie, „Drum Machine" (Def Jam)
162. MC Craig „G", „Shout" (Pop Art)
163. MC 900 ft. Jesus, „I'm Going Straight To Heaven" (Nettwerk/SPV)
164. M. C.Shan, „The Bridge" (Cold Chillin'/WEA)
165. N.W.A., „Straight Outta Compton" (Priority/Island/BMG)
166. Original Concept, „Can You Feel It" (Def Jam/CBS)
167. PM Dawn, „A Watchers Point Of View" (Gee Street/BMG)
168. Public Enemy, „Rebel Without A Pause" (Def Jam/CBS/Sony)
169. Public Enemy, „Bring The Noise" (Def Jam/CBS/Sony)
170. Queen Latifah, „Dance For Me" (Tommy Boy)
171. The Real Roxanne, „Bang Zoom! Let's Go Go! (Select)
172. Rob Base & DJ E-Z Rock, „It Takes Two" (Profile/ Citybeat)
173. Roxanne Shanté, Bite This" (Pop Art)
174. Run-D.M.C., „My Adidas" (Profile/Metronome)
175. Salt'n'Pepa, „I'll Take Your Man" (Next Plateau)
176. Schoolly-D, Put Your Filas On (Schooly-D/Rhythm King/RTD)
177. Schoolly-D, „Saturday Night" (Rhythm King/RTD)
178. Lakim Shabazz, „Pure Rigtheousness" (Tuff City/BCM)
179. Sha-Quan, „Don't Fess" (Midnight Sun)
180. Skatemaster Tate, „Justice (To The Bass)" (Island/BMG)
181. The Skinny Boys, „Rip The Cut" (Warlock)
182. Son Of Bazerk, „Change The Style" (S. O.U.L./MCA)
183. Spanish Prince, „Maria (4th and Broadway)
184. Jimmy Spicer, „This Is It" (def Jam)
185. Spoonie Gee, „The Godfather" (Tuff City/BCM)
186. Steady B, „Take Your Radio" (Pop Art)
187. Stetsasonic, „Talkin' All That Jazz" (Tommy Boy/BCM)
188. Sugar Bear, „Don't Scandalize Mine" (Coslit/Champion)
189. Sugar Ray Dinke, „Cabrini Green Rap" (Rhythm King)
190. Sweet Tee & Jazzy Joyce, „It's My Beat" (Profile/Champion)
191. 3rd Bass, „The Gas Face" (Def Jam/ CBS/Sony)
192. Tone-Loc, „Wild Thing" (Delicious Vinyl/Island/BMG)
193. Tredonya, „The Boogaloo" (Tuff City)
194. Tricky Tee, „Johnny The Fox" (Sleeping

Bag)
195. T La Rock & Jazzy Jay, „It's Yours (Partytime/Def Jam)
196. 2 Live Crew, „What I Like" (Macola)
197. UltraMagnetic MCs, „Give The Drummer Some" (Next Plateau/London)
198. UTFO, „Roxanne, Roxanne" (Select)
199. Word Of Mouth featuring D.J.Cheese, „King Kut" (Beauty and the Beat)
200. X-Clan, „Heed the Word Of the Father" (Island/BMG)

Da Rap nun auch ein LP-Medium geworden ist und sich LPs/CDs häufen, ist eine entsprechende Liste nicht praktisch. Vielleicht reicht es zu sagen, daß Public Enemy, De La Soul, Ice Cube und andere Alben gemacht haben, die als Ganzes fungieren. Am besten hört man sie sich als Ganzes an, was meiner Behauptung aus der ersten Liste widerspricht, Rap sei eine Musik für Maxi-Singles. Old-School-Rap, die Musik von 1979 bis 1983, findet man heute kaum noch, aber das neu erwachte Interesse an dieser Zeit hat einige ganz gute Zusammenstellungen hervorgebracht. Darunter *Back To The Old School* (Republic/ deutsch:Rough Trade Deutschland/RTD), *Old School Classics* (Tuff City/deutsch: BCM, eine Firma, die nicht mehr existiert) und *The History Of Rap* (Select).

Blitzende Schwerter des Todes 3

The good, the bad and the ugly
Nochmal 100 flüssige Schwerter – fürs neue Millennium …

201. Arrested Development, 3 *Years, 5 Months and 2 Days in the Life of…* (Cooltempo)
202. Beastie Boys, *Check Your Head* (Capitol)
203. Beastie Boys, *Hello Nasty* (Capitol)
204. Beastie Boys, *Ill Cormmunication* (Capitol)
205. Big Punisher, *Capital Punishment* (Loud Records/BMG)
206. Black Star, *Mos Def & Talib Kweli Are Black Star* (Rawkus)
207. Busta Rhymes, *Extinction Level Event*The Final World Front* (Elektra)
208. Canibus, *Can-I-Bus* (Universal)
209. Clay, Cassius, *I Am the Greatest* (Rev-Ola)
210. Company Flow, *Funcrusher Plus* (Rawkus)
211. Company Flow, *Little Johnny From the Hospital* (Rawkus)
212. Cypress Hill, *Cypress Mill* (Columbia)
213. Da Lench Mob, *Guerillas In Tha Mist* (Street Knowledge Records)
214. The Disposable Heroes of Hiphoprisy, *Hypocrisy Is the Greatest Luxury* (4th & Broadway)
215. DJ Faust, *Man Or Myth?* (Bomb Hip-Hop)
216. DJ Shadow, *Endtroducing* (Mo' Wax)
217. DJ Shadow, *Influx* (Mo' Wax)
218. DJ Spinna, *Heavy Beats Volume 1* (Rawkus)
219. Downtown Science, *Downtown Science* (Def Jam)
220. Dr. Dooom, *First Come, First Served* (Copasetik)
221. Dr. Dre, *The Chronic* (Death Row/Interscope)
222. Dr. Octagon, *Instrumentalyst* (Dreamworks)
223. Dr. Octagon, *Dr Octagonecologyst* (Dreamworks)
224. Eminem, *The Slim Shady LP* (Aftermath Ent./Interscope)
225. Fat Joe, *Don Cartagena* (Mystic/Big Beat/Atlantic)
226. Freestyle Fellowship, *Innercity Griots* (4th & Broadway)
227. The Fugees, *The Score* (Columbia)
228. Gang Starr, *Daily Operation* (Cooltempo)
229. Gang Starr, *Hard To Earth* (Chrysalis/ERG)
230. Genius/GZA, *Liquid Swords* (Geffen)
231. Ghostface Killah, *Ironman* (Epic)
232. Goodie Mob, *Soul Food* (LaFace)
233. Gravediggaz, *Diary Of a Madman* (Gee Street)
234. Gravediggaz, *Niggamortis* (Gee Street)
235. Gravediggaz, *The Pick, The Sickle and the Shovel* (Gee Street)
236. Lauryn Hill, *The Miseducation of Lauryn Hill* (Ruffhouse/Columbia)
237. Iceberg Slim, *Reflections* (Infinite Zero/American)

238. Ice Cube, *Death Certificate* (Priority)
239. Inspectah Deck, *Uncontrolled Substance* (Loud)
240. The Invisibl Skratch Piklz, *The Shiggar Fraggar Show* (Hip Hop Slam Records)
241. Jay-Z, *Vol. 2 … Hard Knock Life* (BMG)
242. Jeep Beat Collective, *Technics Chain-saw Massacre* (Bomb Hip-Hop)
243. Jeru The Damaja, *The Sun Also Rises In the East* (PayDay/FFRR)
244. Jeru The Damaja, *Wrath Of the Math* (Payday/FFRR)
245. Jungle Brothers, *J. Beez Wit the Remedy* (Warner Bros.)
246. Jurassic-5, *Jurassic-5 LP* (Pan)
247. Kool G Rap, 4, 5, 6 (Sony)
248. Kurupt, *Kuruption!* (Antra/A&M)
249. Lil' Kim, *Hard Core* (Big Beat/ Atlantic)
250. Main Source, *Breaking Atoms* (Wild Pitch Records)
251. MC Solaar, *Qui Sème Le Vent Récolte Le Tempo* (Polydor)
252. Me'Shell NdegéOcello, *Plantation Lullabies* (Maverick/Sire/Reprise)
253. Method Man, *Tical* (Def Jam)
254. Missy Elliot, *Supa Dupa Fly* (The Gold Mind Inc./EastWest)
255. Missy Misdemeanor Elliot, *Da Real World* (The Gold Mind lnc./East West)
256, Mixmaster Mike, *Anti- Theft Device* (Asphodel)
257. Nas, *lt Was Written* (Columbia)
258. New Kingdom, *Heavy Load* (Gee Street)
259. New Kingdom, *Paradise Don't Come Cheap* (Gee Street)
260. The Notorious B.I.G., *Life After Death* (Puff Daddy Records)
261. Outkast, *Aquemini* (LaFace)
262. Ozomatli, *Ozomatli* (Almo Sounds)
263. Peanut Butter Wolf, *My Vinyl Weighs a Ton* (Copasetik Records)
264. Fete Rock & C.L. Smooth, *The Main Ingredient* (Elektra)
265. The Pharcyde, *Bizarre Ride II The Pharcyde* (Delicious Vinyl)
266. PhonopsychographDISK, *Ancient Termites* (Bomb Hip-Hop)
267. P. M. Dawn, *Of the Heart, Of the Soul And Of the Cross* (Gee Street)
268. Public Enemy, *There's A Poison Goin On* (PIAS/Atomic Pop)
269. Puff Daddy & the Family, *No Way Out* (Puff Daddy Records)
270. Quannum, *Spectrum* (Quannum Projects)
271. Raekwon, *Only Built 4 Cuban Linx* (Loud/BMG)
272. The Roots, *Things Fall Apart* (MCA)
273. Scarface, *The Diary* (Rap-a-lot Records/Noo Trybe Records)
274. Gil Scott-Heron, *Spirits* (TVT Records)
275. Prince Akeem, *Coming Down Like Babylon* (Chicago Tip Records)
276. Shyheim, *A/K/A The Rugged Child* (Virgin)
277. Will Smith, *Big Willie Style* (Columbia)
278. Snoop Dogg, *Da Game Is To Be Sold, Not To Be Told* (No Limit Records)
279. Snoop Doggy Dogg, *Doggystyle* (Death Row/Interscope)
280. Rob Swift, *The Ablist* (Asphodel)
281. 2 Pac, *All Eyez On Me* (Death Row/ Interscope)
282. 2 Pac, *Strictly 4 My N.I.G.G.A.Z. …* (Interscope)
283. Van Peebles, Melvin, *X-Rated By An All-White Jury* (A&M)

284. Various artists, *Altered Beats* (Axiom)
285. Various Artists, *DJ Pogo Presents Block Party Breaks* (Strut)
286. Various Artists, *DJ Pogo Presents The Breaks* (Harmless)
287. Various artists, *Hi-Phat Diet: A Wild Pitch Compilation* (Wild Pitch/EMI)
288. Various artists, *Jimmy Jay présente „Les Cool sessions"* (Virgin)
289. Various artists, *Lyricist Lounge volume one* (Rawkus)
290. Various artists, *New York Reality Check 101* (Payday/FFRR)
291. Various artists, *The Sugarhill Story: Old School Rap – To the Beat Y'all* (Sequel)
292. Various artists, *Rawkus Presents Soundbombing II* (Rawkus)
293. Various artists, *Return Of the D.J. Vol. I* (Bomb Hip-Hop)
294. Various artists, *Return Of the D.J. Vol. II* (Bomb Hip-Hop)
295. Various artists, *Tommy Boy's Greatest Beats: The First Fifteen Years 1981–1996* (Tommy Boy)
296. Justin Warfield, *My Field Trip to Planet 9* (Qwest/Reprise)
297. Warren G, *Regulate … G Funk Era* (Violator/RAL/Island)
298. The Watts Prophets, *The Black Voices: On the Streets In Watts* (Acid Jazz)
299. The Watts Prophets, *Rappin' Black In a White World* (ALA)
300. Wu-Tang Clan, *Enter the Wu-Tang (36 Chambers)* (Loud/BMG)

Literatur

Roger D. Abrahams, „Deep Down In The Jungle“, New York 19702
Bill Adler, „Tougher Than Leather“, New York 1987
Muhammad Ali, „The Greatest“ (dt: „Ich bin der Größte“), engl., London, 1976
Jervis Anderson, „Harlem: The Great Black Way“, London 1982
Robert Beck, „The Naked Soul Of Iceberg Slim“, Los Angeles 1986
H. Rap Brown, „Die Nigger, Die““, New York 1961
William Burroughs, „Nova Express“, London 1966 (dt:Berlin 1971)
Harold Courlander, „Negro Folk Music USA“, New York 1963
Thomas Cripps, „Black Film as Genre“, Bloomington und London 1979
Mike Davis, „City Of Quartz“, London/New York 1990
Ruth Finnegan, „Oral Literature in Africa“, Oxford 1970
Ted Fox, Showtime at the Apollo“, New York 1983
Dizzy Gillespie with Al Frazer, „To Be Or Not To Bop“, London 1979 (dt: ??)
Donald Goines, „Street Player“, Los Angeles 1973
Philip Groia, „They All Sang on the Corner“, New York 19832
David Harvey, „The Condition of Postmodernity“, Oxford/Cambridge, Ma. 1989
Tony Heilbut, „The Gospel Sound“, New York 1985
Bruce Jackson, „Wake Up Dead Man“, Cambridge, Ma. 1972
Thomas Kochman (Hrsg), „Rappin' and Stylin' Out“, Chicago 1977
Herbert Kohl/ James Hinton, „Names, Graffiti and Culture“ in: Kochman, „Rappin ...“ (siehe oben)
Mervyn Kulanski, Jon Naar, Norman Mailer, „Watching My Name Go By“, New York o.J.
R.Lincoln Keiser, „The Vice Lords“, New York 1969
William Labov, „Rules for Ritual Insults“, in Kochman, „Rappin ...“ (siehe oben)
Paul Oliver, „Savannah Syncopators“, London 1970
Ishmael Reed, „Mumbo Jumbo“, London 1988
John Storm Roberts, „Black Music of Two Worlds“, New York 1972
Nick Smash, „Hip Hop 86-89“, 1990
Alvin Toffler, „The Third Wave“, 1980
Jack Womack, „Ambient“, London 1989

Index

Wegen der Häufigkeit von Spitznamen, Pseudonymen und Kürzeln wurden alle Namen nach Vornamen in alphabetische Reihenfolge gebracht. Kursive Seitenzahlen beziehen sich auf Fotos